KB041197

칸트의 『미적 판단력 비판』 입문

# 칸트의 『미적 판단력 비판』 입문

피오나 휴즈 지음 | 임성훈 옮김

이 책은 Fiona Hughes의 Kant's *Critique of Aesthetic Judgement* (Bloomsbury
Publishing Plc., 2010)를 완역한 것이다.

칸트의 『미적 판단력 비판』 입문

피오나 휴즈 지음
임성훈 옮김

펴낸이 | 김신혁, 이숙
펴낸곳 | 도서출판 서광사
출판등록일 | 1977. 6. 30.
출판등록번호 | 제 406-2006-000010호

(10881) 경기도 파주시 회동길 77-12 (문발동)
Tel: (031) 955-4331 | Fax: (031) 955-4336
E-mail: phil6161@chol.com
http://www.seokwangsa.co.kr | http://www.seokwangsa.kr

제1판 제1쇄 펴낸날 · 2020년 6월 10일

ISBN 978-89-306-6219-2　93160

# 옮긴이의 말

　임마누엘 칸트(Immanuel Kant, 1724-1804)가 평생 자신의 철학적 사유에서 추구했던 것은 "비판(Kritik)"이다. 그의 비판철학은 어떤 것이 가능하다고 한다면 그것이 어떻게 가능하고, 또한 그 조건이 무엇인지를 따지는 가능조건의 문제를 다룬다. 이러한 문제에서 핵심은 결국 "인간이란 무엇인가?"라는 물음이다. 이 물음은 구체적으로 인간이 무엇을 알 수 있는지(『순수이성비판』), 인간이 어떻게 행위해야 하는지(『실천이성비판』) 그리고 인간이 무엇을 희망해도 좋은지(『판단력 비판』) 등으로 제시된다. 칸트철학의 비판적 기획은 인간의 이성에 대한 근본적인 성찰에서 출발한다. 인간 이성의 이해에서 앎(인식)과 행위(윤리)만이 전부인가? 그렇지 않다. 인간은 느낌, 곧 감정을 지닌 존재이다. 그러니까 인간은 인식적 존재이자 윤리적 존재일 뿐만 아니라 동시에 미학적 존재이다. 칸트는 자신의 비판철학의 과제를 미학의 영역으로까지 확장하여 수행하고자 시도한다.

　『판단력 비판』은 「머리말」과 「서론」, 1부 『미적 판단력 비판』 그리고 2부 『목적론적 판단력 비판』으로 구성되어 있다. 『미적 판단력 비판』(1-60항)의 전체 구성을 간략히 소개하면 다음과 같다. 『미적 판단력 비판』의 1편인 「미적 판단력의 분석론」은 '미의 분석론'(1-22항), '숭고의 분석론'(23-29항), '순수한 미적 판단의 연역'(30-42항), 이른바 예술론(43-54항) 등으로 이루어져 있으며, 2편인 「미적 판단력의 변증론」(55-59항과 마지막 60항 '취미의 방법론')으로 구성되어 있다. 여기서 칸트 미학을 개괄적으로 설명하는 일은 가능하지도 않을뿐더러 바람직한 것도 아닐 터이다. 다만, 칸트 미학을 처음 만나는 독자들을 위해 '미의 분석론'과 '숭고의 분석론'의 핵심 내용 그리고 칸트 미학의 중요한 두 가지 측면, 곧 "미적 판단의 주관적 보편타당성", "반성적 판단력" 등에 대해 간략하게 언급해보기로 한다.

칸트 미학의 핵심 주장은 이른바 '미적 판단의 주관적 보편타당성'이다. 그러니까 미와 예술에 대한 우리의 판단은 주관성에서 출발하기는 하지만, 그 주관성에서 보편성을 전적으로 배제할 수는 없다는 것이다. 순전히 논리적으로만 볼 때 이는 둥근 사각형과 같은 형용모순에 해당한다. 실상 미와 예술의 영역에서 주관성과 보편성의 문제를 다루다보면 딜레마에 봉착할 수밖에 없다. 칸트 또한 이를 너무도 잘 알고 있다. 그럼에도 그는 미와 예술의 문제가 인식적 판단이나 도덕적 판단 그리고 감각적 판단으로 간단히 환원될 수 없다는 것을 주장한다. 이렇게 주장할 수 있는 근거는 어디에 있는가? 바로 "반성적 판단력"에 있다. 실상 『판단력 비판』에서 판단력은 곧 "반성적 판단력"을 의미한다. 칸트에 따르면, 판단력은 "규정적 판단력"과 "반성적 판단력"으로 구분된다. 규정적 판단력이 특수한 것[개별자]을 보편적인 것[예컨대, 원칙이나 법칙] 아래에 무조건 편입시키는 것인 반면, 반성적 판단력은 특수한 것[개별자]에서 보편적인 것을 발견하는 것이다. 규정적 판단력과는 달리, 반성적 판단력에 따른 미의 보편성은 규정되거나 미리 확정된 것이 아니라 개별자들이 함께 찾아가고, 만들어가고 열어가는 그러한 의미의 보편성으로 이해되어야 한다. 미학의 근저를 이루는 반성적 판단력은 놀라운 마음의 능력이다.

칸트는 반성적 판단력에 따라 「미의 분석론」에서 미와 예술의 판단

에 있어서의 4가지 계기들, 곧 "무관심성", "무개념성", "목적 없는 합
목적성", "주관적 필연성" 등을 다루고 있다. 미적 판단은 무관심적이
다. 단순히 사적인 감각인 "쾌적한 것"과 도덕적인 "선한 것"에 관련된
만족이 '관심'에 얽매여 있는 것인 데 반해, 미적 판단은 이러한 관심
들에서 벗어난 상태에서 만족을 이루는 관조적 판단이기 때문이다. 그
리고 미적 판단은 "개념 없이" 보편적으로 만족을 주는 판단이다. 여기
서 "개념 없이"란 개념을 전적으로 배제하는 것이 아니라 미적 판단이
전적으로 개념에 의해 이루어지는 판단이 아니라는 점을 강조하는 말
이다. 또한 "목적 없는 합목적성"이란 목적을 분명하게 알 수는 없지
만, 그럼에도 "마치 ~인 것처럼" 목적을 가정할 수 있음을 의미한다.
미와 예술은 가정된 목적의 형식적이며 자유로운 유희인 것이다. 마지
막으로 미적 판단은 주관적 필연성의 계기를 갖는데, 이는 "공통감"에
상응한다.

　공통감은 미적 판단이 단순히 이기적이고 감각적인 취향이 아니라
사람들 사이에서 소통될 수 있는 다원적인 판단임을 단적으로 드러낸
다. 칸트는 공통감을 '합치(Übereinstimmung)'라고 표현하기도 하는
데, 독일어 원어의 의미는 '함께 소리를 내는 것'이다. 그러니까 미와
예술의 주관적 보편타당성은 개념적으로 규정된 객관적 소리가 아니라
반성적 판단력에 따라 주관성과 보편성 사이에서 함께 소리를 찾아가
고 만들어가고 열어가는 것이다.

　칸트는 또한 '숭고의 분석론'에서 숭고를 '크기'와 관련된 수학적
숭고 그리고 '위력'과 관련된 역학적 숭고로 구분한다. 그의 숭고론의
핵심은 인간의 상상력은 한편으로 그 한계로 인해 좌초되는 무기력한
것이기도 하지만, 다른 한편으로 바로 그 좌초된 그 곳에서 무기력한
상태를 벗어나 이념의 차원으로 고양되고 상승되는 탁월한 것이라는

데 있다. 미적 판단에서 상상력의 파트너는 지성이었지만, 숭고의 판단에서 상상력의 파트너는 지성이 아니라 이념이다. 그러기에 칸트는 숭고란 대상에 있는 것이 아니라 우리의 마음에 있는 것이라고 여러 번 강조하고 있는 것이다.

실상 칸트의 『미적 판단력 비판』은 쉽게 이해될 수 있는 텍스트는 아니다. 그럼에도 분명한 것은 미학이나 예술철학에 관심을 둔 독자라면 결코 지나칠 수 없는 텍스트라는 점이다. 칸트 미학은 개괄적인 설명이나 요약, 정리만으로는 결코 파악될 수 없다. 왜냐하면 칸트는 미와 예술의 주관성과 보편성의 문제를 긴장감 있게 논의하면서 독자들을 "확장된 사유방식"으로 인도하고 있기 때문이다. 이런 점에서 피오나 휴즈의 『미적 판단력 비판 입문』은 추천할 만한 칸트 미학 안내서이다. 피오나 휴즈는 칸트 미학에 대한 체계적인 설명을 시도하면서도 미적 긴장감을 한껏 드러내 보여주고 있기 때문이다. 뿐만 아니라 칸트 미학의 전체 맥락과 주제들의 개관 그리고 특히 칸트 미학의 수용과 영향에 대해 간결하면서도 풍부하게 소개하고 있다. 그러나 이 번역서는 어디까지나 입문을 위한 소개일 뿐이고 저자의 주관적인 입장도 많이 반영되어 있는 만큼, 칸트 미학에 대한 심층적인 분석과 이해를 위해서는 직접 칸트 텍스트와 만나는 것이 가장 좋을 것이다.

끝으로, 어색하고 부족함이 많은 번역 초고를 매우 꼼꼼하고 상세하게 교정하는 수고를 아끼지 않은 서광사 편집부 여러분께 고마운 마음을 전한다.

2020년 겨울에서 봄, 구기동에서

임성훈

# 차례

# 감사의 말

이 책은 『미적 판단력 비판』을 수년간 연구한 결과물이다. 나는 특히 에식스대학교(University of Essex)에서 마이클 포드로(Michael Podro)와 공동으로 『미적 판단력 비판』을 가르쳤던 수년 동안 너무나도 많은 것을 배웠다. 포드로의 연구방식은 반성적 판단력의 모범을 보여주었다. 우리의 수강생은 철학 및 미술사 석사과정의 학생들이었다. 그들의 물음과 제안은 우리가 반성적 판단력이 어떻게 작용하는지를 해명하는 데 지속적으로 도움이 되었다. 최근 몇 년 사이에 나는 에식스대학교의 상급 학부생들에게 『미적 판단력 비판』을 가르쳤고, 석사학생들 및 연구생들과 주제와 관련된 다양한 토론을 했다. 이 모든 학생들에게 감사한다. 어려운 상황에서도 학생들이 보여준 인내와 열의는 내가 규정될 수 없는 것을 규정하는 데 있어 진전을 이룰 수 있도록 도움을 주었다. 특히 대화 상대이자 동료 그리고 친구로서 지원을 해준 포드로에게 감사한다.

이 책을 최종적으로 준비하면서, 나는 원고를 읽어준 이들과 함께 풍요롭고도 즐거운 협력의 시간을 가졌다. 그들 중 특히 제임스 코비(James Corby), 마리아 프로드로무(Maria Prodromou), 엘린 시몬슨(Elin Simonson) 등은 책의 원고 전부를 읽고 광범위한 논평, 귀중한 제안과 수정을 해주었다. 그들의 제안의 예리함, 일에 대한 열정, 시간을 기꺼이 내준 너그러움 그리고 배려는 놀랄 만한 것이었다. 또한 이 책의 방향에 대해 도움을 준 다나 맥팔레인(Dana MacFarlane)과 존 월시(John Walshe)에게도 감사한다. 끝으로, 출판사의 팀원들, 특히 (내가 친한 순서대로) 세라 캠벨(Sarah Campbell), 톰 크릭(Tom Crick) 그리고 P. 무랄리다란(P. Muralidharan)에게 감사하고 싶다. 그들은 이 책의 기획을 효율적으로 진행하는 데 많은 도움을 주었다. 이 모든 것에도 불구하고 어떤 실수가 있다면 그것은 의심할 여지 없이 나의 탓이다.

# $1$장
## 맥락

### 1. 18세기 후반 계몽주의의 대표자로서 칸트의 역할

칸트는 오늘날 계몽주의라 불리는 시기의 마지막을 장식한 철학자이다. 이전의 계몽주의 선구자들과 마찬가지로 그는 인간의 경험을 위한 이성적 토대를 확고히 하고자 했다. 그의 특별한 공헌은 비판철학 또는 "비판"으로 알려진 철학함의 방식을 세운 데 있다. 다른 계몽주의 사상가들과 마찬가지로 칸트 또한 이성이 독단주의와 신비주의에 빠지지 않게 하는 평형추의 역할을 한다고 생각했다. 그러나 동시에 그는 이성이 아무런 비판도 없이 절대적인 것으로만 간주된다면 오히려 이성 자체가 독단적이 될 수 있다고 보았다. 칸트의 비판철학은 경험에 견고한 기반을 두고 이성의 월권을 제한하면서 이성의 중요성을 확고히 하고자 한다. 다른 계몽주의 철학자들도 공유하는 이러한 의도를 달성하기 위해 칸트는 특별한 길을 택한다. 그것은 지식과 도덕을 지배하는 원칙, 곧 아프리오리(a priori)[1]한 조건들을 가능하게 하는 근거의 원칙이 무엇인지를 추적하는 길이다. 이러한 원칙은 어떠한 경험에서도 필연적으로 요청되지만 경험의 충분조건은 아니다. 경험이 항상 이성적 비판에 열려 있는 것처럼, 원칙 또한 경험에서 적용되어야만 한다. 그래

---

1  [역주] a priori는 "선천적" 또는 "선험적"으로 번역될 수 있으나 이 책에서는 라틴어 발음 그대로, 곧 "아프리오리"로 옮긴다.

서 칸트는 경험이 이성적 관점에서 분석될 수 있다고 주장하면서도 동시에 경험의 중요성을 표명한다. 나는 칸트에게 있어서 세계에 대한 지식의 기획과 그리고 도덕적 행위를 지배하는 원칙이 각각 규명된다면, 그 각각은 특별한 인식능력으로 탐구되어야 한다는 점을 강조할 것이다. 지성(understanding)[2]은 지식을 얻고자 할 때 우리가 갖고 있는 중요한 마음의 능력이고, 이성(reason)은 도덕의 문제에서 중요한 것이다. 인식적이고 도덕적인 기획에 대한 원칙을 밝히고자 할 때, 그것들의 가능성의 주관적 근거를 규명하는 것이 요청된다. 이와 더불어 그러한 근거에서 나오는 원칙의 분석은 경험을 가능하게 한다. 이것이 경험에 대한 이성적 근거를 확립하려고 할 때 생겨나는 계몽주의의 문제에 칸트가 비판적으로 반응하면서 이중적 의미에서 중요하게 다루고자 하는 것이다.

## 2. 『순수이성비판』, 『실천이성비판』 그리고 『미적 판단력 비판』의 구조

『순수이성비판』은 1781년 처음 출간되었다. 이 첫 번째 비판서는 세계의 대상에 관한 지식에 있어서 그 이성적 근거를 밝히고자 저술되었다. 칸트는 지식의 타당성이 지성의 능력에서 탐구되어야 한다고 설명한다. 지성은 경험 일반의 형식을 밝히는 원칙의 체계를 위한 토대이다. 우리가 알고자 하는 모든 것, 그리고 그 용어의 기술적 사용에서 "경험"이라고 간주되는 모든 것은 다음과 같은 기준을 충족해야만 한다. 우선 그것은 어떤 양(quantity)을 가져야만 한다. 곧, 공간과 시간에서

---

2   [역주] 독일어 Verstand를 영미권에서는 일반적으로 understanding으로 번역한다. 이전에는 "오성"으로 번역하기도 했지만, 여기서는 "지성"으로 옮긴다.

어떤 연장(延長)을 가져야만 한다. 그리고 그것은 감성[3]에 어떤 질
(quality)의 효과나 인상을 주어야 한다. 또한 그것은 다른 것들과 어떤
관계(relation)에 있어야만 한다. 마지막으로, 그것은 가능한 것, 필연
적인 것, 그리고 현실적인 것으로 경험될 수 있는 것이어야만 한다. 비
록 대상의 경험에 대한 충분한 근거는 아닐지라도 그것들은 어떠한 대
상의 경험에서든 형식적 기준이며, 필연성을 제공한다. 왜냐하면 감성
을 통해 우리에게 주어지는 어떤 것이 있기 때문이다. 『순수이성비판』
의 2부에서 칸트는 알고자 하는 우리의 요구가 다른 능력, 곧 이성에
의해 수행될 때 어떤 일이 일어나는지를 고찰한다. 이론적 맥락에서 이
성은 사변적이고, 무한(the infinity)을 총체성으로 여기고자 한다. 그
럼에도 대상의 감성계는 반복적으로 구성되기에 원칙적으로 완전한 것
이 될 수 없다. 감성적 대상을 설명하려고 이성이 사용될 때 가상이 초
래되고 나아가 결국 그것을 알고자 하는 우리의 시도는 좌절된다. 그렇
지만 완전한 것을 목표로 오직 이상(ideal)의 측면에서 이성이 발견적
으로(heuristically)나 규제적으로 사용될 때 이성은 경험에 긍정적으로
공헌한다. 지성을 보완하여 이성을 사용하는 것은 우리가 지식들을 가
능한 한 체계화하고 세상에 대한 이해를 확장하게끔 북돋운다.

　두 번째 비판서는 첫 비판서의 재판이 출간된 1년 후인 1788년에 나
온 『실천이성비판』이다. 여기서 칸트는 도덕적 행위에 대한 우리의 능
력으로 관심을 돌린다. 도덕적 행위는 이제 사변적인 가상이 아니라 실
천적인 이성의 능력에 근거한다. 우리가 추구하는 것이 도덕적인지 아

---

3　[역주] "감성"의 원어는 Sinnlichkeit이다. 『순수이성비판』에서 "감성"은 감정이나
정서 또는 느낌에 상응하는 용어가 아니다. 칸트는 "감성"을 "대상에 의해 촉발되는
방식으로 표상을 얻는 능력"이라고 말한다.(『순수이성비판』, B 33) 이런 의미에서
"감성"은 "수용성"의 능력이며, 일반적으로 말하자면 오감의 능력이라고 할 수 있다.

닌지를 판정하기 위한 원칙을 제공하는 한 실천이성은 행위자, 그리고 궁극적으로 도덕적 행위를 위한 정초이다. 정언명령은 도덕성의 원칙이며 수많은 다른 형태로 나타난다. 아마도 가장 잘 알려진 표현은 다음과 같다. 행위를 위한 준칙이 도덕적이라면, 모든 유사한 경우에서 다른 모든 판단하는 주체들에게 그것이 보편적일 수 있어야만 한다. 이와 비슷하게 다양한 방식으로 표현이 되고 있지만, 근본적으로 다음과 같은 생각을 보여준다. 곧, 우리는 타자와 우리들을 포함한 모든 인간의 인륜성을 존경해야만 한다.

문제는 『순수이성비판』과 『실천이성비판』이 인간 실존의 충돌하는 양상을 보여주는 것 같다는 데서 생겨난다. 『순수이성비판』은 자연법칙에 따른 기계적인 규정에 중점을 둔 반면, 『실천이성비판』은 원칙적으로 자연과 양립할 수 없는 자유의 영역에 초점을 두고 있다. 어떻게 하나의 그리고 동일한 인간 행위자가 이러한 두 가지 경험의 구조를 결합할 수 있는가?

칸트는 자신의 철학체계 내에서 인식과 도덕에 대한 철학적 비판의 또 다른 차원을 고찰할 필요성이 있다는 결론에 이르렀다. 세 번째 비판서인 『판단력 비판』(1790)[4]은 비판철학에 추가된 구성물뿐만이 아니라, 두 비판서의 체계를 오롯이 세우는 요소이기도 하다. 『판단력 비판』이 없었더라면 두 비판서는 기껏해야 인간의 실존이 두 가지로 우연히 연관되어 있다는 측면을 보여주고, 최악의 경우 단편적이고 앞뒤가 맞지 않게 설명하고 있는 것이 될 터이다. 『판단력 비판』의 과제는 도덕적 행위가 대상의 경험계에 관여할 수 있다는 것을 보여줌으로써

---

4  [역주] 이 책은 『판단력 비판』을 인용할 때 학술원판(Akademie-Ausgabe) 5권을 따르고 있고, AA로 약칭해 표기하고 있다. 예컨대, AA 203은 학술원판 5권 『판단력 비판』의 203쪽을 의미한다.

인식 원칙과 도덕 원칙 사이의 간격을 메꾸는 데 있다. 인식과 도덕 사이의 명백한 갈등을 해소하기 위해 설정된 특별한 영역은 놀랍게도 아름다움에 대한 우리의 감상이다. 이것이 세 번째 비판서의 1부, 곧 『미적 판단력 비판』의 주제이다. 칸트는 『미적 판단력 비판』에서 기계적 인과성의 목적이 없는 세계와 도덕적 행위자의 목적이 있는 세계 사이의 가능한 연결을 이루어내는 능력으로 세 번째 원칙 능력인 판단력을 설정한다.

판단력은 마치 우리의 도덕적 행위가 적합한 것처럼 우리로 하여금 기계적인 세계를 그 자체의 세부적인 경험으로 파악하게 한다. 비록 이것이 자연계의 규정이 아니라 발견적인 해석으로 남아 있어야 하지만 말이다. 판단력이 이런 방식으로 작용할 경우에 그것은 다른 원칙적인 능력들에서 독립적이며, 반성적 판단력으로 간주된다. 지성이나 이성의 지휘에 따라 작동할 때 판단력은 규정적이다. 반성적 판단력을 이끄는 원칙은 자연이 판단에 합목적적이라는 것이다. 곧, 우리는 이러한 판단력에 따라 자연을 파악할 수 있다. 이미 살펴보았듯이, 이성은 총체성으로서의 경험을 설명하고자 시도할 때 가상으로 인도한다. 이와는 달리 지성은 오직 지식이 가능한 형식적인 틀에서 작용하지만, 궁극적으로 도덕적 행위에서는 일관적이지 않다. "판단력을 위한 자연의 합목적성"은 새로운 가능성을 열어준다. 곧, 자연이 우리 자신의 목적 또는 어떤 다른 이성적 목적은 아니지만, 그럼에도 이성적 목적을 수행하는 도덕적 행위자로서 자연의 기계적 질서에 우리가 관여할 수 있게 한다. 우리는 자연계에서 우리의 목적을 실현하는 것을 추구할 수 있다. 왜냐하면 세계는 최소한 우리가 판단하는 능력에 합목적적이거나 적어도 그렇게 적합하도록 이해될 수 있기 때문이다.

그러나 판단력에 대한 자연의 합목적성이 설득력 있거나 적합한 개

념이라 해도 도대체 미적 판단[5]과 무슨 관계가 있는가? 세 번째 비판서
를 읽는 많은 독자들은 기껏해야 경험적인 세부사항과 아름다움에 직
면하고 쾌의 감정에서 자연의 질서로서 그러한 다른 주제들 사이에 연
상되는 정도로만 관계가 있다는 결론에 이른다. 이 책의 「본문 읽기」에
서 나는 분석론—여기서 분석론이란 『판단력 비판』에서 단지 「미의 분
석론」이 아니라 「변증론」의 앞에 오는 「미적 판단력의 분석론」 본문을
말한다—이 자연의 합목적성의 개념을 통해 이루어지는 것과 관련된,
제1서론의 끝에 논의된 칸트의 주장이 어떻게 파악될 수 있는지를 보
여줄 것이다. 요컨대, 나는 다음과 같은 논변을 전개할 것이다. 아름다
운 대상과, 칸트의 관점에서 특별히 자연미가 사례를 제공한다. 이 사
례는 대상은 우선 인식능력의 측면에서, 그렇지만 또한 도덕적 행위의
근간인 이성의 측면에서 마음의 반응에 적합하다는 것을 보여준다. 만
약 그렇다면, 비록 미적 대상이 도덕적 행위가 자연계에서 가능하다는
것을 증명하지 못한다고 해도, 인식과 도덕 사이에 간격을 메꾸는 것이
가능하다는 것이 암시될 수 있다.

　흔히 세 번째 비판서의 2부, 곧 『목적론적 이성 비판』이 인식과 도덕
사이의 이행이 마침내 성취된 곳이라고 평가한다. 이는 해석적 전략으
로서 이해할 만하다. 목적론적 판단에서는 우리가 대상을 특히 도덕의
인간적 목적의 결과이거나 적어도 적합한 것처럼 다루고, 또한 동시에
대상에 대한 우리의 지식을 확장하기를 추구하기 때문이다. 확실히 목
적론적 판단력에서 인식적 그리고 도덕적 목적이 한 곳에 모인다. 그렇
지만 나는, 목적론적 판단력이 확실히 세 번째 비판서의 체계적 과제를

---

5　[역주] 독일어로는 ästhetisches Urteil이다. 독일어 ästhetisch는 "심미적" 또는
"미감적"으로 번역할 수도 있다. 그러나 이 번역문에서는 대부분의 경우 "미적"으로
옮기되, 맥락에 따라 "심미적"으로 그리고 드물게는 "미감적"으로 옮기기로 한다.

수행하는 역할을 하지만 그럼에도 지성과 이성 사이를 매개하는 역할을 하는 판단력의 깊은 뿌리는 오직 미적 판단에서만 발견될 수 있음을 제시할 것이다. 왜냐하면 그곳에서 판단은 다른 능력들로부터 독립된 판단력으로 작동되기 때문이다. 이 책은 전적으로 세 번째 비판서의 미학 부분에만 중점을 둔다. 미학과 목적론은 각각 연구되어야 할 가치가 복합적으로 충분히 있기 때문이다. 그러나 미학 부분이 우선 탐구되어야 할 더 중요한 이유는 오직 미적 판단의 분석을 통해 목적론적 합목적성이 기초한 판단력이 드러날 수 있기 때문이다.

## 3. 18세기 후반 체계적 형식과 철학적 미학의 등장

자연미와 예술미의 감상이 인류사의 시작으로 거슬러 올라간다는 견해에 대해 고고학적 자료를 포함한 많은 증거들이 있다. 미는 기원전 4세기경 서구 철학이 성립될 때 처음부터 철학의 주제였다. 플라톤의 『국가』에서 예술작품에 대한 평가는 기껏해야 회의적이었던 게 사실이다. 그러나 아리스토텔레스는 예술작품의 중요성에 대해 보다 긍정적인 입장을 견지했으며, 최초의 중요한 미학 저서인 『시학』을 저술했다. 그렇지만 그때부터 미학은 애초에 지식과 도덕의 문제를 주로 다루었던 서양 철학의 중요한 주제들의 주변부를 맴돌았다. 물론 미학에 관한 중요하고 흥미로운 철학적 관심이 표명된 사례가 없었던 것은 아니다. 그러나 18세기 후반에 이르기까지 철학적 미학의 연속적인 역사는 존재하지 않는다. 『미적 판단력 비판』에서 칸트는 미학을 철학의 중요한 문제로 다룬다. 칸트 이전에, 예컨대 샤프츠베리(Shaftesbury), 바움가르텐(Baumgarten), 빙켈만(Winckelmann) 등이 미학에 대한 철학적 저술을 내놓았다. 칸트는 미학의 문제를 다룬 광범위한 철학서를 저술했지만, 보다 중요한 것은 그가 지식과 도덕의 문제와 더불어 인간 경험의 토대로 간주되는 다양한 주제에 미학을 포함하여 논변했다는 점이다. 미학은 비판철학의 차원에서 다룰 가치가 있다. 왜냐하면 미학은 다른 '상위 능력들', 곧 지성과 이성 중 어느 하나로 환원될 수 없는 가능성을 드러내는 원리에 토대를 두고 있기 때문이다.

　지금까지 살펴보았듯이, 칸트는 상위 인식능력들의 체계 내에 미학을 포함했을 뿐만 아니라 그의 비판철학 체계의 가능 조건으로 세 번째 비판을 수행한다. 판단력이 지성과 이성 사이를 매개할 수 없다면, 그러한 판단을 행사할 수 있는 가능성은 대단히 의심스러운 것이 된다. 미학은 칸트 철학의 체계 내에서 결론적으로 논의되는 것이긴 하지만, 돌이켜 생각하면 이전의 두 비판들이 서로 조화할 수 있는 가능성을 규명하고 있다는 점에서 또한 그 체계를 가능하게 하는 조건이기도 하다. 그래서 경험을 고려할 때 이성을 제한하는 일이 계몽의 기획에서 정점에 이른다. 그 정점은 우리가 지식과 도덕 그리고 미학 사이를 매개하는 판단력을 갖고 있다는 것이 또한 성립될 때, 오직 그 때에만 지식과 도덕이 안전하게 보호될 수 있다는 것이다. 나는 이러한 새로운 상위 능력이 수행되는 중요한 영역을 논의할 것이다.


## 4. 『판단력 비판』의 정치적 맥락 ─ 검열과 혁명

칸트가 저술활동을 한 때는 독일이 근대 국가로 탄생하기 이전 세기에 속한다. 그는 수도가 베를린이었던 프로이센에 속한 발틱해 연안의 도시 쾨니히스베르크(Königsberg)에서 살았다. 『순수이성비판』과 『실천이성비판』을 저술하거나 또는 적어도 구상하고 있을 시기의 프로이센 왕은 프리드리히 대왕(1740-86)으로 알려진 프리드리히 2세였다. 프리드리히 2세는 절대 전제 군주가 아니라 법에 따라 통치한 '계몽된' 군주로 간주된다. 적어도 17세기 영국 혁명 시기 이후 군주의 권력이 위협을 받았지만, 유럽 대륙에서는 18세기 후반에 와서야 비로소 그러한 위협이 실제로 닥쳤다. 계몽철학의 원칙에 영향을 받은 1789년의 프랑스 혁명은 군주정을 전복하고 유럽과 그 외의 지역을 통틀어 군주 권력의 정당성에 의문을 제기하였다. 칸트는 상당할 정도로 프랑스 혁명의 토대였던 공화정의 원칙에 공감하였다. 정치적 권력은 이제 한 개인이나 도당의 독재적인 권력이 아니라 이성적으로 규정된 법칙에 근거할 수 있는 듯하다. 칸트 자신의 정치 철학은 특히 『영원한 평화를 위하여─철학적 기획』에 잘 나타나 있다. 그는 여기서 한 국가 안의 법치뿐만 아니라 국가들 간의 법치를 확고히 할 필요성을 논변하였다.

그렇지만 칸트는 혁명의 진행과정에서 공화정의 지지자들이 심지어 공화국의 적으로 비난받을 정도로 폭력적인 양상을 띠게 되자 혁명의 방식에 대해 확신을 갖지 못하고 주저했다. 더욱이 그는 내적으로 어려운 입장에 처해 있었다. 아무리 군주가 '계몽되었다'고 하더라도, 비선출된 국왕은 시해의 위협은 고사하고서도 왕권을 위협하는 혁명에 불안해할 터이기 때문이다. 이 상황은 악화되었는데, 이 단계에서 프리드리히 빌헬름 2세(1786-97) 통치하의 지배 정권이 계몽의 기획에 공공연히 적대적이었기 때문이다. 혁명적 이상을 표현했다는 이유로 저술가들을 투옥하는 일이 드물지 않았고, 그렇게까지는 아니라 해도 그들은 국가의 검열로 인해 억압을 받았다. 그래서 칸트는 그 자신의 혁명에 대한 사유들과 지배적인 정치권력에 대한 논의들 사이에서 아슬아슬한 곡예를 하였다.

칸트의 정치적인 경향의 저술들에 비해 『판단력 비판』은 검열을 받을 만한 큰 위험에 처해 있지는 않았다. 그러나 비록 언제나 명료하게 드러나 있지는 않지만, 『판단력 비판』은 정치적 연관성을 지닌 저술이다. 침범할 수 없는 권리로서 미에 대한 개별적인 미적 판단력의 환원 불가능성과 규칙의 부재에 대한 칸트의 주장은 자율적이고 성숙한 판단의 주체로서 판단을 행사하는 개인들의 권리를 간접적으로 대변한다. 그렇지만 메시지는 철저히 개인주의에서 벗어나 있다. 왜냐하면 칸트는 또한 판단하는 주체의 심미적 공동체가 있다고 믿었기 때문이다. 이는 또한 정치적 입장을 함의하고 있다고 볼 수 있는데, 국가 권력에 의한 질서의 강화보다 공동체가 우선한다는 것을 제시하고 있기 때문이다. 이런 이유로 칸트 미학은 공화정의 이상에 대한 그의 정치적 입장과 양립하며, 심지어 그의 정치적 입장을 강화하고 심화한다.

## 5. 다양한 문화적 배경

아는 사람은 다 알듯이 칸트는 그의 고향 쾨니히스베르크를 벗어나 여행을 한 적이 없다. 그는 뛰어난 유럽 문화의 중심이라 부르기 힘든 곳에서 살았기에 지리적으로 볼 때 어느 정도 불리한 점도 있었다. 그럼에도 그는 학술지와 독일어로 번역된 중요한 저술들을 통해 철학적, 문화적 상황을 충분히 숙지하고 있었다. 칸트는 계몽주의 철학에 대한 흄(Hume)의 근본적인 입장을 알고 있었다. 그러면서도 그는 독단주의를 비난했던 사고 내에서 여전히 내재하고 널리 주장되는 전제와 가정에 의문을 제기하였다.

칸트는 예술과 관련해서는 다소 불리한 측면을 보여준다. 왜냐하면 그가 미학적 관심과 동떨어진 그런 환경에 있진 않았지만, 그는 쾨니히스베르크에서 멀리 떨어진 곳에 가서야 볼 수 있는 위대한 예술작품들을 직접적으로 접할 수 없었기 때문이다. 괴테와는 달리 칸트는 고전주의의 걸작을 보기 위해 그 당시 교양을 갖춘 엘리트들 사이에서 유행하던 이탈리아 여행을 하지 않았다. 아마도 칸트는 비교적 덜 알려진 지역의 작품들은 직접적으로 보았을 터이지만 대부분의 예술작품들을 인쇄물이나 판화를 통해 접했을 것이다. 그는 이런 식으로 다양한 시각 예술작품들을 어느 정도 접했던 것이다. 그렇다 해도 화려한 색채와 엄청난 규모였을 원작들을 보지 못한 채 이미지를 전달하는 매체를 통해서만 접한 시각 예술에 대한 칸트의 이해는 틀림없이 제한적이었다. 그러기에 칸트의 열정적인 논의가 시각 예술이 아니라 오히려 시에 집중되어 있다는 것은 놀랄 만한 일이 아니다. 칸트가 자신의 정적인 생활양식으로 인해 광대한 자연미 또는 숭고성을 경험할 수 있는 기회가 없었다는 점을 고려할 때, 우리는 그가 미학에 부여한 중요한 역할을 보고 꼼짝달싹도 못 할 것이다.

# *2*장
## 주제들의 개관

2장의 처음을 도덕과 인식에 대립되는 미적 판단의 특성을 논의하면서 시작하겠다. 계속해서 나는 칸트에게서 미적 판단이 "판단력"을 밝힘과 어떻게 이러한 특성이 비판철학의 체계 안에서 미학을 위한 장소를 마련할 수 있는지를 강조해서 논의할 것이다. 이러한 논의는 칸트가 『판단력 비판』에서 설정한 과제를 전체적으로 조망하고 독자들이 텍스트에 표명된 중요한 주제들을 맥락적으로 파악하는 데 도움을 줄 것이다.

두 번째 부분에서 나는 특별히 중요한 몇 가지 해석적 주제들을 언급하면서 텍스트의 방식을 추적할 것이다. 첫째로, 나는 미에 관한 판단이 주관적이라는 「미의 분석론」에 나타난 칸트의 주장을 우리가 이해해야만 한다고 할 때 그것이 갖는 의미를 논의하고자 한다. 내가 제시하는 해석은 나의 칸트 독해의 핵심적인 모티브에서 비롯된 것이기도 하다. 곧, 주관적 판단의 특징은 내가 "이중적 조화"라고 부르는 것에 있다. 한편으론 마음의 능력들 사이의 조화이며 또 다른 한편으론 마음의 활동과 아름다운 대상 사이의 조화이다. 계속해서 언급하자면, 우리는 「숭고의 분석론」에서는 대조적으로 숭고의 판단이 ─다시 마음 안에서 그리고 마음과 세계 사이에서─ 도덕적 행위에 있어서 상당히 의미 있는 부조화를 드러낸다는 것을 알게 된다. 둘째로, 해석가들은 종종 왜 칸트의 미적 판단에 대한 탐구가 미와 숭고의 판단에 관한 분석에서 끝나지 않는지 묻는다. 나는 「순수한 미적 판단의 연역」에서 이루

어진 칸트 논변의 진전된 한 요소가 "판단하는 능력 자신"으로서의 판
단력에 대한 그의 서술에 반영되어 있다고 생각한다. 다른 요소는 주체
와 대상 사이의 선규정적인(pre-determinative) 관계를 탐구하는 것이
다. 마지막으로, 칸트의 입장은 많은 이들이 생각하는 것처럼 양극화될
수도 없고 그럴 필요도 없다고 제안하면서, 칸트 미학에서 자연미와 예
술미의 관계적 중요성에 눈을 돌리려 한다. 3장에서 상세하게 논의될
이러한 문제 제기가 텍스트 읽기에 참여하는 독자들에게 도움이 되기
를 희망한다.


## 1. 지식과 도덕 사이에 놓여 있는 미적 판단


칸트는 『판단력 비판』을 저술하기 얼마 전까지만 하더라도 선험철학의
기획의 영역을 샅샅이 다루었다고 믿었다. 선험철학의 의도는 인간 인
식과 행위의 근본 구조를 밝히는 것이었다. 한편으론 우리는 인과성의
법칙에 따른 대상의 자연계에 속한 존재들이다. 이런 점에서 우리는 대
상들처럼 자연의 기계적 법칙에 규정되고, 이러한 법칙에 따라 우리는
대상에 대한 지식을 가질 수 있다. 우리는 시간과 공간 내에서 감각 능
력으로 파악한 것을 개념으로 정리해서 지식을 얻는다. 그러기에 우리
는 "만발한 꽃 사이에서 벌이 윙윙거리며 날아다니는 혼란"[1]과 같은 것
을 특정한 특징을 지닌 개별적 사물들로 확인할 수 있다. 칸트의 인식
론적 기획은 우리가 일상생활에서 흔히 행하는 일, 곧 적어도 우리가
세계에서 접하는 사물들의 일부를 안다는 것에 대한 타당성을 철학적

---

1    W. James의 저서 *The Principles of Psychology*, Cambridge MA: Harvard Uni-
versity Press, 1890[1981]에서 인용한 것이다.

으로 밝히고자 하는 것이다. 그러나 거기까지이다. 칸트의 선험철학은 도덕적 행위의 가능성을 설명하지 못한다. 실로 그의 인식론은 마치 우리가 전적으로 인과성의 법칙에 따라 규정된다는 것 그리고 우리의 주된 방향이 대상의 지식을 향해 있다는 것을 수반하는 것처럼 보이는 듯하다. 『실천이성비판』에서 칸트는 인간 행위가 인과성으로 환원될 수 없는 구별된 원리에 근거하고 있다는 점을 규명하고자 시도한다. 우리가 행위자인 한, 우리는 행동을 기계적 필연성의 법칙이 아니라 자유로운 의지에 따라 결정한다. 이러한 자기규정(self-determination)을 위한 능력은 가장 높은 수준에서 도덕적으로 행위하는 능력이다. 일반적으로 행위는 자유를 위한 능력에 근거한다. 도덕성은 이성의 행사 이외의 어떠한 고려도 사상(捨象)하는 자유로운 자기규정에 대한 능력, 곧 궁극적으로 도덕적인 능력에 근거하는 것이다. 우리가 도덕적으로 행위할 때 우리는 정언명령에 복종한다. 정언명령은 우리의 행위들이 인간이 또한 자유로운 도덕적 행위자로서 모든 인간에서 인류성을 재인식하기에 합당한 것 또는 합당해야만 하는 원칙이다. 그래서 칸트는 우리가 두 가지의 구별된 주된 방향을 갖고 있음을 밝혔지만 점차로 그는 비판철학에서 제기된 한 문제가 언급될 필요가 있다는 결론에 이른다. 우리가 (자연계에서) 자유롭지 못하고 (도덕계에서) 자유롭다는 것을 규명했던 것으로 보인다. 그런데 이것이 어떻게 우리의 마음에서 실존적 파열 없이 가능할까?

　이에 대한 윤곽은 이미 이 책의 1장에서 다루어졌다. 1장에서 우리는 칸트가 세 번째 비판서인 『판단력 비판』이 이러한 딜레마를 풀리라고 희망했음을 보았다. 심미적으로 판단하는 능력에 대한 설명은 엄격히 기계적 자연법칙에 따라 지배되는 것을 아는 능력과 자유로운 도덕적 행위 사이의 간격을 다룰 것이다. 칸트가 염두에 두고 있는 해결의 핵심은 지성 능력이 압도적인 인식판단과 이성에 토대한 도덕적 행위와는 달리 미적 판단은 판단력에 기초를 두고 있다는 점에 있다. 판단력은 인식과 도덕, 이 양자와 함께 체계적인 관계에 있는 경험의 새로운 양상, 말하자면 심미적 감상을 가능하게 한다. 1장에서 언급했듯이, 이것이 바로 『판단력 비판』이 칸트의 비판체계를 완성시키고, 심지어 가능하게 하는 이유이다.

미적으로 판단할 때 우리는 감각에 주어진 어떤 것, 곧 경험적 대상에 반응한다. 그것에 대한 반응은 아직 확정적이지 않고 탐구해봐야 한다. 동시에 우리가 그것에서 처음에 현상적으로는 명백해 보이는 것보다 훨씬 더 많은 것을 파악하고 발견하는 어떤 것을 처리하는 변용된 상상력을 통해 우리는 경험계에 있으면서도 경험계를 넘어서 있다. 우리는 아름다운 것에 영감을 받아 우리 자신을 더 많이 발견한다. 이는 곧 우리에게 나타나는 것을 넘어 경험적으로 주어진 것에 의미를 부여하는 우리의 능력이다. 이제 도덕성은 또한 우리가 인과성의 경험적 영역을 넘어서고 아름다운 것들이 그렇게 하도록 하는 능력에 대한 상징이란 사실을 요청한다. 이것이 바로 미적 판단에서 마음의 자유가 도덕적 행위의 특징을 보여주는 자유의 선구자인 이유이다.

미는 도덕적일 수 있는 우리의 능력을 암시할 뿐만 아니라 또한 인식의 가능성, 보다 좁게는 지식을 암시한다. 우리가 사물들을 아름답다고 감상할 때, 우리는 감성을 통해 그것들을 "직관(intuition)"[2]으로 수용하는 능력을 우리가 파악한 것을 위한 개념을 찾는 능력과 결합한다.

---

2   [역주] 원어는 Anschauung이다. 직관은 감성이 제공하는 것이며, 대상(또는 현상)에 직접 관계하는 표상이다. 칸트는 다음과 같이 말한다. "따라서 감성을 매개로 해서 대상은 우리에게 주어지고, 감성만이 우리에게 직관을 제공한다."(『순수이성비판』, B 33)

이는 또한 인식판단을 특징짓는 개념에서 중요한 단초인 감각적 직관
의 종합에서 일어난다. 인식판단에서 우리는 지식을 얻는 것을 목표로
한다. 이와는 달리 미적 판단에서 우리는 인식 판단에서와 같이 지식
획득을 추구하는 것이 아니라 관조의 상태에 머문다. 그러나 마음의 활
동의 동일한 기본 구조가 작용하기 때문에 미적 판단이 인식의 근본 조
건들에 관한 무엇을 드러낸다. 나중에 밝혀 논의하겠지만, 이는 칸트가
"인식일반(cognition in general)"이라고 부르는 것이다.

　그러기에 미적 판단은 도덕과 인식을 향해 있는 것처럼 보이지만 양
자와 구별된다. 여기서는 핵심만 지적하겠지만 실상 취미는 어떠하든
지 판단을 가능하게 하는 판단력에 기초하고 있기에 도덕적 판단 그리
고 인식판단과 비교할 때 범례적(exemplary)이다.


## 2. 미적 판단의 중요한 특징들

칸트가 말하는 미란 무엇인가? 어떤 것이나 사건이 아름답다고 말하는
것은 그것이 예쁘다거나 단지 눈에 잘 들어온다는 것을 말하는 것은 아
니다. 칸트는 「미의 분석론」의 초반부에서 미가 "생명감정"과 관계하
는 것이라고 수수께끼같이 언급한다. 이를 나는 다음과 같이 해석한다.
칸트의 관점에서 미는 감관에 이용할 수 있는, 곧 우리에 의해 보이거
나 아마도 또한 들리는 현상에 반응하는 마음의 작용을 드러낸다고 말
이다.

　널리 알려졌듯이 칸트는 미는 대상에 있지 않다고 주장한다. 이러한
주장으로 인해 많은 독자들은 미가 대상에 있다기보다는 주관에 있다
는 의미에서 미가 주관적이라는 결론을 내린다. 칸트가 『순수이성비

판』에서 마음은 지식을 얻기 위해 감성에 의해 주어진 대상을 규정하는 능력이라는 식으로 설명한 것과는 대조적으로 이러한 결론으로 인해 칸트 미학이 마치 마음의 내면성으로 움직이는 신호인 것처럼 들린다. 그러나 이미 『순수이성비판』을 시작하면서 칸트는 코페르니쿠스적 혁명의 철학적 판본을 소개했다. 곧, 우리가 지식이 어떻게 얻어질 수 있는지를 규명하려면, 우리는 우리가 대상을 경험하는 것과는 아무런 연관도 갖지 않는 독립체로서의 대상에 대한 사유를 멈추어야 한다고 논변함으로써 그 당시 지배적이었던 관점에서 근본적인 전환이 마련된다. 우리에 의해 알려진 대상이 필연적으로 감각에서 현상하고, 개념에 의해 규정된다는 것을 우리는 인정해야만 한다. 일부는 이러한 이론이 궁극적으로 실재를 주관하게 된 마음의 내적 작용에 전적으로 의존한 지식을 형성한다고 생각한다. 그렇지만 칸트는 대상들이 감관과 우리의 사유에 접근가능하다는 입장을 갖고 있으며, 대상들의 물질적 상태, 곧 마음 이외의 상태를 부정하지 않는다. 달리 말해 우리가 세계에 있는 대상들을 수용하도록 허용하는 특정한 주관적 능력들을 갖고 있기 때문에 지식이 가능하다. 나는 이 책의 3장 「본문 읽기」에서 미적 판단에 대한 칸트의 설명이 객관적인 인식판단에 대립해서 순전히 주관적 판단임을 밝히는 데 중점을 둔 것이 아니라는 점을 고찰할 것이다. 오히려 미적 판단은 지식에 대한 우리의 요구를 심층적 구조로 드러내 보여준다. 미는 만약 우리가 대상의 지식을 얻기 위해 그러한 방식으로 대상을 경험하고자 한다면 반드시 갖춰져 있어야 할 주관과 객관 사이의 관계의 함의를 이끌어낸다. 이는 칸트가 『판단력 비판』을 시작하면서 미적 판단이 인식과는 관계가 없지만, 그럼에도 "인식일반"과 관계한다고 나중에 말하는 이유를 설명하는 데 도움을 준다.

미는 세계에 있는 어떤 대상이 우리의 마음에서 촉발될 때 생겨난다.

대상은 우리가 감성을 통해 그리고 사유에서 미를 탐험할 수 있도록 부추긴다. 그것은 마치 우리의 반응을 자극하기 위해 설계된 것처럼 보이지만, 그럼에도 칸트는 그러한 설계란 없다고 강조한다. 아름다운 것은 감성을 통해 대상을 받아들이는 능력들과 이를 개념 아래에 두어 정리하는 능력을 결합하면서 특별히 우리에게 그리고 우리와 같은 종류의 존재자들에게 적합한 것이다. 이러한 특별한 대상과 마음 사이에 선순환이 전개된다. 우리가 그것을 보면 볼수록, 우리는 더욱 더 그것을 볼 수 있도록 북돋아진다. 이렇듯 보는 것 말고도 우리가 보는 것을 사유하는 우리 자신을 발견한다. 칸트는 능력들의 유희를 말한다. 칸트에 따르면 이러한 유희로 (상상력에서 강화되고 확장되는) 감성을 통해 파악하는 능력이 개념화하는 능력, 곧 지성과 협력하게 된다. 이것이 취미판단에 특징적인 "능력들의 조화"이다. 그러나 종종 간과되는 것은 마음의 이러한 조화가 동시에 대상과 마음 사이의 조화가 없다면 일어나지 않을 것이라는 점이다. 미적 판단은 감성과 사유 사이의 자유로운 유희를 일으키는 어떤 대상을 만날 때, 오직 그 때에만 이루어진다. 따라서 능력들의 조화뿐만 아니라 내가 지각하는 아름다운 대상과 그 대상에 상응하는 나의 마음의 활동 사이의 조화가 있다. 이러한 두 가지 조화는 분석적으로 서로 구분될 수 있지만, 그럼에도 어느 것도 다른 것의 원인이 될 수 없다. 경험 내에서 양자는 항상 밀접히 얽혀 있고 이중적 조화로 작용하는 최고의 사유이다.

만약 미가 마음 안에서 그리고 마음과 세계 사이에서 조화로운 관계를 보여주는 신호라고 한다면, 숭고는 부조화를 전달한다. 우리의 능력으로 대상을 감관적으로 총괄할 수 없을 때, 우리는 그 대상을 숭고하다고 판단한다. 우리는 대상을 단순히 받아들일 수 없다. 왜냐하면 그것은 너무 크거나 너무 위력적이기 때문이다. 감성을 통해 받아들인 것은 결합될 수 없거나 적어도 서로 분리될 위험에 처하게 된다. 미의 경우에 감성적 수용은 감각적 현상들을 지성화하는 일반적인 능력과 조화된다. 그러나 이제 우리는 좌절한다. 단적으로 큰 것이거나 압도적으로 위력적인 현상은 감성을 통해 수용하는 능력에 저항한다. 그러한 결과 포착하는 것을 종합하고, 그것을 개념으로 인식하기 위해 조화롭게 결합되거나 '총괄되는' 그런 상황은 일어나지 않는다. 그래서 단적으로 큰 것 그리고 그렇게 규정된 대상에 대한 지식을 얻기란 원칙적으로 불가능하다. 칸트는 이를 상상력과 지성 사이의 부조화로 특징짓는다. (왜 칸트가 여기서 『순수이성비판』에서 경험의 감각적 차원에서 사용된 용어인 직관이 아니라 상상력을 말하는지 그 이유는 나중에 설명할 것이다.) 숭고한 현상에서 우리의 주관적 인식능력이 좌절되고 그에 따라 불쾌가 생겨난다. 그러나 칸트는 이러한 경험의 붕괴에 숨겨진 한 가지 장점이 있다고 주장한다. 우리의 감관은 좌절되지만, 동시에 우리는 대안적 능력, 곧 감각적 경험의 영역을 넘어서 사유할 수 있는 이성적 존재자로서의 능력을 발견한다. 비록 감성과 상상력은 우리가 직면한 현상의 막대함에 압도되지만, 사유에서 우리는 그것을 이해할 수 있고 심지어 초월할 수 있다. 요약하자면, 우리는 우리 자신을 자연적 존재자일 뿐만 아니라 이성적 존재로서 발견한다. 우리가 무한(the infinity)을 사유하고 행위를 세계에서가 아니라 오히려 우리 자신에게서 근거하는 도덕적 원칙에 따라 행위를 이끄는 능력을 갖고 있는 한 우리는 이성적 존재자이다. 이는 숭고의 긍정적인 결과이며 간접적인 쾌를 일으킨다.

　지금까지 칸트는 미와 숭고를 확인하는 특징들이 무엇인지를 요약했다. 그렇지만 그는 더 나아가 마침내 그가 서술했던 것이 필연적 근거, 곧 미적 판단이 단순히 인간 경험에 대한 변주가 아니라 인간 경험을 위해 필연적이라는 것을 증명해야만 한다고 생각한다. 이는 곧 인식판단 및 도덕적 판단과 마찬가지로 미적 판단은 인간 조건의 근본적인 구조의 철학적 재구성인 선험철학의 체계에 놓여 있다는 것을 밝혀야 한다는 것을 의미한다. 『순수이성비판』에서 칸트는 감성적 대상들을 지성의 능력이 산출하는 개념의 범주적 틀 아래에 정리하는 능력이 없다면 우리는 어떠한 경험도 갖지 못할 것이라고 논변한다. 『실천이성비판』에서 그는 우리가 행위자로서 세계에 관여함은 우리가 행동을 도덕적 원칙에 따르게끔 할 수 있다는 것을 요청한다고 논변한다. 도덕적 원칙인 정언명령은 궁극적으로 이성의 능력에 기인한다. 도덕적 행위의 가능성이 없다면 어떠한 행위도 없다. 『판단력 비판』에서 칸트는 미적 판단이 또한 경험을 가능하게 하는 중요한 틀임을 보여주고자 한다. (나는 여기서 '경험'이란 용어를 칸트 인식론에서 '지식'에 상응하는 용어로 사용된 경험보다 더 넓은 의미에서 사용한다.) 만약 미적 판단이 선험철학의 체계의 부분이라는 자격을 얻으려면, 미적 판단이 또한 경험을 가능하게 하는 가장 근본적인 조건들에서 유래한다는 것을 칸트는 보여주어야만 한다. 칸트 미학에서 이 조건들은 우리가 그 모든 것을 경험하는 것을 가능하게 하는 "능력들"이라고 그가 부르는 주관적인 조건들이다. 칸트는 「순수한 미적 판단의 연역」에서 아름다움에 관한 미적 판단이 판단력에 그 근거를 갖고 있다고 논변하고자 한다. (그는 숭고의 명시적 연역이 필요하다고 생각하지 않는다. 그 이유에 대해서는 3장 「본문 읽기」에서 상세하게 살펴볼 것이다.)

「순수한 미적 판단의 연역」의 과제는 취미판단[3]이 주관적으로 보편

---

3  [역주] 원어는 Geschmacksurteil이다. 칸트는 취미를 "미적인 것을 판정하는 능력"이라고 규정한다.(『판단력 비판』, AA 203) 칸트는 "취미판단"이란 용어를 주로 사용하고 있지만, 취미판단은 곧 "미적 판단"을 의미한다.

적이고 필연적인 원칙에서 그 근거를 두고 있다는 점을 규명하는 것이다. 「순수한 미적 판단의 연역」이 취미의 중요한 특징들을 탐구하고 있는 「미의 분석론」과 전적으로 구별되는 것인지에 관해서는 학자들 사이에서 의견이 분분하다. 다음과 같이 보는 것이 대체로 정확할 것이다. 「분석론」은 취미판단을 설명하고, 「연역」은 취미판단의 타당성을 밝힌다. 그러나 3장에서 고찰하겠지만 취미판단의 타당성의 문제는 이미 「분석론」에서도 다루어지고 있다. 내가 보기에 「연역」을 구분한 이유는 다음과 같이 이중적으로 파악될 수 있다. 첫째로, 칸트는 판단력의 특징이 무엇인지를 논의하는 데 신중한 입장을 보인다. 곧, "판단하는 능력 자신"을 가능하게 하는 능력으로서 판단력은 취미판단에서 오직 자율적인 방식으로만 수행된다. 둘째로, 칸트는 취미판단에서 주관과 객관이 어떻게 관계하는지 그 형식적 상태를 명확하게 한다. 내가 생각하기에 이러한 관계의 본질은 '선규정적', 곧 지식으로서의 규정 이전이란 관점에서 가장 잘 이해될 수 있다.

　1장의 앞부분에서 살펴보았듯이 내가 어떤 것을 아름답다고 감상한다면, 나의 마음은 일반적인 마음의 활동을 보여주어야 한다. 만약 내가 대상으로서 어떤 것을 알고자 한다면 이러한 활동은 필연적이다. 그럼에도 내가 미적으로 판단하는 한 나는 지식을 추구하고자 하지 않는다. 이런 경우에 그 활동은 인식판단의 경우와 같이 지성 능력에 종속되는 것이 아니라 그 자체의 고유한 방식으로 수행되는 판단력의 활동이다. 『순수이성비판』에서 칸트는 지식의 가능성을 탐구하는 데 판단이 필요하다고 단언한다. 이와는 달리 『판단력 비판』에서는 그는 판단이 오직 미적 판단을 가능하게 하는 그 자체의 고유한 원칙에 따라 구별된 판단력으로서 수행된다고 밝힌다. 「순수한 미적 판단의 연역」에서 칸트는 "판단하는 능력 자신"으로서 판단력이 주관적 보편성과 범례적 필연성의 기초를 세운다고 논변한다. 아름다운 것은 오직 나만을 위한 쾌감이 아니다. 나는 아름다운 것이 또한 다른 모든 판단하는 사람들을 위한 것이어야 한다고 주장한다. 그리고 나는 그들이 나의 미적 판단에 동의해 주기를 요청한다. (그들이 그렇게 하지는 않을 터이다. 그러나 그렇다고 해서 취미판단의 타당성이 약화될 필요는 없을 것이다. 이에 관해서는 나중에 살펴볼 것이다.) 미적 판단자로서 나는 취미의 공동체에 거주한다. 왜냐하면 다른 모든 판단하는 주체들이 취미의 근거를 공유하고 있기 때문이다. 곧, 그들은 또한 판단하는 주체들로서 인식의 주관적 조건을 보여주는 활동인 판단력을 사용한다. 미적 판단은 인간 경험의 근본적인 레퍼토리(repertoire)의 일부이다. 왜냐하면 미적 판단은 경험을 가능하게 하는 능력, 곧 우리가 판단하고 자기규제적인 다른 사람들과 조화롭게 이 세상의 사물을 조우하는 주관적 조건들에 기초하고 있기 때문이다.

　미학에 관한 칸트의 사유는 자연미에 대한 관심에서 나온 것이지만, 그는 또한 전통적으로 평가되어 온 예술작품에도 눈을 돌린다. 칸트는 원칙적으로 자연미에 관심을 둘 뿐 예술작품에는 관심을 두지 않았다는 주장이 종종 제기된다. 헤겔은 그런 주장을 한 철학자이고 그 자신의 미학을 칸트 미학의 반전으로 간주했다. 다른 사람들은 칸트가 오직 천재 개념을 논의한 『판단력 비판』의 후반부에 와서야 예술작품에 주목했다고 주장한다. 그렇지만 「미의 분석론」을 통틀어 칸트가 지속적으로 든 실례들은 예술 분야에서 선택된 것이다. 칸트는 숭고가 궁극적으로 예술이나 자연이 아니라 오히려 마음에 있다는 결론을 내리면서 숭고를 설명하는 초반부에서 그는 오직 자연 대상만이 미적 판단의 대상이 될 수 있다고 주장한다. 그리고 심지어 그가 인간의 인공물을 논의하기 시작하는 곳에서조차 그렇게 주장한다. 『판단력 비판』 후반부에서 칸트는 때로 예술작품을 순수한 미적 판단으로 평가할 수 없다고 거의 주장하기에 이른다. 그러나 나는 이러한 전개가 그 자신의 이론을 잘못 적용해서 나온 것임을 논변할 것이다. 『판단력 비판』 전체를 고려할 때, 비록 그가 자연미에서 취미판단이 아무런 문제없이 이루어진다고 생각하기는 하지만, 그럼에도 칸트는 예술작품이 미적 판단을 일으키는 방식을 고려하고 있다. 이는 역사적 규정을 지닌 경향의 문제이지 칸트의 기획에서 필연적으로 요청되는 것이 아니라고 나는 주장하고 싶다. 역사의 특정한 시기를 살았던 한 개인적 사상가로서의 칸트의 입장을 이해하는 일은 중요하고, 또한 그의 기획을 다른 시대, 특히 우리 자신의 시대와 연관된 사유방식으로 논의하는 것도 중요하다.

# 3장
## 본문 읽기

### 1. 비판철학의 체계 내에서 미적 판단의 위치

칸트는 『판단력 비판』에 두 가지 판본의 서론을 썼는데 그중 하나만 출간되었다. (출간되지 않은 서론은 '제1서론'이다.) 두 서론은 어렵기로 소문이 나 있다. 나는 여기서 두 서론을 상세히 고찰하지는 않을 것이다. 상세한 고찰은 더 많은 지면을 필요로 하기 때문이다. 그러기에 다만 미적 판단과 관련해서 간접적으로 관련된 쟁점들을 소개할 것이다. 그럼에도 두 서론의 특정한 중심 주제들은 비판체계 내에서 미적 판단의 역할을 전체적으로 이해하는 데 필수적이다. 또한 두 서론은 왜 그러한 체계를 위해 그리고 인간의 경험 일반을 위해 미적 판단이 필요한지를 말해준다. 여기서는 「머리말」그리고 출간된 「서론」, 곧 '제2서론'을 개괄하면서 다음과 같은 두 가지 사항을 논의할 것이다. 비판철학의 체계 내에서 판단력은 자연과 자유 사이에 놓여 있다. 그리고 칸트는 판단력에서 자연의 합목적성에 주목한다. 자연의 합목적성은 미적 반성적 판단력과 목적론적 반성적 판단에서 상당히 중요한 의미를 갖는다.

칸트는 「머리말」에서 판단력이 지성과 이성 사이에 매개적 연결을 하고 있는지, 그리고 그 자체에 아프리오리한 원칙, 달리 말해 경험을 가능하게 하는 다른 상위의 인식능력들이 수행하는 하는 것과 같이 그러한 독자적인 능력의 특수한 활동에 그 원천을 지닌 원리를 갖는지를 묻는다. 지성은 자연에 법칙을 부여하는 능력이다. 이에 반해 이성은 자유의 법칙 아래에서 작동한다. 판단력의 원리는 쾌와 불쾌의 감정에 아프리오리한 규칙을 준다. 『판단력 비판』의 과제는 그러한 아프리오리한 원칙이 있음을 밝히는 것이다.[1] 「서론」에서 처음 제시된 문제는 인간은 인과성의 법칙이 지배하는 자연계에 거주하며, 동시에 인간은 자유의 법칙에 따라 자기규정을 할 수 있는 도덕적 행위자라는 데 있다. 이는 체현된 자연적 자아가 도덕적 자아와 아무런 연관을 갖지 않는다는 실존적 분열로 귀결된다. 그리고 이럴 경우 도덕이 삶에 어떻게 관여할 수 있는지를 알기 어렵다. 칸트는 마치 우리가 이 두 세계에 살고 있는 것처럼 말하지만, 그럼에도 분명히 그는 이러한 상황이 실제적으로 가능하지는 않다고 생각한다. 대신에 칸트는 비록 자연과 자유의 원칙이 서로 구별되기는 하지만, 도덕적 행위자로서 인간이 자연계에 영향력을 행사할 수 있다고 주장한다. 도덕적 존재자는 자연계에서 활동해야만 한다. 곧, 도덕적 의도는 실제적으로 영향을 끼칠 수 있어야만 한다. 그렇지 않다면 우리는 전혀 자유롭지 못할 것이다. 이것이 보증될 수 있는 유일한 방법은 자연과 자유를 연결하는 길이 있을 것이라는데 있다(「서론」, AA 175-176).

「서론」의 3항에서 판단력은 지성과 이성을 매개한다고 규정된다(AA 177). 판단력은 일반적으로 보편적인 것과 관련해서 특수한 것을 사유하는 능력이다. 판단력은 규칙이 주어질 때는 규정적이고, 특수한 것만이 주어질 때는 반성적이다(「서론」, AA 179). 규정적 판단력은 지식을 생기게 하고 비록 엄격하게는 형식적이지만 미리 확립된, 지성과 이성에 의해 공급된 규칙에 기초한다. 반대로 어떤 다른 능력들의 도움 없

---

1  「머리말」, AA 168. 이 책에서 『판단력 비판』의 인용은 학술원판(Akademie-Ausgabe) 5권에 따르고, AA로 약칭해 표기한다.

이 작용하는 반성적 판단력은 비규정적으로 남겨진 규칙을 찾아내고, 또한 그렇게 함으로써 결코 끝나지 않는 탐구의 과정에서 생겨나는 질서의 가능성을 연다. 이는 판단력이 상대적으로 여전히 상위의 원칙에 따라 질서 지으려는 경험법칙을 탐구하면서 반성적으로 작동할 때 잘 드러난다. 자연은 주로 칸트가 『순수이성비판』에서 다루었던 인과성의 법칙과 같은 식으로 지성의 법칙에 의해 규정되거나 정리된다. 그럼에도 지성의 법칙은 고도의 형식으로 작동해서 자연이 세부적으로 혼란스러운 상태에 있다는 것을 충분히 생각할 수 있다. 헨리 앨리슨(Henry Allison)은 이를 "경험적 혼란"의 위협이라고 불렀다.[2] 오직 판단력만이 경험법칙의 다양성을 위한 질서를 수립하는 규칙을 제공할 수 있다. 칸트는 이러한 질서를 "다양성 안에서 자연의 합목적성"이라고 부른다(「서론」, AA 180).[3] 그러한 질서에 관한 원칙은 판단력의 선험적 원리에 기초한다(「서론」, AA 181). 『판단력 비판』의 35항에서 "판단하는 능력 자신"이라고 불리는 자율적 판단력으로 작용하는 판단력만이 인식을 위한 자연의 합목적성을 상정할 수 있게 한다. 그것은 우리가 적합한 경험을 하도록 허용하는 경험 법칙의 다양성 속의 통일이 있다는 것을 상정하는 능력이다. 이를 상정하는 일이란 곧 인식능력으로 자

---

2  Allison, 2001, pp. 38-39.

3  이 책의 모든 칸트 텍스트 인용은 별도로 언급되지 않는 한 내 자신의 번역에 따른다. 플루하르(Pluhar), 가이어(Guyer), 매튜스(Matthews), 매러디스(Meredith) 등의 영문번역본을 사용할 경우 학술원판 칸트 쪽수 표기 앞에 P, G, M 등으로 약칭해서, 예컨대 "P: AA 204"로 표기할 것이다. 『판단력 비판』의 「서문」의 경우 로마자로 항(section) 번호를 또한 표기할 것이다.

[역주] 번역자는 칸트 독일어 원전을 충분히 고려하면서 칸트 텍스트의 인용을 한국어로 옮길 것이다. 이런 이유로 본문의 P, G, M 등과 같은 약칭을 생략했다. 또한 『판단력 비판』의 「서문」 표기의 경우 로마자로 항 번호를 군이 덧붙일 필요는 없기에 여기서는 생략하기로 한다.

연계의 세부사항 또는 특수성을 접하고, 그래서 자연계가 우리에 의해 알려질 수 있다고 생각하는 것이다. 판단력의 원리는 우리의 기획이 경험적 세부사항에서 자연계를 탐구할 수 있게 하면서 발견적으로 작동한다. 이러한 원칙은 주관적이며, 객관적으로 자연법칙에는 적용될 수 없다. 왜냐하면 경험적 자연의 세부사항은 인식능력에 잘 들어맞지 않을 여지가 충분히 있기 때문이다. 그럼에도 대상적 세계를 탐구하기 위해서라도 이러한 주관성의 원칙은 고려되어야 한다. 실상 칸트는 그러한 능력이 없다면 경험적 차원의 인식에서 어떠한 진전을 볼 수도 없을 것이라고 말한다(「서론」, AA 183-186).

「머리말」에서 우리는 판단력이 쾌와 불쾌의 감정에 규칙을 준다는 것을 알았다. 이제 칸트는 이러한 일이 항상 쾌의 감정과 연관된다고 말한다(「서론」, AA 187). 최초를 설명하기 위해 한 경험법칙에서 다른 경험법칙으로 거슬러 올라가는 방법을 발견할 때, 우리는 쾌를 느낀다고 칸트는 주장한다. 또한 우리는 일단 속(genera) 아래에 종(species)을 분류하는 것처럼 자연현상에 질서를 부여하면서 쾌를 발견한다. 그러나 이러한 인식적 단계에서는 우리는 더 이상 그렇게 할 수 없다. 경험적 현상을 커다란 집합의 사례로 간주하는 인식적 의도는 저절로 이루어지기 때문에 우리는 그것이 나타내는 성취 그리고 그것에 필요한 판단력의 활동을 시야에서 놓친다. 이런 이유로 세계에 대한 경험적 탐구에서 깊숙이 숨겨진 판단력의 활동을 재발견해야만 한다면 우리는 더 나아가야 할 필요가 있다. 그렇지 않다면 우리는 "경험적 혼란"이 불가피하다는 것을 수긍해야 할지 모른다(「서론」, AA 188). 그럴 경우 우리는 우리가 소유한 능력의 실존을 부정하게 될 것이고, 또한 우리는 그 유효성을 약화시키게 될 것이다.

지금까지 경험계의 법칙 지배적인 질서를 파악하는 판단력이 인식능력을 위한 자연의 합목적성을 상정하는 것에서 일어난다는 것을 살펴보았다. 경험법칙은 상당히 다양하지만, 우리에게 의미가 있고 우리가 자연을 탐구할 수 있도록 자연에 질서를 부여하는 일이란 가능하다. 원칙적으로 경험법칙에 관한 지식을 얻으려는 목적은 최소한 경험적 자연에 낯선 게 아니다. 이 목적은 우리가 경험법칙을 얻는다면 쾌감을 일으키고, 심지어 우리를 기쁘게 한다는 기대감을 갖게 할는지도 모를 일이다. 그러나 또한 경험계를 파악하는 판단력의 활동을 알아채기란 매우 어렵다는 것도 확실하다. 이제 칸트는 두 가지 방식을 소개한다. 이 두 가지 방식에서 우리는 경험에서 핵심적인 판단력을 알아차릴 수 있게 된다.

판단력을 확인할 수 있는 우선적이고 가장 중요한 요소는 아름다운 대상에 대한 우리의 심미적 감상에서 일어난다는 것이다. 미적 쾌는 인식적 능력을 위해 적합한 대상의 존재를 표현하고, 이에 상응하여 자유로운 유희에서 서로 관계한다(「서론」, AA 189-190). 이는 내가 이중적 조화라고 부르는 것이다. 칸트가 말하고자 하는 핵심은 다음과 같다. 인식은 감성을 통해 대상을 수용하는 능력, 곧 『순수이성비판』에서 "직관"이라 불리는 능력과 지성의 규칙을 결합을 필요로 한다. 『판단력 비판』에서는 상상력이 직관을 대신하는데, 이런 일은 넓게는 다음과 같은 두 가지 이유로 인해 일어난다. 첫째로 이미 인식 판단에서 상상력은 직관과 밀접히 연루되어 있고, 직관의 재확인을 가능하게 하는 역할을 한다.[4] 둘째로 미적 판단에서 상상력은 주어진 순전한 감각을 관조적 태도로 인도해서 변용시킨다. 이와 관련해서 우리는 나중에 「미의 분석론」을 논의하면서 살펴볼 것이다. 인식에서 작용하는 능력들이 미적 판단에서도 그대로 결합되지만, 그러나 지성은 상상력을 위한 규칙

---

4  『순수이성비판』 A 98-102 그리고 B 150-152 참고할 것. A는 1781년의 초판, B는 1787년의 재판을 의미한다.

을 제공하지 않는다. 취미에는 어떤 규칙도 없다. 또는 적어도 어떤 명시적이거나 규정적인 규칙도 없다. 그리고 상상력과 지성의 능력들은 "유희" 또는 "조화"에서 자유롭게 함께 작동해야만 한다. 우리의 마음은 그것을 설명하려고 애쓰지 않고서도 현상의 가능성에 개방적이다. 이러한 마음의 상태에서 우리는 주어진 현상과 마음의 활동 사이의 순전한 적합성으로 쾌를 느낀다.

칸트는 미적 판단의 몇 가지 특징들을 요약적으로 설명한다. 이에 관한 보다 자세한 사항은 텍스트의 핵심적인 부분에서 논의될 것이다. 아마도 취미판단은 오직 대상의 형식만을 다루어야 하며, 어쩌면 무의식적으로 직관을 개념에 관계시키는 일반적인 능력과 비교될 수 있다 (「서론」, AA 190). 포착(apprehension)의 형식적 조건에 한정해서 주목해서 볼 때 미적 판단은 인식일반의 근본적인 조건의 문제와 연계해서 논의될 수 있다. 여기서 개념 아래에 직관을 종합하는 일반적 가능성의 문제도 관계된다. 또한 아름다운 것이 그러할 의도가 전혀 없는 상태에서 인식능력의 조화를 불러일으킨다는 점도 결정적으로 중요하다. 자연 현상과 마음의 활동의 우연한 일치는 목적이나 특별한 의도에 근거하지 않는다면 일반적 의미만을 지닐 것이다(「서론」, AA 190-191). 나아가 쾌는 경험적 표상[Vorstellung][5] 또는 감각적 현상에 반응

---

5   가이어와 매튜스는 독일어 Vorstellung을 문자적으로는 정확한 용어인 "representation"으로 번역한다. 나는 플루하르를 따라 "presentation"으로 번역한다. 이렇게 번역하는 이유는 아무런 논변도 없이 칸트의 지각이론이 재현적이라고 주장하는 것을 피하기 위해서이다. 이에 관해서는 플루하르의 AA 175에 대한 주석 17번을 참고하라. 또한 AA 203에 대한 그의 주석 4를 보라. 거기서 플루하르는 감각적 직관에서 이성이념에 이르는 어떠한 종류의 마음의 지각성이라 할 수 있는 Vorstellung에 내재된 광범위한 함의를 논의한다. 칸트는 『판단력 비판』에서 핵심적인 미적 표상이 직접적으로 감관에 의해 파악되거나 또는 감관에 나타나는 것이라고 주장한다. 따라서 플루하르와 마찬가지로 나는 독일어 Darstellung의 번역어로 "exhibition"을 사용한다. 가

하여 불러일으켜지는 것이지만, 이 쾌가 단지 대상에 대한 인식의 주관적이지만 보편적인 조건에 의존하는 경험적인 상태의 쾌로 귀결되지 않는다(「서론」 AA 191). 칸트의 논의가 진전되면서 미적 판단에서 판단 일반의 주관적 조건과 현상의 문제가 긴밀히 연관되어 있다는 것이 드러난다. 어떠한 인식을 위한 균형에서도 필요한 능력들의 유희에 대한 감정은 아름다운 대상을 발견하기 위한 근거이다. 그래서 그것은 단지 대상에서 생겨나는 쾌의 감정이 아니라, 미적 판단을 위한 근거의 자격을 갖춘 대상에 반응하는 마음의 활동에서 생겨나는 쾌의 감정이다. 이러한 중요한 구분에도 불구하고 대상은 마음의 활동과 자연의 관계를 반성적으로 인식하는데 필요한 경험적 조건이다. 실상 우리는 마음의 능력의 결합을 변화시켜 일반적으로 세계에 관계하는 능력에서 비롯된 인식을 위한 자연의 합목적성을 이해할 수 있다. 마지막으로 칸트는 짧게 다음과 같은 점을 시사한다. 곧, 인식에 대한 합목적성에 덧붙여 그는 또한 「숭고의 분석론」에서 몰형식을 보여주는 현상에 반응하는 미적 판단을 검토하고, 이러한 검토를 통해 자유에 대한 합목적성을 탐구하고자 한다(AA 192).

이제 왜 칸트가 미적 쾌를 경험적 자연의 합목적성과 연관해서 설명하고 있는지를 알아 볼 차례이다. 특수한 대상과 인식능력 사이에서 조화로운 쾌는 경험적 자연의 반성적 판단을 그 목적으로 하는 것의 축소판이다. 아름다운 대상은 인식능력의 활동을 북돋아준다. 그리고 우리는 서로의 조화로운 협력관계를 파악하게 된다. 이제 만약 총합으로서의 자연이 인식에 적합한 것으로 드러난다면, 우리는 경험적 인식의 목

---

이어와 매튜스는 Darstellung을 "presentation"으로 번역한다. Darstellung은 직관에서 개념이나 이념을 입증한다는 의미를 갖고 있다. AA 243을 참고하라.
　[역주] 번역자는 Darstellung을 "현시"로 옮길 것이다.

적을 달성하게 될 것이고 또한 쾌를 느낄 수 있을 것이다. 그러나 우리가 할 수 있는 그 모든 것은 총합으로서의 자연의 인식을 목적으로 삼은 것이고 점점 더 경험계에 대한 정합적 관점을 획득하기 위해 애쓴 것이다. 우리의 쾌는 결코 자연과 마음 간의 모든 것을 한 번에 해결하는 최종경기에서가 아니라, 오직 개별적으로 해결하는 곳에서 점진적으로 일어난다. 그렇지 않다면, 그 판단은 반성적이 아니라 규정적으로 작동한다. 가장 중요한 건 이것이 일어날 수 없다는 것이다. 왜냐하면 칸트는 자연계가 (적어도 그것의 세부사항에서) 자동적으로 마음에 순응하지는 않는다는 관점을 견지하기 때문이다. 마음은 장인이 아니기에 경험적 차원에서 자연의 질서를 찾아야만 한다. 그럼에도 아름다운 것은 특수한 대상과 마음의 반응 사이의 적합성 또는 합목적성 때문에 우리에게 쾌를 준다. 그리고 이러한 하나의 사례는 자연 일반이 또한 마음의 활동을 질서 짓는 데 접근할 수 있는 가능성을 열어준다. 그래서 비록 우리가 알지는 못하지만, 우리는 자연과 마음 사이의 조화라는 목적이 성취될 수 있기를 희망할 수 있다.

목적론적 판단은 세계를 경험적으로 탐구하는 과정에서 흔히 숨겨진 자연의 합목적성을 반성하는 또 다른 방식이다. 그렇지만 목적론적 판단은 다른 능력들과 독립적으로 작용하는 판단력의 활동에 대한 통찰을 주지는 않는다.[6] 목적론적 판단은 어떤 자연현상들을 자연목적, 그러니까 하나의 목적을 실현하기 위해 내적으로 조직되어 있거나 또 다른 어떤 목적에 대해 필수적인 것으로 간주하는 능력이다. 그러한 판단은 목적을 자연의 영역에 소개하는 능력, 곧 이성과 판단력의 결합을 필요로 한다(「서론」, AA 193). 미적 판단이 판단력의 주관적 조건에

---

6  「서론」, AA 193와 197 그리고 「머리말」 AA 169-170 참고할 것.

근거한 특수한 현상을 다루는 것인 반면, 목적론적 판단은 현상을 개념적으로 파악할 수 있는 전체에게 보낸다. 심지어 비록 그 개념이 규정적이 아니라 반성적이라고 해도 말이다. 달리 말해, 비록 우리가 비규정적이고 비완결적인 또는 "규제적(regulative)" 방식에서, 곧 반성적 판단력을 통해 그것을 설명하지만, 우리는 목적론적 질서를 결정적으로 밝히진 못한다.

　목적에 의해 인도되는 것처럼 자연현상들을 파악하는 능력은 자연과 자유 사이의 간격을 메꾼다는 칸트의 의도에서 결정적으로 중요하다. 그래서 『판단력 비판』의 2부가 그의 비판철학의 체계에 비추어 볼 때 더 중요하다고 생각할 수도 있다. 게다가 칸트는 다음과 같이 말한다. 우리가 자연에서 자유로 건너갈 다리를 내팽개칠 순 없긴 하지만, 자연계에 관여하는 자유로운 행위자로의 우리의 능력("자유에 의한 인과성")은 감각적 대상을 목적에 그리고 결국 궁극목적에 적합한 것으로 고려하는 능력에서 생겨난다(「서론」, AA 195-196). 이것이 바로 목적론적 판단이 하는 일이다. 그럼에도 불구하고 칸트는 또한 다음과 같이 말한다. 자연에서 자유로 도약하는 능력은 "아프리오리하게 그리고 실천적인 것을 고려하지 않고" 양자 사이의 이행(transition)을 전제하는 것, 곧 판단력에 놓여 있다(「서론」, AA 196). 우리가 살펴보았고 앞으로 상세하게 고찰하겠지만, 판단력의 원리 또는 더 정확히 말해, 우리의 판단력을 위한 자연의 합목적성의 전제는 순전히 판단의 활동과 그 능력에 대한 반성으로 표명된다.[7] 만약 목적론적 판단이 오직 미적 판단에서만 순전하게 표명될 수 있는 원리에 의거하지 않는다면, 목적론적 판단은 자연에서 자유로의 이행을 제공하는 체계적 역할을 시도조

---

7　Hughes, 2006b.

차 할 수 없을 것이다.[8]

칸트는 왜 『판단력 비판』을 썼는가? 그 이유는 판단력이 본질적으로 그 자체의 특수한 원리에 따라 구분되는 일종의 인식적 능력이란 점을 밝히고자 한 데 있다. 판단력의 특수한 능력은 인식을 (또는 판단을) 위한 자연의 합목적성의 원리를 전제하는 것이다. 이러한 발견적 원리는 심미적으로 또는 목적론적으로 판단할 때 우리에게 쾌를 줄 수 있는 경험계의 차원에서 질서의 발견을 가능하게 한다. 그렇지만 일반적으로 우리는 이러한 성취에 주목하지 않으며, 그에 따라 우리는 쾌를 느끼지 못하고, 심지어 요청되는 판단력의 활동을 의식하지도 못한다. 미적 판단은 우리에게 경험적으로 주어진, 그럼에도 마음의 활동에 적합한 특수한 현상과의 관계에 집중할 수 있는 기회를 제공한다. 이러한 대상을 감상할 때, 우리는 미적 판단뿐만 아니라 일반적으로 모든 인식에서 필연적인 판단력의 활동을 알아차리게 된다. 이렇게 부서지기 쉬운 연결은 이성적 존재자로서 우리가 자연에 관여할 수 있는 가능성을 터놓는다. 목적론적 판단은 미적 판단에 의해 만들어진 첫 디딤돌을 기반으로 한 것이다. 목적론적 판단은 (비록 오직 주관을 위해서이지만) 자연계 안에서 목적을 상정할 수 있는 길을 찾는다. 이러한 방식으로 적어도 자연과 자유 사이의 이행이 성취될 수 있다는 것이 파악된다. 곧, 자기 규정적인 도덕적 행위자는 자연계 안에서 자신의 목적을 불러일으킬 수 있다. 마음과 자연 사이의 조화가 없이도 판단력을 위한 자연의 합목적성이 가능하다고 말한다면, 우리는 마치 두 세계에 거주하는 것처럼 실존적 이분법의 조건에 처하게 되는데 이는 정말로 말이 안 되는 것이다.

---

8  「서론」 AA 193-194 참고할 것. 칸트는 여기서 목적론적 판단을 위한 하나의 준비로서 형식적 합목적성에 관해 말하고 있다.

**연구를 위한 물음**

1. 인식과 도덕 사이의 간격이 있다고 생각하는가? 그렇다면, 판단력이 그 간격에 다리를 놓을 수 있겠는가?
2. "우리의 판단력을 위한 자연의 합목적성"은 자연에서 혹은 우리의 마음에서 발견되는가? 아니면 그것은 단지 철학적 장치에 불과한 것인가?
3. 미적 판단은 특권을 지닌 그러한 종류의 판단인가?


## 2. 미적 판단의 네 가지 계기


### 2.1 「미의 분석론」 개관

「미의 분석론」에서 칸트는 "취미(taste)", 곧 미에 대한 우리의 만족을 표현하는 미적 판단의 중요한 특징을 소개하기 시작한다. 다른 여러 종류의 만족이 있기는 하지만, 미적 쾌는 특별하다. 「미의 분석론」에서 미적 판단은 네 가지 측면, 곧 네 가지 "계기(Moment)"로 논의된다. 미적 판단은 무관심적이다. 미적 판단의 주관적 보편타당성은 내가 어떤 대상을 아름답다고 말할 때, 그 말은 나에게만 타당한 것이 아니라 그 대상을 판단하는 다른 사람들에게도 타당할 것을 요청하는 것을 의미한다. 미적 판단의 "목적 없는 합목적성[Zweckmäßigkeit ohne Zweck]"은 아름답다고 생각되는 것이 마음의 합목적적인 활동을 불러일으키지만, 그럼에도 실제로 어떠한 인식적, 욕구적 또는 도덕적 목적을 수반하지 않음을 의미한다. 그리고 마지막으로, 우리가 대상에서 취하는 쾌감의 필연성은 공통감(common sense), 곧 어떤 인식에서라도 필연적으로 작용하는 마음의 활동에 근거한다. 이러한 설명의 단계에서 주로 칸트는 미적 판단의 중요한 특징을 펼쳐내고자 한다. 그는 명료하고 정당하게 그의 논변을 펼치려 하지만, 결론적으로 말해 그러한 판단이 과연 있는지를 증명하지도 않고, 또한 마음의 활동 일반의 범위 안에서 미적 판단의 장소를 체계적으로 설명하지도 않는다. 대신에 비록 그렇게 명확한 방식으로는 아니지만, 칸트는 우리 자신의 경험에서 확인되어야 할 현상을 기술하면서 논의를 시작한다. 우리는 미적 판단이 순전히 개인적 선호의 표현이거나 또는 궁극적으로 도덕적 판단에는 부수적이라고 생각할 수 있다. 그러나 어쨌든 간에 우리는 어떤 것을 아름다운 것으로 발견할 수 있다는 것을 안다. 칸트는 이를 전제하면서 우리가 미적으로 반응할 때 실제로 어떤 일이 일어나는지를 밝히고자 한다.

앞으로 나는 취미의 관조적 주목, 곧 미적 판단이 "주관적"이라는 의미와 미적 판단이 수반하고 나아가 대상과의 관계를 드러내는 방식을 조명할 것이다. 우리는 또한 취미가 "사교적(sociable)"이라는 것을, 취미가 어떻게 감정 그 자체를 의식하는 감정을 수반하는지를 그리고 어떤 의미에서 비규정적인지를 고찰할 것이다. 또한 나는 특히 9항과 21항에서 논의되는 취미의 근거들과 관련해서 인식 근거들의 융합을 검토할 것이다. 비록 칸트가 나중에, 곧 「순수한 미적 판단의 연역」에 와서야 비로소 그의 논변을 설득력 있게 설명하고는 있지만, 나는 이런 문제의 해결에서 21항이 그의 미적 판단의 설명에서 핵심적이고 주목해야 할 부분이라고 주장한다.

## 2.2 제1계기: 취미의 무관심성

첫 번째 계기는 취미의 특징인 무관심성을 다룬다. 칸트는 무관심성의 문제를 2항부터 본격적으로 논의한다. 그는 취미가 인식과 어떤 관계에 있는지 위치 짓고, 취미의 특별한 미적 또는 주관적 지위를 규명하면서 시작한다. 제1계기의 후반부에서 취미판단을 동반하는 쾌감은 도덕적 쾌감과 감각적 쾌감과는 구분된다.

첫 번째 계기의 서두에, 그리고 1항을 시작하기 전에 단 주석에서, 칸트는 취미가 아름다운 것을 판정하는 능력이라고 말한다. 그것은 경험에서 주어진 것, 곧 경험적인 어떤 것에 반응해서 일어나는 수용적 능력이다. 또한 칸트는 인식적(cognitive) 또는 지식적(epistemic) 판단―나는 논의의 현재 목적을 위해 여기서 양자를 구별하지 않고 다룰 것이다―에 관해서는 『순수이성비판』에서 이미 밝혀진 전략을 따르는 취미의 근본적인 특징들을 분석할 것이라고 말한다. 가끔씩 칸트는 도덕적 판단도 (실천적) 인식의 형식이지만, 이것이 이 단계의 논의에서 결정적으로 중요하지는 않다고 주장한다. 칸트는 대상을 아는 능력에서 핵심적인 역할을 하는 지성의 능력에 관한 그의 분석을 우선 가능한 판단의 형식들의 범위를 보여주는 "판단표(Table of Judgements)"에서 시작한다. 오직 이것에 따라 칸트는 우리가 대상을 사유할 수 있고 알 수 있게 하는 개념의 형식을 보여주는 "범주표(Table of Categories)"를 소개한다. 판단의 형식들은 아직 지식을 목표로 하지 않고 가능적이기는 하지만 아직 지식을 얻는 것에는 관계하지 않는 판단의 가장 일반적인 활동의 차원에서 작용하는 반면에, 범주들은 언제나 대상의 가능한 지식과 관계한다. 「미의 분석론」의 1항에서 칸트는 인식과 구분되는 취미의 특별함을 강조한다. 이런 점에 비추어 볼 때 취미란 지식과 아무런 상관이 없다고 생각할 수도 있겠지만, 나중에 밝혀지듯이 미적 판단은 칸트가 "인식일반"이라고 부르는 것과 관계한다. "판단표"와 관련하여 미의 위치를 설정하는 것은 미적 판단이 인식에 앞서 또는 인식보다 더 넓게, 그리고 아슬아슬하게 지식적으로 겨우 이해되는 것에 어떻게 근거하고 있는지를 보게 한다. 미적 판단은 상이한 마음의 방향들을 인식의 충분조건은 아니지만 필연적인 것으로 결합하는 일반적인 능력, 곧 규정된 방식으로 어떤 것을 아는 것에 앞서 작용하는 능력으로서의 판단일 것이다. 그러나 비록 칸트가 그의 인식론에서 이미 밝힌 판단의 일반적 특징들을 따르는 것이 유용하다고 생각하고는 있지만, 또한 그는 첫 주석에서 그의 이전 설명의 질서를 따르지는 않겠다고 주장한다. 대상에 관한 앎을 추구하는 판단의 분석이 항상 전칭, 특칭, 단칭의(보편적, 특수한, 단수의) 타당성이 있는지를 밝히는 것을 목표로 하는 "양(quantity)"에서 출발하지만, 미적 판단의 분석은 "질(quality)"에서 시작한다. 첫 번째 계기의 1항에서 우리는 칸트가 밝히는 질이 무관심성의 질이란 점을 발견할 것이다. 적어도 이 점에서 칸트는 왜 그가 미적 판단의 질에서 시작하는지를 적절하게 설명하고 있지는 않다.

1항에서 칸트는 취미판단이 미적이라는 것, 곧 주관적이지만 객관적이거나 인식적이 아니라는 것을 밝히고자 한다. 전체적으로 볼 때 「미의 분석론」의 핵심은 미적 판단의 특별함을 규명하는 것이다. 이러한 특별함은 결정적으로 중요하다. 그렇지 않다면 『판단력 비판』을 써야 할 정당성이 확보될 수 없기 때문이다. 세 비판서들은 각각 근본적인 상위의 마음의 능력을 분석한다. 『순수이성비판』이 원칙적으로 지성과 대상에 관한 지식을 불러일으키는 능력을 다루고 있는 반면, 『실천이성비판』은 실천이성이 진정으로 모든 도덕적 판단과 행위의 기반을 이루는 방식을 규명하고자 한다. 이제 칸트의 과제는 특별하게 미적 판단을 가능하게 하는 판단력, 곧 특별한 세 번째 상위의 능력이 있음을 밝히는 것이다. 칸트가 세 번째 비판서를 쓴 특별한 의도가 무엇인지는 이제 자명하다. 그는 『판단력 비판』이 『순수이성비판』과 『실천이성비판』 사이의 간격을 매개할 것이라고 믿었기 때문이다.

　그런데 칸트의 동기가 종종 그럴듯해 보이긴 하지만 실상 그렇게 체계적이진 않다. 그는 인간의 경험 안에서 가능성의 더 근본적인 구조가 있다는 것을 통찰한다. 인간의 경험은 단순히 지식이나 도덕성으로 설명될 수 없다. 양자가 인간의 경험에서 중요한 것이긴 하지만 말이다. 어떤 것을 아름답다고 판단하는 것은 우리가 세상을 경험하는 모든 방식이 바로 인식적으로 또는 도덕적으로 논의되는 것만은 아니라는 점을 보여준다. 우리는 물러서서 순전하게 감상적으로 어떤 것을 바라볼 수 있다. 그렇게 할 때 우리는 그것이 "아름답다"고 적절히 말할 수 있을 것이다. 이것은 세계에 대한 특별한 반응이며 관조적이거나 반성적인 것으로 설명하는 마음의 활동의 특수한 형식에 의해 특징지어진다. 취미판단의 무관심적 질을 강조하는 것은 취미판단이 다른 판단들과 구별되는 방식을 입증하는 첫 번째 단계이다. 칸트는 2항에서 처음으로 등장하는 "무관심성"을 통해 특별한 현상학 또는 세계의 존재양식에 주목한다. 그가 자신의 분석을 진전시켜 나가기 위해 무관심성은 필수적이다. 제2계기와 제3계기는 (그리고 어느 정도는 제4계기도) 미적 판단의 현상학을 전개하지만, 만약 칸트가 어떤 것에 대해 '취미란 이와 같은 것이다' 또는 적어도 '취미는 이와 같은 어떤 것이다'라는 식으로 처음에 가리키지 않았더라면, 그것들은 어떠한 발판도 마련할 수 없었을 것이다. 그래서 내가 생각하기에 제1계기에서 칸트가 취미의 잠정적인 현상학으로서 제공되는 경험을 기술하기 시작한다. 그는 '취미는 확실히 이것이다'라고 말하지 않으며, 실상 전체적인 비판은 이렇듯 규정하기 힘든 능력이 과연 규명될 수 있는지를 밝히고자 시도하는 데 할애된다. 그렇지만 이는 칸트의 논변이 약해서가 아니라 오히려 논의 중인 주제를 체계적으로 정의하기란 매우 어렵기 때문이다. 『판단력 비판』의 주제로서 취미의 중요성은 우선 취미가 대상에서 촉발되는 특별한 형식으로 설명된다는 점에 있다. 그러나 현상학적으로 독특한 이러한 성향은 동시에 인식과 도덕 사이를 매개하는 과제를 갖고 있다. 그리고 그 결과 취미는 특별한 취미이며, 동시에 중재자이다. 정확하게 취미가 무엇인지 그리고 심지어 취미가 과연 존재하는지를 확정하기 어렵게 만들면서 말이다.

우리가 살펴보았듯이 미적 판단은 인식판단과 대조된다. 미적 판단이 주관적인 반면, 인식판단은 객관적이다. 취미판단에서 주관은 "스스로 느낀다." 곧, 주관은 대상의 표상에 의해 촉발되는 존재를 드러내는 쾌와 불쾌의 감정을 지닌다(AA 204). 이런 이유로 독자들은 미적 판단이 사적인 의미에서 주관적이며 내성(introspection)의 형식에 이른다는 결론을 내린다. 그러나 비록 칸트가 미적 판단을 쾌와 불쾌의 감정으로서 경험되는 반성의 형식으로 여기고는 있지만, 감정은 대상의 표상에 반응하고, 그러기에 우리가 반응해야 할 어떤 것이 틀림없이 있다. 게다가 칸트가 미적 판단에서 우리가 인식에 관여하지 않고, 우리의 상상력이 핵심적인 역할을 한다고 주장하지만, 또한 그는 지나가는 말로 미적 판단이 인식과 모종의 관계에 있다는 것을 제시하면서 탁월한 인식능력, 곧 지성을 위해 어느 정도의 역할을 할 것이라고 언급한다. 그래서 우리는 다음과 같은 결론을 내릴 수 있다. 미적 판단은 대상을 의식하는 반응에서 쾌를 느낌으로써 드러나지만, 그렇다고 해서 지식을 산출하는 것이 아니라 오히려 어떤 것에 의해 촉발된 존재를 스스로 의식한다고 말이다.

지식을 얻을 목적으로 건물을 바라보는 것과 쾌의 감정으로 건물을 바라보는 것은 아주 다르다. 미적 판단의 경우에 우리는 비규정성 또는 판단력의 특수한 활동을 위한 근거인 "생명감정[Lebensgefühl]"을 경험한다고 칸트는 말한다(AA 204). 첫 번째 단락에서 미적 주체는 스스로 의식하게 된다는 것을 살펴보았지만, 이제 이런 형식을 의식하는 특수성이 대상에 반응하는 특수한 방식을 가능하게 한다는 것을 알 수 있다. 이것은 우리의 자기인식이 단순히 내성적이지 않다는 것을 확인시켜준다. 왜냐하면 그것은 다른 특수한 방식으로 대상에 반응하는 것을 허용하기 때문이다. 미적 판단은 무엇을 구별하고 있는가? 오직 어떤 대상이 쾌의 감정을 불러일으키고, 결과적으로 다른 모든 것과 대비되면서 두드러진다. 그러한 어떤 대상에 반응하여 쾌의 감정을 경험할 때, 우리는 스스로 대상을 쾌적하지 않은 것이나 또는 심지어 중립적인 것으로 느끼는 것과는 아주 다른 마음의 상태에 있게 된다. "생명감정"은 우리가 세계에 있는 대상과 관계하는 반성적 의식이다. 말하자면, 특수한 방식으로 어떤 것에 관한 감정을 의식함으로써 동시에 우리가 그 대상에 대한 반응을 의식하는 것이다. 그래서 나는 미적 판단이 대상과 그 대상에 관한 우리의 감정이라고 주장한다. 생명감정은 주로 촉발적인 관계에 대한 반성으로서 작용한다. 이러한 관계에서 우리는 세계에 있다. 그리고 비록 원칙적으로 마음의 활동의 감정이지만, 그것은 그 자체의 감각을 의식하는 체화된 마음의 반응이다. 심미적인 자기인식은 필연적으로 외부 대상에 대한 감각적 의식을 통해 매개된다.

특수한 구별능력, 곧 판단력은 인식과 혼동되어서는 안 된다. 대상을 규정적으로 파악하고자 하는 인식판단에서는 대상과 그것의 감상 간의 관계가 고려되지 않는다. 미적 판단에서는 "주관에 주어진 표상을 전체 표상능력"과 비교하는 일이 일어난다(AA 204). 이것은 무엇을 의미하는가? "주어진 표상"은 우리에게 나타나는 것으로서의 대상이다. "전체 표상능력"은 대상의 표상을 가능하게 하는 복합적인 마음의 활동이다. 칸트의 관점에서 대상의 표상은 적어도 마음이 감관에 주어진 어떤 것에 반응하는 두 가지 다른 방식의 결합을 필요로 한다. 우리는 칸트가 의도하는 특수한 지향점이 상상력과 지성의 능력들에 있다는 점을 9항에서 살펴볼 것이다. 이러한 능력들이 서로 관여하는 방식들이 영향을 미치는 미적 판단에 관한 어떤 것이 있다. 비록 그 능력들이 지식을 유발하는 대상의 표상을 가능하게 하는 작용을 하지는 않지만 말이다. 이것이 대상과 그것에 대한 마음의 반응 사이의 비교가 일어나는 이유이다. 칸트의 요점은 대상 일반을 표상하는 우리의 능력을 의식하게 되는 것을 우리에게 허용하는 이러한 세계의 특수한 대상에 관한 어떤 것이 있다는 것이다.

칸트는 감성을 통해 대상을 파악하는 우리의 능력과 관련해서 언급했던 『순수이성비판』의 「선험적 감성론」에서 행한 방식으로 "미적"이란 용어를 사용하지 않는다는 것을 강조함으로써 1항에서 결론을 내린다. 인식적인 것과는 반대로, "미학"의 심미적 감성은 오직 감정으로서 접근 가능한 의식과 관련이 있다. 그렇지만 이 용어의 새로운 의미가 취미의 분석 내에서 감각적인 파악을 위한 역할을 완전히 배제하는 것은 아니라는 점은 언급하는 게 좋겠다.

지금까지 칸트는 취미를 특별하게 하는 질, 곧 무관심성을 전혀 언급조차 않는다. 2항에서 그는 미적 판단의 현상학적 특별함에 기반을 둔 무관심성을 소개한다. (이 항의 제목에서 그는 "일체의 관심이 없는 [ohne alles Interesse]"이라는 표현을 사용하고, 항의 마지막 문단에서 "무관심적[uninteressiert]"인 쾌감에 대해 말하고 있다. 칸트는 우리가 아름다운 것에 권태를 느낀다는 그런 의미에서가 아니라 오히려 편견이 없는 방식으로 아름다운 것에 관여한다는 점을 말하고자 한다는 것은 문맥상 분명하다.) 우선 칸트는 관심이 대상의 실존에 대한 욕구라고 말한다. 우리가 어떤 것을 아름답다고 할 때, 우리는 직관 또는 반성에서 "순전한 관조"를 통해 그것을 판정한다(AA 204). 여기서 칸트의 요점은 내가 어떤 것을 바라볼 수 있거나 그것을 내 마음의 눈으로, 곧 상상력으로 볼 수도 있다는 것이다. 이제 우리는 무관심성의 긍정적인 함의가 대상에 무심한 태도가 아니라 그것에 대한 관조적 주목에 있음을 알 수 있다. 무관심성은 대상에 대한 관심의 결여가 아니라 무관심적으로 설명될 수 있는 대상에 관한 주목의 질이다. 아름다움에 관해 우리가 놓칠 수 있는 많은 경우들이 있다. 예를 들면 다음과 같다. 나는 단순히 궁전의 화려한 장관을 볼 수 있다. 나는 차라리 더 유용한 어떤 것을 가질 것이라고 주장할 수 있다. 또는 그러한 (쓸모없는) 것들을 소유한 운이 좋은 몇 사람과 관련된 불평등에 초점을 맞출 수도 있다. 심지어 내가 사회에서 완전히 격리된다면, 그러한 화려함이란 적어도 나와는 아무런 상관이 없다고 말할지도 모른다. 이러한 모든 말은 어느 정도 진실일 것이다. 그러나 문제는 과연 내가 궁전의 실존에 대한 욕구도 없고 궁전을 소유할 어떠한 의도도 없이 내 마음에 드는 대로 궁전을 바라보는지의 여부이다. 세계에 대한 심미적 방향에서 특징적인 무관심성은 관조적 주목으로 가장 잘 기술될 수 있고, 나의 관심들이 내가 보거나 상상하는 것들에 내가 처해 있는 관계를 규정하지 않을 때 드러난다.

 3항에서 칸트는 다른 종류의 만족, 곧 관심과 연관된 쾌적한 것을 고려한다. 쾌적한 것은 단지 감관적 지각의 차원에서 만족되는 것이다. 칸트는 감각과 감정을 구분한다. 감각은 인식의 감관적 요소이며 따라서 객관적이다. 이와는 달리 감정은 오직 주관적이다. 초록의 녹색은 감각이다. 이에 반해 녹색의 쾌적함은 감정이다. 이 감정은 순수한 미적 감정이 아니라 단지 쾌락적이며 오직 주관적이다. 쾌적한 것에 따른 이런 감정은 세계에서 비롯된 어떤 것이 아니라 관찰자의 마음에 있다.

쾌적한 것은 경향성을 불러일으킨다. 나는 쾌적한 것의 실존을 전제하기에 그것을 느낀다. 나는 쾌적한 것을 욕구하고 그것을 성취하려고 행동한다. 쾌적한 것에 이끌릴 때 나는 실제로 그것에 대해 판단을 하지 못한다. 나는 쾌적한 것에 사로잡힌다. 나는 나 자신과 쾌적한 것 사이의 관조적 거리를 두지 못한다. 그래서 내가 초콜릿을 즐기는 것이란 관조적 주목을 가로질러 나의 감탄을 수반하지 못한 채 그저 그것을 마구 먹어대는 것이다.

4항은 또 다른 종류의 만족, 곧 도덕적으로 좋은 것을 확인한다. 이 또한 관심을 수반한다. 어떤 것을 좋은 것이라고 부르는 것은 언제나 그것을 목적과 관계하는 것이다. 곧, 어떤 것은 수단 또는 그 자체의 목적으로서 좋은 것이다. 후자의 경우, 곧 그 자체로 좋은 것은 도덕적으로 좋은 것[선(善)한 것]이다. 전자이든 후자이든 간에 우리가 어떤 것을 좋아하는 이유는 우리가 그것에 대한 관조적인 주목성을 취하지 않고, 그것의 실존에 관심을 갖기 때문이다. 나의 관심사는 과연 나의 컴퓨터가 믿을 만한 것인지 또는 이민법이 공평한 것인지이다. 그리고 이러한 것들이 나의 관심과 관계하는 방식은 내가 그것들이 다른 방식이 아니라 하나의 방식임을 요구한다는 것을 의미한다. 나는 물러설 수 없고 그것들을 그 자체로 평가한다. 나는 개입하거나 적어도 그것들이 내가 생각하는 그대로인지를 알아보려 한다. 이것은 좋은 것이어야만 한다는 이념, 또는 칸트의 용어로 하자면 "개념"을 내가 갖고 있다는 것을 의미한다. 그렇지만 아름다운 것이 무엇이어야 하는 것에 관해서는 나는 그러한 개념을 가질 수 없다. 이러한 이유로 칸트는 규제를 받아들이지 않는 것 같은 몇 가지 사례를 소개한다. "꽃들, 자유로운 선묘들, 나뭇잎 장식이라는 이름으로 아무런 의도 없이 서로 얽혀 있는 선들" 등은 우리가 미리 확정된 공식에 따르지 않고 좋아하는 그런 것들이다(AA 207). 실로 그것들이 자유롭고 눈을 만족시키는 것 이외에 어떤 의미도 갖지 않기 때문에 우리는 그것들을 좋아한다. 그러나 칸트는 또한 그러한 만족은 반성적이고 "어떤 한 개념(그것이 어떤 개념인지는 정해져 있지 않지만)에 이르는" 것이라고 말한다(AA 207). 그러한 자유로운 패턴은 마음의 활동에 반성적 활동을 일으키지만, 우리는 다른 가능성들의 다양성을 설명할 수가 없다. 그러기에 이제 우리는 개념의 능력으로서 지성이 미적 판단에서 역할을 한다는 것을 알 수 있다. 곧, 칸트는 단지 개념이 미로 간주되는 것으로 규정하는 것을 배제하기만 하면 되는 것이다. 이 단계에서 칸트는 미적 판단이 다른 가능한 쾌의 현상에 대한 설명(또는 쾌의 현상을 위한 개념)의 다양성이 있다는 의미에서 비규정적이라고 언급한다. 나중에 그는 취미를 가능하게 하는 마음의 활동은 비규정적이라고 말한다. 이러한 두 입장은 서로 양립 불가능한 것이 아니다. 단지 구별될 뿐이다.

  흔히 칸트가 미적 판단에서 규정적 개념의 역할을 완전히 배제하며, 심지어 더 말할 것도 없이 그가 모든 개념을 배제한다고 생각하곤 한다. 이제 칸트가 미적 판단 내에서 규정적인 개념적 활동에 어떠한 여지를 남기고 있지 않다는 점은 분명하다. 그러나 과연 그의 설명에 규정적 개념을 위한 장소는 없는 것일까? 이 물음에 답하는 것은 우리가 칸트의 설명 자체를 넘어서야 할 것을 요구한다. 그러나 내가 생각하기에 우리는 "초원"이나 "궁전"과 같은 규정적 개념이 미적 판단에서 배제될 필요가 없다는 것을 알 수 있다. 우리가 감상하는 현상을 기술하고 확인하는 개념을 사용할 수 없다면 미적 판단을 내리기란 참으로 어려울 것이다. 단지 개념이 할 수 없는 일이란 미를 산출하지 못한다는 것, 곧 미를 설명하거나 정의하지 못한다는 것이다. 만약 우리가 미를 경험하고자 한다면, 우리는 그 현상을 기다려야만 하며, 설명을 기대하지 말고 미를 관조해야만 한다.

5항에서 칸트는 지금까지 논의해 온 세 가지 종류의 만족을 비교한다. 쾌적한 것과 도덕적으로 좋은 것은 우리에 의해 욕구된다. 쾌적한 것은 우리가 단지 그것을 즐기기 때문에 만족되는 것이다. 도덕적으로 좋은 것은 그 자체로 좋은 것[선한 것]으로서 가치가 있기 때문이다. 이와는 달리 미적 판단을 특징짓는 관조는 대상에 "상관없이" 쾌와 불쾌의 감정에서, 곧 미적으로 구별하는 감정에서 일어난다(AA 209). 쾌뿐만 아니라 불쾌에 대한 칸트의 반복되는 언급은 종종 칸트 연구서에서도 거론된다. 지금 논의하고 있는 미는 원칙적으로 쾌에서 일어난다. 비록 칸트가 자주 쾌와 불쾌를 언급하고는 있지만 말이다. 한편 「미의 분석론」에 이어 다루어지는 주제인 숭고는 쾌와 불쾌의 복합적인 혼합에서 일어난다. 지금부터 나는 대부분 「미의 분석론」 읽기에서 쾌만을 언급할 것이다. 우리가 「머리말」에서 살펴보았듯이 미와 숭고의 판단의 원천인 미적 판단은 쾌와 불쾌의 감정에 대한 아프리오리한 원칙을 제공한다. 나는 칸트가 판단의 능력을 최대한 확대하겠다는 생각에서 그가 감정의 긍정적이고 부정적인 변형을 언급한다고 보지 않는다. 이러한 주장과 어떻게 불쾌가 취미와 연관되는지를 탐구하는 것은 매우 흥미롭지만, 나는 여기서는 이에 대해 논하지 않을 것이다.[9] 아름다운 대상은 우리가 대상에 대한 진전된 의제(agenda)나 욕구를 갖지 않고서도 쾌의 관조적 감정을 불러일으킨다. 아래에서 나는 미의 이러한 특성의 보다 일반적인 함의가 미적 판단이 대상과 그 대상에 대한 우리의 주관적인 반응 사이의 관계성에 대한 반성에 있다는 것을 논변할 것이다. 이런 의미에서 이중적 조화에 상응하는 두 가지 반성이 있다. 첫째

---

9    Brandt 1998, Shier 1998, Hudson 1991, Fricke 1990, Grayck 1986 참고할 것.

는 대상에 대한 반성이며, 둘째는 우리와 대상과의 관계에 대한 반성이다. 쾌적한 것, 좋은 것[선한 것], 그리고 아름다운 것[미적인 것]은 대상이 쾌감을 느끼는 능력과 관계하는 세 가지 다른 방식이다. 그런데 오직 미적 관조를 통해서만 주관과 대상 사이의 관계에 대한 반성, 곧 경험에서 우리에게 주어진 어떤 것에 반응하는 감정에 대한 우리의 능력이 성취될 수 있다. 내가 생각하기에 이는 미적 만족이 감정 그 자체로 의식되는 감정이기 때문이다.

칸트는 이제 "일상언어" 철학자들이 자주 행하는 그러한 종류의 구분을 한다. 곧, 칸트는 우리가 언어를 사용하는 다른 방식들을 밝히고 있다. 쾌적한 것은 우리에게 쾌락을 주는 것[vergnügen]이다. 좋은 것은 우리가 존중하고[schätzen] 용인하는[billigen] 것이다. 그리고 아름다운 것은 순전히 마음에 드는[bloß gefallen] 것이다(AA 210). 그러나 이제 칸트는 언어학적 차원을 넘어 철학적 분석의 실존적 차원으로 더 나아간다. 칸트는 다음과 같이 말한다. 좋은 것[선한 것]은 모든 이성적 존재자 일반에게 타당하지만, 쾌적함이란 인간뿐만 아니라 모든 다른 동물에게도 타당하다. 우리는 동물적 존재자이면서 동시에 이성적 존재자이기에 인간은 이러한 구분 위에 걸터앉아 있다. 그리고 우리는 동물적 본성과 이성적 본성 두 가지를 다 필요로 하는 미에 대해 만족할 수 있다. 그래서 오직 무관심적이고 자유로운 것으로 여겨지는 쾌감인 아름다운 것은 특별히 인간과 연결된다. 여기서 취미가 관심에 의해 규정되지 않을 때 심미적 의미에서 오직 자유로울 수 있음이 명백하다고 나는 생각한다. 칸트는 관심이 욕구를 불러일으키기에 미적 자유를 불가능하게 만든다고 말한다. 도덕적으로 좋은 것은 정언명령에서 비롯된다. 그럼에도 불구하고 그것은 자유의지의 활동이 그대로 자기입법을 하는 한에서 우리에 의해 가치가 있는 것으로 평가된다.

그러한 의지는 이미 존재하는 원칙(또는 "개념")에 의해 규정되고 대상의 감상에서 순전하게 만족되는 것이 아니기 때문에 도덕적 의미에선 자유롭지만, 심미적 의미에선 자유롭지 못하다. 미적 판단이 자유로운 만족이라면, 그때 미적 판단은 또한 내가 여기서 밝혔던 의미에서 무관심적이어야만 한다. 곧, 미적 판단은 우리가 보거나 상상하는 어떤 것을 관조적으로 감상하는 것이어야만 한다. 언어학적 구분을 하는 설명을 돌이켜보면 칸트는 세 가지 종류의 만족, 곧 경향성[Neigung], 존경[Achtung] 그리고 호의[Gunst]를 대비시키고 있다. 이것은 각각 쾌적한 것, 좋은 것[선한 것] 그리고 아름다운 것[미적인 것]에 상응한다.

이제 우리는 첫 번째 계기에서 파악한 내용의 개요를 말할 수 있다. 아름다운 어떤 것을 알게 되는 일이란 지식의 형식이 아니라 대상에 반응하는 쾌의 감정에 대한 반성에서 일어난다. 미적 판단은 개념이 아니라 감정에 기초한다. 미적 판단은 주관적이며 세계를 판정하는 특별한 방식이다. 『판단력 비판』의 「서론」에서 칸트는 반성적 판단력을 지식을 불러일으키는 규정적 판단력과 구별한다. 또한 우리는 미적 판단이 경험적 대상의 영역에 질서를 세우기 위한 반성적 능력을 우리가 의식할 수 있도록 해준다는 것도 살펴보았다. 그러기에 미적 판단은 그 자체를 의식하게 되는 반성적 판단력의 형식이다. 이제 우리는 칸트가 「서론」에서 미적 판단에 관해 온 힘을 기울이면서 했던 설명이 1항에서 그가 분리의 특수한 의미라고 부른 것 그리고 내가 그 자체로 의식되는 감정이라고 부른 것과 맞닿아 있다는 것을 알 수 있다. 미적 반성적 판단력은 개념을 효율적으로 사용하지만, 개념을 통해 현상을 설명하거나 규정하지 않는다. 채택된 어떤 개념은 늘 설명되지 않거나 비규정적으로 남아야만 하는 어떤 것을 포착하고자 한다. 그러한 판단력의 근거는 감정에서 확인된다. 그리고 미적 반응의 현상학적 기술에서 첫 번째 단계는 칸트가 무관심성에 관해 말할 때 의미하는 바인 관조적 주목에서 이루어진다.

## 2.3 제2계기: 취미의 주관적 보편타당성

6항에서 9항까지는 취미가 사회적(social) 또는 더 좋게 표현하면 사교적(sociable)이라는 생각을 소개하는 두 번째 계기를 구성한다. 우리가 아름다움에 관해 판단할 때, 혹자가 말하듯이 그것은 논리의 일부분이거나 비트겐슈타인 학파의 철학자들이 말하는 것처럼 다른 사람이 동의해 주기를 요청하는 그러한 진술의 문법이다. 나는 사교적 차원에 대한 논의가 취미의 현상학이 어떻게 전개되는지에 대한 설명이란 점을 덧붙이고자 한다. 비록 취미판단을 하는 사람은 한 개인이지만, 그 개인은 그 자신만을 위해 판단하는 것이 아니라 또한 공동체를 염두에 두고 판단한다. 여기서 제기된 공동체는 한 개인이 속한 실제적인 공동체가 아니며 더군다나 어떤 경험적 공동체도 아니다. 미적으로 판단할 때 한 개인은 판단하는 모든 주체의 공동체, 곧 감각적 능력 또는 동물적 능력을 지적 능력 또는 이성적 능력과 결합하는 특별한 인간의 구성방식을 공유하는 누구와도 함께 하는 공동체에 자리를 잡고 있는 그러한 개인이다.

6항을 시작하면서 칸트는 보편성에 대한 취미의 요청이 무관심성에서 "귀결될 수 있다[gefolgert werden]"고 주장한다. 왜냐하면 어떤 것이 "사적" 또는 개인적 고려에 근거하지 않는다면, 그것은 모든 사람에게 틀림없이 타당하기 때문이다(AA 211). 칸트 해석자들은 제1계기에서 제2계기를 이끌어내는 이러한 귀결에 대해 의문을 제기한다. 특히 폴 가이어(Paul Guyer)는 칸트가 제2계기는 제1계기에서 "연역"된다고 주장하고 있다고 해석한다.[10] 그러나 우리는 칸트가 일반적인 용어로 의미하는 바를 살펴볼 것이다. "무관심적"이라고 인정되는 종류의 관조적 주목은 사적인 관심에 기초하지 않은 판단을 필요로 한다. 우리는 현상을 매우 샅샅이 검토하지만, 자기만족을 취할 목적이나 도덕적 동기에서 그렇게 하지는 않는다. 비록 미적 판단이 무심한 듯 보이지만, 우리는 단지 일상생활의 관심과 평소의 책무에서 물러서 있다. 이런 관점에서 볼 때 미적 판단은 다른 종류의 주목을 가능하게 하기 위해 우리를 지배하는 경향성을 중지하거나 방해한다. 세계에 관계하는 이러한 대안적 방식의 특수성은 개인이 자신을 위해 판단하고 동시에 타자의 판단을 요청하지 않으면 안 된다는 것에 있다. 취미의 지평 또는 맥락은 언제나 이미 사교적이다. 물론 이는 우리가 이미 아름다운 것이 무엇인지를 동의하고 있다는 의미에서 이해되어서는 안 된다. 이것의 의미는 다음과 같다. 나는 어떤 것을 아름답다고 생각한다. 그런데 이러한 나의 생각은 나 혼자만의 것이 아니라 당신이 그것에 대해 생각하는 것을 내가 고려하고 있다는 그러한 생각이다. 내가 동의를 의도하기는 하지만 그렇다고 해서 미리 그러한 동의를 보장하는 것은 무의미하다. 칸트는 취미의 역동성에서 비롯된 이러한 긴장을 논의하고자 한다. 그러나 그는 결코 우리가 미적 판정의 파토스(pathos)라고 부를 수 있는 것을 명쾌하게 탐구하지는 않는다.

칸트는 이제 특별히 미적 판단에서 대상의 역할을 다룬다. 우리는 어떠한 추가적 설명도 없이 대상을 다루기 때문에 마치 우리가 대상에 대해 언급하고, 그래서 우리의 판단이 논리적(또는 인식적)인 것처럼 보인다. 그러나 우리가 언급하는 모든 것은 주관에 대한 대상의 표상, 곧

---

10   Guyer, 1979, pp. 131-133을 볼 것. 그리고 이에 대한 비판적 견해는 Allison, 2001, pp. 99-103 참고할 것.

우리에게 대상이 현상하는 것이다. 대상은, 말하자면 대상에 대한 지식을 얻기 위해서나 대상을 사용하기 위한 것이 아니라 우리의 시각에 있다. 지금까지 우리는 미적 판단에서 대상에 대한 표상에 초점을 맞추는 방식으로 대상을 관조한다는 것을 알고 있다. 우리는 여기서 더 나아가 이것이 과연 무엇을 의미하는지 탐구할 것이다. 두 번째 계기에서 칸트는 미적 판단이 모든 사람에게 타당한 것이라고 요청한다는 점에서 미적 판단이 인식판단과 같다고 말한다. 주관적 타당성은 모든 인식판단에서 필연적이고, 게다가 대상에 관한 어떤 것을 밝혀 객관적 타당성을 요청해야만 한다. 우리가 보았듯이, 미적 판단은 대상을 규정적으로 기술하거나 설명하지 않는다. 비록 미적 판단이 대상이 어떻게 우리에게 현상하는가의 문제에 관여하기는 하지만 말이다.

아마도 여기서 확실하게도, 우리가 미적 판단을 할 때 우리는 대상을 정말로 기술하고 있다는 식으로 끼어들어 말할 수도 있을 것이다. 만약 내가 회화작품이나 다른 시각예술작품에 대해 토론하고 있다면, 나는 보통 그것이 무엇처럼 보이는지를 말하면서 시작한다. 주제가 음악이라면 나는 그것이 어떻게 들릴지에 관해 이야기할 것이다. 만약 나와 토론하고 있는 사람들이 내가 그들의 주목을 끌고자 했던 특징들을 이해할 수 있다면, 또는 만약 내가 정말로 내 자신의 감상을 발전시키고자 한다면 그러한 기술(description)은 필연적이다. 그렇지만 첫 번째 계기의 4항에 관한 나의 논의에서 보았듯이, 개념이 단지 취미를 위한 준비로 사용되는 한 취미판단에서 비규정적인 개념을 위한, 심지어 규정적 개념을 위한 역할이 있다. 나의 미적 판단은 현상의 평가를 숙고하기 시작할 때 시작한다. 곧, 작품에서 붉은색이 압도적으로 사용되고 있어서가 아니라 내가 "이것은 아름답다"고 말할 때 시작한다. 이제 내가 어떻게 이러한 붉은색이 특별히 강력한 미적 효과를 주는지를 말하기 시작한다면, 나는 규정적 기술에서 미적 평가로 이동한 것이다. 나는 더 이상 대상으로서 회화작품을 다루고 있지 않다. 그리고 나는 그 작품을 나에게, 그리고 당신에게도 미적 효과를 주는 표상으로서 숙고하는 수준으로 이동한 것이다. 미적 판단을 특징짓는 평가는 기술과 결합되어야만 한다. 그렇지 않다면 그것이 어떻게 대상의 평가가 될 수 있겠는가? 그렇지만 심미적 감상으로 진입하는 기술은 의도적으로 이루어진 설명이라기보다는 오히려 설명을 통해 우리의 보는 방식들을 열어주고, 이러한 이유로 오직 비규정적일 수 있다. 칸트가 취미의 현상 내에서 평가적 요소와 기술적 요소의 결합을 탐구하지는 않았지만, 내가 든 거친 사례와 같은 것이 칸트의 설명에도 자연스럽게 확장될 수 있다고 나는 생각한다.

미적 평가에서 기술이 어떤 의미를 갖는지를 고려하는 것 외에도 칸트가 말하고자 하는 핵심은 다음과 같다. 만약 내가 '나는 대상에 관해 무엇인가를 안다'고 생각한다면, 나는 단순히 당신이 동의해 주리라 가정할 터인데, 그 이유는 내가 이렇게 요청하는 근거는 나에게만 한정된 사적인 것이 아니라 우리 둘을 넘어서는 상황에 기초하고 있기 때문이다. 내가 그림을 감상할 때, 나는 당신의 동의를 강요하지 않으면서 동시에 당신이 내가 감상하는 방식으로 판단해 주기를 요청한다. 이것은 취미가 근거하고 있는 복합적인 사교성이며, 개인적 판단이 무심할 수 없고, 그럼에도 단지 우연히 일어나는 것은 아닌 공동체 내에서 필연적으로 이루어지는 개인적 판단의 사교성이다.

칸트는 마치 취미가―실제로는 그렇지 않지만―지식을 불러일으키는 것처럼 말하면서 미적 판단과 인식판단 사이의 유사성을 밝힌다(AA 211). "마치 ~처럼[als ob]"이라는 표현은 미적 판단에서 결정적이며 인식판단과 도덕판단을 매개하는 역할을 한다. 우리는 미적 판단의 주관적 보편성이 인식판단과의 유비에서 확보된다는 것을 알았다. 나중에 우리는 미적 판단이 또한 마치 이성적 원칙인 것처럼 작용한다는 것을 보게 될 것이다.

미적 판단을 지식과 비교하고 그 차이를 살펴본 이후 칸트는 7항에서 취미가 쾌적한 것과 도덕적으로 좋은 것―실상 여기서 후자에 관해서는 거의 언급을 하지는 않지만―과 구별된다는 논의로 돌아온다. 칸트가 여기서 도덕판단이 도덕 개념, 더 적절하게는 원칙에 기초하는 반면에 취미판단은 개념에 기초하지 않는다는 점을 단지 반복하고 있는 건 아니다. 취미와 마찬가지로 쾌적한 것도 개념에 기초하지 않지만, 양자는 서로 구별된다. 내가 어떤 종류의 와인, 특정한 색채나 악기를 좋아할 때, 칸트에 따르자면 나는 단지 그것이 나에게 쾌적한 것이라고 말할 뿐이고 모든 사람이 동의할 것을 요구하지 않는다. 개인적인 선호의 문제를 왈가왈부한다면 그것은 에너지 낭비일 것이다. 그럼에도 아름다운 것과 관련될 경우 우리는 다른 사람의 견해에 무심할 수는 없다. 칸트는 우리가 다른 사람의 동의를 호소하는 방식에 해당하는 표현을 사용한다. 그는 '필요로 하는' (플루하르의 번역) 또는 '기대하는' (가이어와 매튜스의 영역판) 동의에 관해 말한다. 또한 독일어 동사 zumuten은 "나는 당신이 동의할 수 있기를 당신에게 요청한다"는 의미를 갖고 있다. 심지어 칸트는 우리가 그와 같은 것을 '요구한다 [fordern]'는 식으로도 말한다(AA 212-213). 우리는 다른 사람을 비난하고 그들이 취미에 동의하지 않는다는 것을 부정한다. 그러나 우리는 또한 미적 판단이 오로지 주관적 보편성을 수행하고 객관적 인식판단과는 달리 동의를 전제할 수 없다는 것을 기억해야만 한다. 우리는 다른 사람의 동의를 필요로 하고, 심지어 요구할 수 있다. 그러나 우리가 아름다움에 관여할 때 이것이 자동적으로 이루어지는 것은 아니다. 7항의 끝부분에서 칸트는 심지어 우리가 쾌적한 활동에 관계할 때에도 우리가 동의에 이르기를 바란다는 것을 언급한다. 파티를 연 주인은 손님들이 흥겹게 놀기를 바라지만, 그가 목표로 하는 동의는 판단하는 주체인 모든 인간에게 보편적으로 해당하는 것이 아니라 그가 초대한 손님들을 포함하는 일반적인 동의이다. 더욱이 그의 목표는 손님들의 감각을, 그리고 아마도 마음을 만족시키는 것이다. 쾌적한 것의 사교성은 경험적이다. 칸트의 설명에 덧붙여 내가 말하고자 하는 것은 다음과 같다. 곧, 아름다움의 사교성은 모든 인간이 내보일 수 있는 판단에 대한 근본적인 능력을 호소한다는 점에서 선험적(transcendental)이다.

칸트는 8항을 시작하면서 논리학자는 아마도 이러한 견해를 공유하지 않으리라고 덧붙이면서 미적 판단의 주관적 보편성이 선험철학자에게는 주목할 만한 것이라고 말한다. 판단하는 모든 주관에 대한 타당성은 아프리오리한 종합판단의 범위를 탐구하는 선험적 기획과 관련된다. 선험철학자의 임무는 그것이 어떻게 가능한지를 밝히는 데 있는 반면, 논리학자는 이것을 당연한 것이라고 단순히 생각한다. 이미 취미가 인식과 구별된다는 것을 밝혔지만, 이제 칸트는 우리의 인식능력의 측면이 오로지 미적 판단의 주관적 보편성의 분석을 통해 밝혀진다는 것을 확고히 하기 시작한다. 이것은 미적 판단이 선험철학에서 매우 중요하다는 것을 의미한다.

취미판단은 대상에 대한 만족과 관련해서 모든 사람의 동의를 '요구하거나[ansinnen]' 동의를 "기대한다[zumuten]"(AA 214). 플루하르는 자신의 영역판 주석에서 독일어 동사 ansinnen과 zumuten을 '기대하다(expect)'로 번역하는 것과 관련해서 다음과 같이 비판적으로 언급한다. 문제가 되고 있는 기대(expectation)는 어떤 참여의 함의를 갖고 있지 않다. 그래서 나는 당신이 동의하기를 요청하고 당신이 그렇게 해야만 하다고 생각하지만 당신이 그렇게 하리라는 어떠한 확신을 갖고 있지는 않다. 칸트는 그러한 판단이 '공적[publik]'인 판단이며, "반성취미(taste of reflection)"의 사례라고 설명한다. 단지 쾌적한 것에만 관계하며, 엄밀한 의미의 취미와 같이, 쾌와 불쾌를 느끼는 우리의 능력에 대한 대상의 표상과 관계하면서 일어나는 "감관취미(taste of sense)"도 있다. 그렇지만 일반적으로 칸트는 "취미"라는 용어를 오로지 미적 판단을 언급하기 위해 사용한다. 칸트는 미적 판단이 빈번하게 일치하지 않는 일이 일어나는데도 보편적 일치를 주장하는 것은 기이하다고 말한다. 이것은 그가 결코 우리가 미적 판단에서 단순히 일치할 것이라고 상정하는 것이 아니라 오로지 우리가 미적 판단을 할 때 일치가 우리에게 문제가 된다는 점을 분명히 보여주려는 것이다.

이제 칸트는 취미의 문제로 다룰 때 우리가 미적 판단을 하는 것이 가능하다는 것을 상정한다고 말한다. 다만 취미의 기준이 올바르게 적용이 되었는지의 여부에 관해서는 의견이 일치하지 않을 수 있다(AA 214). 그런데 실상 칸트가 숙고하는 관점은 이것보다 더 근본적이다. 왜냐하면 그는 취미에 특정한 원칙이란 없다는 가능성을 열어 놓았기 때문이다. 칸트는 나중에 그러한 원칙의 불완전한 적용보다는 미적 판단이 근거하고 있는 원칙의 특징에 관한 불일치에 대해 우리가 다투고 있다는 것을 밝힐 것이다. (이에 관해서는 「미적 판단력의 변증론」을 보라.)

칸트는 만약 어떤 것이 객관적으로 보편타당하다면, 그것은 주관적으로 보편타당해야만 한다고 말한다. 곧, 하나의 판단이 객관을 유지한다면, 판단하는 모든 주관에게 타당해야만 한다(AA 215). 그러나 객관적 타당성을 요구하지 않고 단지 주관적으로 보편타당한 판단도 있다. 이 판단은 미적 판단이다. 칸트는 미적 판단이 객관과 전혀 관계하지 않는다는, 다소 오해의 소지가 있는 말을 한다. 그가 확실히 의미하는 것은 미적 판단이 대상의 어떤 것을 확인하거나 규정하지 않지만, 그럼에도 대상은 여전히 어떤 의미에서 문제가 된다는 것이다. 왜냐하면 판단하는 모든 주관의 심미적 감상은 대상의 표상에서 이루어지기 때문이다.

　두 번째 계기는 미적 판단의 논리적 양과 관계한다. 칸트는 미적 판단이 단칭[개별적] 판단이라고 밝힌다. 객관적으로 보편적인 판단은 우리의 감관에 주어진 것을 설명하거나 포섭할 수 있는 개념에 의존한다. 개념은 항상 일반적이며, 오직 우리의 감각적 경험에 질서를 수립한다. 그러나 미적 판단은 대상의 개별적 표상을, 그리고 대상이 불러일으키는 쾌의 감정을 고려하는 것을 수반한다(AA 215). 그렇듯이 미적 판단은 일반적 유형을 주장할 수 없고, 단지 개별적인 것으로만 간주되어야 한다. 엄격하게 말해 미적 판단은 특정한 것의 아름다움을 주장하는 것이다. 개별적인 판단이 표명될 때, 그 판단을 일반화하는 것도 가능하기는 하다. 그러나 그러한 일반적 판단은 결코 미적 판단일 수 없다. 그래서 나는 특정한 장미를 바라보면서 그것이 나에게 주는 쾌감에 근거해서 장미가 아름답다고 말할 수 있다. 그러나 만약 내가 모든 장미들이 아름답다고 말한다면, 나는 더 이상 미적 판단을 하고 있지 않다. 또한 감각적 현상의 쾌적한 것에 관한 판단은 미적이고 개별적이다. 그러나 그러한 판단은 칸트가 말하고 있는 미적 판단의 심미적 양(aesthetic quantity)인 보편성을 추가적으로 동반하지 않는다. 미적 판단의 양은 단칭판단이지만 그럼에도 보편적인 양이란 점이 밝혀진다. 개별적 현상은 보편적 타당성을 갖는다. 개별적 현상이 모든 것에 적용되기 때문이 아니라 모든 사람의 쾌감을 불러일으키는—또는 불러일으켜야만 하는—것이기 때문이다.

우리가 대상을 온전히 개념에 따라 판단한다면, 우리는 미적 반응을 할 수 없다. 이것이 바로 어떤 것이 아름다운지 아닌지를 확정할 수 있는 어떠한 규칙도 있을 수 없는 이유이다. 어느 누구도 어떤 것이 미적으로 쾌감을 준다는 논변으로 우리를 설득할 수 없는데, 그 이유는 우리가 "객관을 우리 자신의 눈에 내맡기려" 하기 때문이다(AA 216). 그럼에도 동시에 우리는 모든 사람에게 타당한 판단을 고려한다. 이는 칸트가 취미에 관해 설명하면서 처음부터 끝까지 유지하는 긴장(tension)이다. 취미가 발생하고, 그래서 완전히 소멸된 상태에 있지 않은 긴장이다. 그러나 이러한 긴장이 반드시 역설적이라 할 수 없고 미적 판단이 자기모순적인 상황인 것도 아니다. 오히려 주관의 자율성을 견지하는 사교성을 드러내는 긴장이다. 개인의 목소리는 어떤 것을 아름답다고 여기면서 판단하는 모든 주관의 폭넓은 공동체를 위해 말한다.

칸트는 취미판단에서 요청되거나 주장되는 모든 것은 개념에 의존하지 않은 만족을 표현하는 보편적 목소리라고 말한다. 이미 살펴보았듯이 우리가 지금 다루고 있는 과제는 독특한 인식능력에 기초하고, 그래서 선험철학 내에서 마땅히 특정한 비판의 자격이 있는 미적 판단의 가능성을 밝히는 것이다. 이것이 칸트가 요청되는 모든 것은 모든 사람에게 타당한 미적 판단의 가능성이라고 말하는 이유이다. 그러한 판단은 모든 사람이 실제로 일치하는 것을 주장하는 것이 아니라 단지 사람들 사이에서 이루어지는 일치를 요구한다. 칸트가 말하는 핵심은 다음과 같다. 곧, 미적 입장을 취하게 되면, 나는 모든 사람이 동의할 것이라고 단순히 상정할 수는 없지만 모든 사람이 동의하기를 요청한다. 이러한 이유로 칸트는 보편적 목소리가 오로지 이념이라고 말한다. 우리는 일치의 이상을 목표로 하지만 현실에서는 그 일치를 확인할 수 없기 때문이다. 칸트는 그가 아직 이러한 이념이 무엇에 기초하는지를 고려하고 있지 않다고 강조한다. 그는 네 번째 계기에서 이 물음으로 돌아간다. 네 번째 계기에서 칸트는 미적 판단의 근거는 공통감(common sense) 이라는 우리의 능력에, 그리고 궁극적으로 판단의 주관적 조건에 놓여 있다고 말한다.

선험철학자가 우선적으로 해야 할 일은 취미를 위한 특별한 능력이 있는지의 여부를 규명하는 것이다. 심미적 심판관이 취미에 대한 어떤 특정한 주장에서 이루는 성공의 여부에 관한 물음은 부차적인 것으로 취급된다. 그럼에도 불구하고 "아름다움"이라는 단어를 사용하는 것은 우리가 아름다움의 실제적인 판단에서 주관적 보편성을 추구한다는 것을 시사한다. 그런데 이를 확신하기란 매우 어려운 것 같다. 도대체 우리가 미적 판단을 했다고 확신할 수 있을지는 모를 일이다. 그러나 칸트는 다음과 같이 말한다. 그가―여기서 그는 심미적 심판관을 의미한다―쾌적한 것과 올바르게 미적인 것을 구분하는 한, 그가 미적 판단을 수행하고 있다는 것은 확실하다(AA 216). 이러한 취미의 형식적 조건을 강조해서 다루는 것은 다음의 귀결을 위한 것인 듯 보인다. 곧 우리가 보편적 목소리를 실행하는 것이 특정한 대상에 대한 우리의 실제적인 선호가 아니라 단지 우리가 보편적인 승인을 요구하기 위한 것이다. 비록 그렇다 하더라도, 확실히 칸트는 우리가 순수하게 미적이지 않은 동기를 오인하거나, 심지어 위장하기 쉽다는 것을 충분히 고려하고 있지 않다. 그는 우리가 현상에서 이루는 관계와 관련된 실수들이 미적 판단에서 쉽게 제거될 수 있다는 점에 대해 거의 신경을 쓰지 않는 것 같다. 그리고 정말로 칸트는 판단의 활동에 관한 요구와 그러한 활동을 하도록 하는 사례에 관한 요구를 구분하고 있는가? 이러한 구분은 판단의 다른 형식들에서는 가능하다. 그러나 오로지 대상의 개별적 표상에서 일어나는 단칭판단인 경우에 그러한 구분을 할 여지는 거의 없는 것 같다. 미적으로 판단할 때 나의 마음의 틀(frame)은 특정한 대상에 맞닥뜨리는 것에서 일어나는 것으로 오로지 이해될 수 있다. 판단을 하는 나의 활동은 보편타당하고, 나에게 그토록 많은 쾌감을 주는 이 아름다운 풍경은 보편타당하지 않다는 주장은 그럴듯한가? 내가 생각하기에 사적인 미적 선호와 판단하는 일반적인 선험적 능력에 대한 그의 구분이 명확해질 수 있도록 칸트의 입장을 발전시키는 것이 가능하다. 이것은 취미판단을 할 때 일어나는 불확실성의 핵심 문제를 수반한다. 그렇지만 칸트는 8항 마지막에서 상반되는 전략을 취한다. 취미에 관한 확실성은 우리가 원칙에 따라 올바르게 적용한다면 확보될 수 있다고 말하면서 그 스스로 통상적인 관점을 취하고 있다.

　9항은 취미판단의 열쇠가 될 것이라는 약속과 함께 시작한다. 이 열쇠란 곧 취미의 특별한 능력이 밝혀질 수 있는지의 여부를 규명하고, 이에 대한 탐구를 하는『판단력 비판』이 충분한 가치를 갖는지에 대한 물음이다. 물음은 다음과 같다. 취미판단에서 쾌의 감정이 대상의 판정에 선행하는가? 아니면 대상의 판정이 쾌의 감정에 선행하는가? 그런데 애당초 이러한 물음이 제기되는 방식에 아주 이상한 점이 있다. 왜냐하면 판단이 두 번―첫 번째로는 일반적인 현상으로서의 판단이며 두 번째로는 판단의 한 부분으로서의 '판정'으로―나타나기 때문이다. 나는 이 문제를 조금 후에 다룰 것이다. 우선 칸트가 "선행한다"는 말로 의미하는 바가 무엇인지를 밝히는 것이 긴급한 일이다. 중요한 것은 주어진 대상에 대한 쾌감이 취미판단의 근거인지 아니면 취미판단이 주어진 대상에 대한 쾌감의 근거인지의 문제이다. 그래서 취미비판의 열쇠인 "선행한다"는 시간적 의미가 아니라 논리적 의미를 갖는다. 우리는 나중에 칸트가 여기서 논의하는 이러한 대조가 판단의 활동을 밝히는 데 적절한 것인지 살펴볼 것이다.

칸트는 우리가 확고히 한 논리적 의미에서 주어진 대상에 대한 쾌감이 판정에 선행한다면, 우리의 판단은 대상에 근거를 둔 것이라고 논변하면서 고찰을 시작한다. 이는 판단이 단지 감각의 표현이었고, 우리가 대상을 아름다운 것이 아니라 쾌적한 것으로 여긴다는 것을 시사한다. 이때 판단은 감각적 만족을 기술하는 경험적인 것이 될 터이다. 대상은 우리의 쾌감의 원인이고, 그래서 그 판단은 보편적이거나 아프리오리할 수 없다. 내가 대상에서 쾌감을 이끌어내는 그 때에만 오로지 이 대상에 그리고 나만을 위해 유효하다. 그것은 객관적이지도 않으며, 주관적으로 보편적이지도 않고 단지 이 대상 그리고 오로지 이 주관, 곧 나와 관계할 뿐이다. 더욱이 그것은 아프리오리하지 않다. 왜냐하면 그것은 직접적으로 근본적인 인식능력의 활동—이 경우에 취미—에 근거하지 않고 단지 경험에 따르거나 경험적인 차원에서 바라는 나의 능력을 행사하는 한 사례이기 때문이다.

이제 칸트는 아무런 해명도 없이 "마음 상태의 보편적인 전달력[소통가능성]" 개념을 소개한다. 그리고 그는 마음 상태의 보편적 소통가능성[11]이 주어진 대상에 대한 쾌감에 앞선다고 말한다(AA 217). 처음의 물음에서 제기된 이상한 점은 9항의 제목에 있는 두 번째 판단, 곧 "판정"을 미적 판단의 특정한 측면, 그러니까 보편적 소통가능성으로 대체함으로써 제거되었다. 그러기에 판정이 대상에 관한 쾌의 감정에 앞선다고 하기보다는 오히려 모든 사람에게 소통될 수 있는 취미의 상황이 주어진 대상에 대한 쾌감을 위한 근거인 것이다. 우리가 모든 사람이 주어진 특정한 대상에 대한 쾌감에 동의하기를 요구할 수 있기 때문에 이러한 쾌감은 미적이라고 할 수 있다. 이것이 판정이 또는 달리

---

11   [역주] "소통가능성"에 해당하는 독일어는 Mitteilbarkeit이다. "전달가능성"이라고 옮길 수 있지만, 여기서는 편의상 "소통가능성"으로 한다.

말해 미적 판단을 정의하는 요소—판단하는 모든 주관에 대한 보편적 타당성—가 주어진 대상에 대한 쾌감에 선행한다는 의미이다.

칸트가 "열쇠"로 표현한 방식은 어쩌면 다른 점에서 오해의 소지가 있다. 왜냐하면 미적 판단의 특정한 특징이 개념이 아니라 오로지 감정에서 표현되는 것인 반면, 판단이 감정에 대해 우선권을 갖고 있는 것처럼 들리기 때문이다. 그렇지만 만약 우리가 칸트가 충분히 분명하게 하지 않은 또 다른 구분을 한다면, 우리는 이 문제를 해결할 수 있다. 우리는 대상에서 쾌의 감정을 말할 수 있다. 그러나 심미적 방식에서는 판단하는 바로 그 행위에 특징적인 쾌의 감정이 또한 있다. (취미판단과 쾌의 감정 간의 필연적 관계는 네 번째 계기의 주제이다.) 이러한 두 쾌감은 서로 얽혀 있다. 왜냐하면 취미판단은 오직 쾌감과 관계하는 대상이 있을 때에만 일어나기 때문이다. 칸트는 마음의 활동이 대상에 대한 우리의 반응을 위한 근거를 제공한다—그 반대로는 아니다—는 것을 밝히고자 한다.

그런데 마음 상태의 보편적 소통가능성이란 무엇인가? 칸트는 오직 인식이 보편적으로 소통될 수 있다고 말한다. 그가 의미하는 것은 객관적 상황은 상이한 사적인 관점에 상관없이 모든 사람에 의해 동의될 수 있다는 점이다. 취미가 인식과 구별되지만, 또한 취미는 그 근거를 "인식일반[Erkenntnis überhaupt]"에 필연적인 마음의 상태에 두고 있는 한, 다른 사람들의 동의를 요청할 수 있다. 칸트는 이러한 마음의 상태가 "표상력들"의 상호 관계라고 말한다(AA 217). 이것은 취미의 근거가 우선 인식을 가능하게 하는 능력들 또는 힘들의 상호 관계인 한, 취미는 보편적으로 소통될 수 있는 것으로 간주된다.

『순수이성비판』에서 감성과 지성은 지식을 구성하는 데 필연적인 것이다. 곧 직관 또는 감각자료는 감각을 체계화하는 일반적인 규칙인 개념과 결합되어야 한다. 『판단력 비판』에서는 상상력이 직관을 대신한 다. 이러한 전개와 관련된 상세한 설명은 너무 복잡해서 여기에 소개할 수는 없지만, 『판단력 비판』의 「머리말」을 논의하면서 나는 잠정적인 설명을 제공했다. 미적 판단에서 상상력은 감각자료를 우리가 관조적 주목으로 반응할 수 있는 어떤 것으로 변모시켜 직관을 대신한다. 우리 의 감각적 지각은 단지 우리가 세계를 평범한 일상의 리듬에 따라 "보 는" 것이 아닌 반성적 주목으로 변형된다.

　이제 지금까지 시사되었고 예비적으로 언급했던 것, 곧 미적 판단이 인식과 구별되지만 그럼에도 인식과 어떤 관계에 있다는 것을 텍스트 적으로 살펴볼 때이다. 취미는 인식을 가능하게 하는 능력에 의존한다. 인식판단에서 직관과 지성 사이의 관계는 인식적 개념 또는 규칙에 의 해 지배된다. 그러나 취미판단에서는 미리 주어진 규칙이 없다. 여기서 칸트는 능력들이 서로 "자유로운 유희"의 관계에 있다는 결론을 내린 다(AA 217). 그는 이제 개념의 도입으로 마침내 통일을 성취하는 지성 뿐만 아니라 직관의 다양성 또는 많은 양상들을 결합하는 상상력을 위 해 필요한 표상력들을 확인한다. 이러한 능력들의 자유로운 유희는 소 통될 수 있어야 한다. 칸트는 취미판단의 자유로운 유희가 필연적으로 모든 사람에게 타당한 인식과 관계한다는 것을 인정한다. 우리는 9항 의 세 번째 단락의 첫 부분에서 마음 상태의 보편적인 전달력[소통가능 성]이 주어진 대상에 대한 쾌감의 근거를 이루는 취미판단 내의 요소임 을 알고 있다. 주관적으로 보편적인 것은 소통되어야만 하는데, 이는 말하자면 모든 사람에게 그대로 타당하기 때문이다. 소통이란 가능성, 곧 소통가능성의 선험적 구성의 경험적 실현이다. 그런데 우리는 오직 그러한 구성의 면밀한 분석을 통해서만 소통가능성과 주관적 보편성 사이의 관계를 규명할 수 있을 터이다. 지금으로선 실제적인 소통에서 이루어지는 소통의 결과와 원칙(소통가능성과 주관적 보편성)으로서 표명되는 가능성을 구별하는 것 정도로만 이해해도 족하다.

칸트가 지금까지 되풀이한 논변에서 이제 새로운 구절이 소개된다. 그것은 곧 능력들이 "인식일반을 위해 필요하듯이 서로 부합한다"는 것이다(AA 217-218). 이것이 칸트 미학의 해석에서 많이 논의된 그 유명한 "인식능력들의 조화"이다. 자주 언급되듯이 이 말을 이해하는 데는 큰 어려움이 따른다. 왜냐하면 칸트는 능력들의 자유로운 유희가 인식을 위해 필연적이라고 말하고 있는 것 같기 때문이다. 무엇보다 첫째로 이 말은 인식이 미적 판단을 특징짓는 마음의 상태에 의존하는 것이며, 이런 결과로 인식이 취미판단에 의존한다는 식으로 오해될 수 있다. 둘째로 이 말은 인식이 능력들의 자유로운 유희가 일어나는 미적 판단과 구별되면서 규칙에 의존하는 것이라는 칸트의 주장에 위배된다. 그러나 이제 우리를 어리둥절하게 하는 말, 곧 "인식일반"이 정확히 무엇을 의미하는지 살펴봐야 할 것이다. 칸트는 이전의 인식, 곧 모든 지식을 의미하는가? 아니면 예컨대 미묘하게 다른 인식의 일반적 조건이나 아직은 올바른 인식, 곧 지식이 아닌 어떤 것을 의미하는가? 실상 칸트가 인식이 우리가 오직 미적으로 판단할 때 자유로운 유희의 특별하게 조화로운 관계에 있는 능력들 간의 어떤 관계를 필요로 한다는 식으로 말했어야만 했다는 것을 기억하면서 이 문제를 잠시 제쳐두고자 한다.

우리가 소통하는 것이 우리의 인식능력들이 서로 맞서 있고, 우리의 마음 이외에는 어떤 것에 관해 아무것도 말하지 않는 관계뿐이라 하더라도, 마음의 상태를 소통할 수 있다는 것은 그 자체로 쾌감을 수반한다(AA 218). 이는 칸트 미학을 주체의 내적인 정신생활에 중점을 둔 것으로 해석하는 사람에겐 당연한 것이겠지만, 그럼에도 지금까지 내가 논의했듯이 칸트 미학은 관계적으로 해석될 수 있다. 앞서 살펴본 것처럼 미적으로 판단할 때 두 가지 종류의 쾌감이 일어난다. 우선 주어진 대상에 대한 쾌감이다. 그러나 또한 특별하게 심미적 방식으로 대상을 판정하는 우리의 능력에 있는 쾌감도 있다. 그래서 판정이 주어진 대상에 대한 쾌의 감정에 선행하는지 아니면 그 반대인지를 물었을 때, 심지어 이에 대한 대답으로 마음 상태의 보편적 소통가능성이 그러한 감정에 우선한다고 말할 때에도, 칸트가 이와 관련된 논의의 전말을 다 밝히고 있지는 않다. 보편적 소통가능성은 쾌감이 모든 사람에게 타당하다고 특징지어지지 않는다면 미적 쾌감이라고 확인될 수 없다는 점에서 확실히 (논리적으로) 주어진 대상에 대한 쾌감에 선행한다. 그렇지만 보편적 소통가능성은 그 자체로 쾌의 감정으로서 표현된다. 그래서 심지어 대상이 마음의 활동을 촉발할 수도 있다는 것과 상관없이 우리의 마음 능력의 활동의 보편적 타당성은 쾌의 감정을 불러일으킨다. 이는 이중적 조화의 한 측면이다. 이제 미적 판단을 특징짓는 이중적 쾌를 살펴보자. 참으로 우리는 미적 판단이 모든 차원에서 감정이 가득한 것이라고 말할 수 있다. 궁극적으로 취미는 감정에 기초한다. 비록 감정이 감동적인 것, 곧 우리에게 일어나는 어떤 것이 아니라 오히려 우리 자신과 세계를 의식하는 방식이란 점을 강조하는 것은 매우 중요하지만 말이다. 나는 이 감정을 그 자체를 의식하는 감정으로 볼 수 있다고 제안했다. 물론 감정이 미적 판단이 될 수 있는 두 가지 방식들 간의 관계가 여기서는 분명히 밝혀지지 않거나 다른 곳에서는 간접적으로 드러나는 것이긴 하지만 말이다.

칸트는 소통가능성이 필연적으로 쾌감에 의해 수반된다는 것이 어떻게 입증될 수 있는지를 해명해야 한다는 것을 인정한다. 경험 내에서 그러한 일치의 개별적 사례들을 확인할 수 있는 반면, 요구되는 소통가능성과 쾌감 사이의 필연적 연결은 입증되기 어렵다. 칸트는 이 문제를 과연 미적 판단이 아프리오리한지 그리고 그렇다면 어떻게 그것이 가능한지를 다룰 때까지는 유보해야 한다고 말한다. 「미의 분석론」의 네 번째 계기에서 칸트는 미적 판단이 인식의 근본적인 장치, 곧 아프리오리한 인식능력에 근거를 두고 있기에 쾌에 의해 필연적으로 수반된다는 것을 논변하면서 이 물음을 다룬다. 그는 또한 「순수한 미적 판단의 연역」에서 취미판단의 바로 그러한 가능성의 물음에 대한 진전된 해결을 모색한다. 지금으로선 칸트는 그가 덜 어렵다고 생각하는 물음을 다루고자 한다.

우리는 미적 판단의 능력들의 자유로운 유희를 감각을 통해 미적으로 의식하는가 아니면 지적인(intellectually) 것에서 비롯되는 이성적 목적에 대한 의식을 통해 의식하는가? 우리가 어떤 것을 지식으로 안다면, 우리는 우리의 판단을 개념에 의해 설명한다. 그리고 우리의 능력들의 관계를 의식할 때, 우리는 쾌와 불쾌의 감정을 전혀 언급하지 않은 채 그것을 지적인 의식으로 경험한다(AA 218-219). 칸트는 『순수이성비판』에서 직관과 개념의 종합화가 필연적인 것으로 표명되는 판단력의 도식작용(schemata)의 사례를 든다. 칸트가 여기서 말하고자 하는 바의 핵심은 인식적 종합에서 우리는 개념적 규칙 또는 범주의 작용의 결과로서 우리의 능력들의 공조를 지적으로 어떤 의미에서 의식하는 것 같다는 것이다. 그러나 취미판단은 개념에 기초하는 것이 아니라 오히려 대상에 반응하는 감정과 관계한다. 그래서 취미판단에서 능력들의 관계는 오로지 우리가 대상을 감각적으로 의식할 때 가능하다. 칸트에 따르면, 취미판단에서 상상력과 지성 사이의 관계는 감각[Empfindung]에 의해서만 알려질 수 있다(AA 219). (칸트가 여기서 감정[Gefühl]이란 용어를 사용했더라면 더 좋았을 터이다. 왜냐하면 우리의 마음 활동에 대한 의식이 감각적 파악에 반응해서 필연적으로 일어나는 것이긴 하지만, 그 의식은 반성적이고 감각으로서 일어나는 것이 아니기 때문이다.) 상상력과 지성 사이의 관계는 "비규정적"이다. 곧, 지식이 획득되지는 않지만, 그럼에도 동시에 우리가 어떤 것을 알아야만 한다면 우리는 필연적인 능력들 사이의 관계를 의식하게 된다. 초기에 칸트가 취미판단에서 어떤 개념을 적용할지는 비규정적이라고 말한 반면, 이제 그는 취미판단이 기초하고 있는 마음의 활동이 비규정적이라고 특징짓는다. 비규정성이 취미의 표면에서 취미의 근거로 이동하고 있는 것이다. 어떤 것에 대한 지식을 획득하기 위해 우리의 능력들을 사용할 때, 우리는 지식을 가능하게 하는 마음의 활동이 아니라 원칙적으로 대상을 의식한다. 우리가 살펴보았듯이 칸트는 심지어 지식을 위해 필연적인 도식화에서 세계에 대한 그러한 객관적 정향의 주관적 조건을 의식하게 된다는 당혹스러운 가능성을 제기한다. 그러나 그는 이것이 무엇에 이를 것인지에 대해 말하지는 않는다. 아마도 칸트는 우리 마음 활동의 결과로서의 우리의 의식에 덧붙여 우리가 그 과정의 아마도 선반성적인 어떤 차원을 의식한다는 것을 말하고자 했을 것이다. 분명한 것은 그가 미적 판단의 경우에 우리가 능력들 사이의 상호적인 조화를 감각―또는 더 정확하게는 감정―으로 파악하는 능력들의 이러한 주관적 조건들 간의 관계를 의식할 수 있다고 생각한다는 점이다. 이는 우리가 개별적 현상, 곧 그 자체로 만족을 주는 것과 마주하고, 그럼에도 동시에 어떤 식으로든 인식을 위해 필연적인 마음의 관계와 조화할 때 일어난다. 그러므로 세계의 사물과 우리의 마음 능력 사이의 일치에서 일어나는 판단은 직관을 인식을 위한 개념과 결합하는 모든 인간에게 타당하다.

우리는 이렇듯 응집된 일련의 주장을 좀 더 자세히 해명할 수 있을 것이다. 나는 나를 멈추게 하는 어떤 것을 본다. 그리고 나는 그것을 더 자세히 본다. 동시에 그것은 내가 보고 있는 것에 관해 내가 생각하게 끔 한다. 내 눈을 통해 바라보는 것은 (나의 직관은) 더 많은 반성을 (나의 개념을—비록 지식을 불러일으키는 것이 아니라 비규정적인 것 이긴 하지만) 가져오고, 내가 생각하는 것은 내가 더 많은 것을 보게 한다. 나의 봄과 나의 사유 사이에 고결한 순환성이 있다. 이것이 칸트 가 능력들의 자유로운 유희라는 말로 의미하는 것이다. 그리고 내가 이 러한 특정한 대상과 그것을 취하는 나의 능력, 곧 그것을 바라보고 그 것을 사유하는 나의 능력 사이에서 일어나는 특별하게 잘 들어맞음을 의식할 때, 나는 내가 경험하는 것을 받아들이고 사유하는 마음의 장치 를 의식하게 된다. 비록 내가 일상적으로는 그렇게 많이 주목하지(관 조하지) 못하고 내가 그렇게 할 때 특별한 쾌감을 느끼지 못한다고 할 지라도 말이다. 이러한 방식으로 미적 판단은 어떤 식으로든 인식의 주 관적 조건을 조명한다. 이런 이유로 미는 심지어 인식이 아니면서도 보 편적으로 만족을 준다. 물론 이때의 만족은 규칙이나 개념이 아니라 오 로지 감정에 기초한다. 미적 감정은 대상에 대한 반응으로서 가장 명료 하게 일어난다. 그러나 깊은 차원에서 미적 감정은 우리가 우리의 인식 능력에 간접적으로 접근하게 하고, 그래서 감정 그 자체를 의식하는 감 정이다. 취미판단이 특별히 미적인 것이고, 단지 우리 외부의 원인의 결과—이럴 경우 그것은 순전히 경험적이고 인식일반의 틀에서 입증 하고자 하는 선험철학자들의 특별한 관심사가 아니다—가 아니라는 것은 감정에 의해 이루어지는 역할 때문이다.

## 2.4 제3계기: 취미와 목적의 관계

이제 칸트는 취미판단에서 이성적 목적이, 그것이 있다고 한다면, 도대 체 어떤 역할을 하는지를 고찰한다. 그는 그것이 마치 목적에 의해 설명되는 것처럼 보인다고 말한다. 그럼에도 이는 취미판단을 특징짓는 마음의 자유로운 활동이라는 것과 관련해서 볼 때 충분한 설명이 되지 못한다. 칸트는 대상을 표상하는 심미적 방식에는 "목적 없는 합목적성"이 있다고 설명한다.

### 2.4.1 목적과 합목적성: 설계와 대상의 역할

10항에서 칸트는 목적을 어떤 것의 실존의 개념적 원인으로 정의한다. 개념을 실제적인 것으로 만드는 물질적 원인도 있는 반면, 목적은 대상의 형식적 또는 지적인 원인이다. 어떤 것이 개념─엄격하게 말하자면 칸트는 지성 개념이 아니라 이성이념을 언급하고 있다─에 의해 기인한다면, 그것은 우리의 욕구나 의지가 개입한 결과이다. 곧, 우리의 동기에 따라 세계를 구성하는 우리의 실천 능력, 도덕 능력이든 그 외에 다른 것이든 말이다. (지성 개념은 지식을 불러일으키기 위해 주어진 경험적 대상에 적용되는 일반적 용어인 반면, 이성이념은 결코 규정적 용어로 파악될 수 없는 무한의 기준을 나타낸다.) 그러나 개념에 의해 발생하지 않으면서도 마치 목적에 의존하는 것처럼 생각하는 것이 타당한 현상도 있다. 우리는 마치 목적에 의해 현상이 파악되고 설명되는 것처럼─그렇지 않다면 그 현상은 설명되기 어려울 것이다─발견적으로(heuristically) 현상에 관해 이야기한다. 이러한 경우에 칸트는 "목적 없는 합목적성" 또는 "형식으로서의 합목적성"이 있다고 말한다 (AA 220). 달리 말해, 우리는 대상을 사유하는 우리의 방식(또는 형식)으로 대상에 합목적성이 있다고 생각한다.

칸트는 11항에서 취미판단이 어떠한 목적의 결과가 없이도 합목적적으로 대상을 표상하는 우리의 방식에 오로지 기초하고 있다고 말하면서 자신의 이러한 생각을 계속해서 논의한다. 칸트는 목적에 기초한 판단이라면 여하튼 관심을 드러낸다고 말하면서 취미의 이러한 특징을 변호한다. 만약 내가 가진 이념 때문에 내가 어떤 것을 하게 된다면, 그때 나는 그것을 해야만 하고 그렇게 함으로써 관심을 갖는다. 이것은 내 자신의 선호에 따라 주관적 목적으로서 일어나는 것이거나 내가 어떤 일을 하고자 할 때 도덕법칙에 따라 객관적 목적으로서 일어나는 것이다. 그러나 취미판단은 이러한 방식의 관심에 의해 생겨나지 않는다. 따라서 취미판단은 목적에 의해 좌우되지 않는다. 취미판단이 요구하는 모든 것은 대상의 봄에 반응하는 나의 능력들의 관계함이다. 취미의 근거를 형성하는 능력들의 조화로운 관계는 대상에 대한 쾌의 감정과 연결된다. 비록 강제적으로 그렇게 할 수는 없지만 우리는 그러한 쾌의 감정을 다른 사람들도 느낄 것을 요구한다. 이러한 근거는 쾌적한 만족이나 도덕적 만족을 불러일으키지는 않는다. 제2계기에서 얻은 결론을 반복하자면, 칸트는 우리가 이러한 만족을 보편적으로 소통가능하다고 간주하기에 취미판단을 위한 근거가 확보된다. 9항에서 칸트는 대상을 위한 만족은 판단 또는 보편적 소통가능성의 근거가 될 수 없다고 말했다. 그래서 여기서 논의되는 만족은 내가 9항을 설명할 때 언급했듯이 상상력과 지성 사이의 능력들이 서로 자유로운 유희에 있는 마음의 상태를 위한 감정이어야만 한다. 우리의 인식능력들의 활동에서 쾌의 감정은 취미를 위한 근거이다. 이제 칸트는 이러한 만족은 바로 대상의 표상에서의 주관적 합목적성—주관적 합목적성을 "위한 것"이라고 표현할 수도 있을 터이다—이라고 말한다. 칸트는 만족이 "대상이 우리에게 주어지는 표상에서, 우리가 그것을 의식하는 한, 합목적성의 순전한 형식"이라고 계속해서 말한다(AA 221). 우리의 쾌감은 마음이 대상을 표상하는 방식에 있다. 비록 우리에게 쾌감을 주는 것이 대상의 표상이지만, 마음의 활동은 그 자체로 쾌감적이다. 우리는 미적 대상이 처음부터 은연중에 역할을 했다는 것을 알고 있지만, 이제 취미의 현상학적 기술은 명시적으로 대상을 포함하는 것으로 확장된다.

12항은 칸트 인식론에서 다루어진 것, 곧 원인과 결과 사이의 관계가 경험 내에서 일어나야만 한다는 것을 상기시키는 것에서 시작한다. 여기서 논의가 되는 문제는 만약 취미가 경험의 영역을 넘어서 있는 목적에 의해 이루어진 것이라면, 우리는 대상에서 우리의 쾌의 원인으로서의 그러한 개념을 입증할 수 없다는 것이다. 그렇지만 이러한 논의에서 배제된 것은 목적이 미적 쾌의 이성적이거나 형식적이 아닌 경험적인 원인이 될 수도 있다는 점이다. 이러한 대안적 가능성에 반대하는 논변은 칸트가 취미판단에서는 이성이념을 수반하는 목적이 부재한다고 주장하는 여러 곳에서 확인된다.

12항의 두 번째 문단에서 칸트는 취미와 결합된 쾌는 확실히 인식을 위해 합목적적인 능력들의 유희의 의식임을 분명히 한다. 그러나 그것이 항상 대상의 표상에서 동반되는 것이라고 그는 계속해서 말한다. 이미 칸트는 11항에서 대상의 표상이 우리의 판단에 합목적적이라고 설명했다. 그의 요지는 취미판단에서 이루어지는 능력들의 관계는 인식의 목적에 적합하다는 데 있다. 그러나 이 경우에는 어떠한 실제적인 지식이 추구되지 않기 때문에 목적에 대한 취미판단의 관계는 형식적 합목적성 또는 목적 없는 합목적성을 보여준다. 더 정확하게는 "표상의 주관적 합목적성의 순전한 형식"이라고 칸트는 말한다(AA 222). 그가 의미하는 것은 취미판단이 우리가 지식을 가질 수 있는 어떤 것으로서 대상이 우리에게 사용될 때 요구되는 마음의 활동의 형식적 조건을 보여준다는 것이다. 그래서 미적 쾌가 능력들의 유희에서 일어난다는 것을 강조할 때도 주관이 객관에 관련하는 관계에 대한 취미의 의미는 명백하다.

목적이 없는, 그러기에 개념이나 이성이념에 기인하지 않는, 그럼에도 취미판단을 특징짓는 마음의 관조적인 틀에 우리를 머물게 한다는 특별한 의미에서 취미판단은 어떤 인과성을 보여준다. "우리는 아름다운 것을 관조하면서 머무른다."(AA 222) 이는 취미의 일시성이 우리가 일상적으로 보내는 일반적인 시간과 비교할 때 더 길고, 덜 서두르는—또는 적어도 그렇게 느끼는—것임을 시사한다. 미적 판단은 "그 자체를 강화하고 재생한다." 취미는 비록 오로지 대상의 표상으로서 그래서 아마도 그 대상에 의해 단 한 번만 촉발된 것이지만, 그 자체의 실존의 지속성을 유지시키고자 한다. 그러기에 취미는 순전히 자기원인(causa sui)인 것 같다.

13항에서 칸트는 우리가 매력이나 감동으로 어떤 것을 아름답다고 말한다면, 우리는 취미를 성취하지 못한다고 주장한다. 매력(charm)과 감동(emotion)은 우리가 대상을 쾌적한 것으로 볼 때 일어나는 것이며, 우리의 감각을 충족시키면서 관심과 결합된다. 칸트는 매력과 감동이란 만족의 형식보다는 오히려 질료(matter)와 관련된다고 말한다. 그가 의미하는 것은 그러한 반응은 대상의 표상과 우리의 인식능력 사이에서 일어나는 관계를 고려하지 않는다는 점이다. 우리는 오로지 이러한 관계에 주목할 때 우리가 감각하는 것에 대한 판단을 위한 형식적 합목적성을 반성한다. 달리 말해 우리는 오로지 인식의 주관적 형식적 조건을 의식한다. 우리가 감동이나 매력에 사로잡힐 때, 우리는 그것의 실존에 관심을 두게 되고 그래서 물질적으로 그것에 집착하게 된다. 그 결과로 우리의 태도는 형식적 반성이 아닌 것이 된다.

칸트는 14항에서 매력이 예컨대 미적 쾌를 생동감 있게 만들고 지속적이게끔 하는 데 도움을 주며, 심지어 제한된 경우에 증가시키기도 한다고 말하지만, 13항의 끝부분에서 그는 취미판단에서 매력의 역할을 배제한다. 확실히 칸트는 매력이 취미의 근거가 될 수 없다고 말한다. 이는 취미가 매력을 필요로 한다면, 결국 단지 쾌적한 것으로 귀결될 것이라는 그의 말을 설명해 준다. 매력은 우리가 취미의 순수한 형식적 근거에 집중하는 것을 방해하는 것일 터이다. 그러나 그러한 쾌적함이 목적 없는 합목적성을 파악하기 어렵게 하기는 하지만, 왜 쾌적함이 그것을 불가능하게 하는지와 관련해선 어떤 이유도 없다. 예술작품이 매력적인 요소를 갖고 있을지라도, 그럼에도 동시에 예술작품은 우리를 표면적 요소보다 더 깊은 반성으로 이끈다. 예를 들어보자. 한 학생이 수업시간 발표를 위해 사전트(Sargent)의 회화작품 〈백합 장미, 백합 장미〉를 미의 실례로 선택했다. 그는 우리에게 이 그림이 보편적인 만족을 줄 만한 가치가 있다고 보여주기를 원한다. 나중에 그에게 인정했듯이, 나는 그 그림을 처음 보았을 때 지나치게 감상적이고 매력적이라고 생각했지만, 시간을 두고 찬찬히 보니 그림의 매력적인 표면보다 더 많은 것을 볼 수 있었다. 잘 보는 것은 반성적 깊이를 방해하지 않는다. 잘 보는 것은 우리가 알아보는 것을 더 어렵게 만든다. 이런 점을 감안함에도 불구하고 나는 칸트가 말하고자 하는 바의 핵심은 예컨대 그림이 우리를 즉각적으로 매력에 빠져들게 한다면, 그때 우리가 능력들의 자유로운 유희를 통해 반성적으로 반응하기 어려울 것이라는 데 있다고 생각한다. 다소 수정된 이러한 관점에서 볼 때, 칸트의 관점은 논란의 여지가 있긴 하지만, 그럼에도 옹호할 만하다.

14항은 취미에 관한 칸트의 설명에서 가장 도전적인 두 가지 측면을 소개할 뿐만 아니라 다른 문제들도 제기한다. 지금까지 취미의 기준이 전적으로 서로 관계하는 우리의 인식능력들의 형식적 합목적성에 있다고 종종 간주되었던 반면, 이제 칸트는 대상의 형식에 합목적성이 있다는 생각을 내보인다(AA 225). 이는 취미가 주관적 근거를 가진다는 그의 반복된 주장과 배치되는 것 같다. 그렇지만 우리가 살펴보았듯이 마음의 형식적 합목적성은 대상의 표상에 반응해서 일어난다. 우리는 대상의 봄과 우리가 어떤 것을 아름답다고 말할 때 우리의 마음 활동 사이의 관계를 어느 정도 의식해야만 한다. 비록 우리가 미가 대상에 있다고 단순히 잘못 생각할 위험이 있긴 하지만 말이다. 취미는 주관적이다. 그런데 이 말은 취미가 대상과 아무런 관계가 없다는 것을 의미하지 않는다. 취미의 주관적 상황이 미는 순전히 주관에 있는 어떤 것이라는 점을 지시하는 것은 아니다. 오히려 그것은 순전히 대상 그 자체에 있는 것이 아니라 주관을 위한 대상의 표상에 있는 어떤 것이라는 점을 알려준다.

　우리가 인식판단에서 알고자 추구하는 대상은 우리의 대상에 대한 경험과 어떤 식으로든 관계하지 않는 순수한 것이 아니라 우리에게 현상하는 대상이다. 칸트가 『순수이성비판』에서 사용한 용어를 빌어 말하자면, 그것은 "사물 자체(thing in itself)"가 아니라 오히려 "현상(appearance)"이다. 그럼에도 대상은 현상으로서 알려질 수 있다. 비록 우리가 대상에 대한 지식을 갖고자 한다면, 그것이 우리에게 현상해야만 하지만, 우리의 지식은 우리에게보다는 어떤 것에 관한 것이며, 마음의 순전한 투사에 관한 것이 아니다. 그것은 단지 그렇듯 독립적이지만, 미적 쾌를 불러일으키는 접근 가능한 대상이기도 하다. 미적 쾌의 경우에 우리는 대상에 관한 어떤 것을 알거나 규정하는 것과 연관되지 않고, 그 결과로 그것이 우리의 마음 상태를 생동감 있게 하는 방식으로 의식하게 된다. 미적 판단에서 대상의 표상과 대상에 대한 우리의 반응은 항상 이중적으로 문제가 된다. 그래서 대상의 형식적 합목적성은 항상 마음의 형식적으로 합목적적인 활동과 관계한다. 이렇게 해서

14항에서 그리고 이미 13항의 마지막 구절에서 상정된 관점의 이동은 몇몇 칸트 해석자들이 의혹을 품었던 실수가 아니다. (가이어는 "용어의 도치"로 인해 문제가 발생한다고 언급하고 있다.)[12] 정말로 관계가 있는지 그리고 그것이 취미를 위한 근거를 제공하는지를 입증하려면 대상과 마음 사이의 관계의 양 측면이 논의되어야만 한다.

취미가 오로지 대상의 형식적 측면만을 다룬다는 칸트의 주장은 두 번째로 그리고 아마도 더 비웃음을 들을 만한 것일 터이다.[13] 우리가 13항에서 이미 살펴보았듯이, 대상의 물질적 측면을 위한 만족은 쾌적한 만족에 속하며 순수한 미적 만족이 아니다. 미적 만족이란 이제 알고 보면 대상이 공간에, 그리고 내가 생각하기에 또한 시간에 배치되는 방식에 대한 만족인 것이다. 플루하르는 취미의 자격을 부여하는 연장(延長)을 위한 칸트의 용어를 "디자인(design)"으로 번역한다. 독일어 단어 Zeichnung은 영어의 디자인에 내포된 함의를 갖고 있지 않으며, 문자적으로 (가이어와 매튜스의 번역에서 보듯이) "드로잉(drawing)"으로 번역된다. 그런데 우리는 "Zeichnung"을 "시간과 공간에서 윤곽을 그리는 것"이라고 말할 수 있을 것이다. 칸트가 말하고자 하는 바는 다음과 같다. 대상의 공간적 연장에서 대상이 섬세하게 묘사되거나 간략히 스케치되는 방식으로 우리는 어떤 것을 아름답다고 파악한다. 그리고 모든 공간적 직관은 시간에서 일어난다는 것이 『순수이성비판』의 「선험적 감성론」에서 입증되었기에, 우리는 미적 대상 또한 시간적 연장을 갖는다는 결론을 내려야만 한다.[14] 몇몇 독자들은 칸트가 미가 로크에 의해 구분된 2차 성질이 아니라 1차 성질만을 갖는다고 주장한다

---

12    Guyer, 1977, p. 58.
13    Guyer, 1979, pp. 220-223, Allison, 2001, pp. 131-138을 참고할 것.
14    『순수이성비판』, A 31, B 46.

고 생각했다.[15] 이러한 특히 초기 근대 철학적 전통에 널리 퍼져 있었던 구분은 칸트가 취했던 입장의 배경을 이루고 있긴 하지만, 나는 칸트가 1차 성질과 취미를 단순히 동일시한 것은 아니라고 생각한다. 오히려 그의 요점은 취미는 대상의 시공간적 질의 체계에 대한 반응, 곧 어떤 식으로 대상이 세계에 주어지거나 현상되는 것에 대한 반응을 필요로 한다는 것이다. 미감적 만족은 시공간에 현상을 현상하는 것에 관련된 것이다.

칸트가 보기에 색깔과 소리는 감각적이거나 질료적인 차원에서 우리를 만족시킬 뿐이어서 순수하게 미적이거나 반성적인 쾌를 불러일으키지 못한다.[16] 그가 말하고자 하는 요점은 만약 색깔과 소리가 우리의 감각에만 영향을 끼치고 표상과 정신적 활동 사이에서 반성적인 의식을 이끌어내지 못한다면, 결과적으로 색깔과 소리는 사람들에게 저마다의 다른 방식으로 작용될 거라는 것이다. 그렇게 된다면 색깔과 소리는 취미의 보편타당성을 확보할 수 없다. 그런데 칸트는 그가 이끌어낸 결과에 대해 주저하고 있는데, 왜냐하면 그는 스위스 물리학자인 오일러의 이론을 인용하면서 색깔과 소리가 우리의 감각에 영향을 끼칠 뿐만 아니라 그것들에 대해 반성적이란 점을 시인하고 있기 때문이다. 이런 경우에는 색깔과 소리에서 감각적 지각과 마음의 반성적 활동 사이의 관계를 알아차릴 수 있기에 색깔과 소리를 감상하는 것은 취미라고 할 수 있을 터이다.

더 나아가 칸트는 자신의 설명에 위험이 될 수도 있는 논의를 전개하고 있는데, 만약 미적 판단이 순수하다면 그 판단에서는 감각방식의 동형성이 유지될 것이고 이종적인 어떠한 감각들도 배제될 것이 요구된

---

15  Crawford, 1974, pp. 101-110. Guyer, 1979, p. 228 참고할 것.
16  Guyer, 1979, pp. 224-237 참고할 것.

다고 그는 주장한다.[17] 이것이 의미하는 바는 취미는 엄격하게 형식에
속한다는 것이다. 칸트는 색깔과 취미가 아름다운 것으로 간주되더라
도, 오직 '단순한' 색깔만이 취미로 판정될 수 있다고 말한다. 그 반대
로 혼합색깔은 순수성의 척도를 갖고 있지 않다(AA 224-225). 아름다
운 어떤 것이 색깔을 갖고 있다면, 그것은 단색일 터이다.[18] 그러나 여
기서 칸트가 색깔의 스펙트럼을 생각하고, 그래서 아마도 인공적으로
섞인 혼합색깔과는 반대로 단순한 색깔을 언급할 때, 그가 스펙트럼에
포함된 1차적 색깔들을 의미한다고 보는 것도 가능하다. 이는 칸트는
자신의 논증에서 순수성이란 개념의 의미를 탐구하고 있는 것이 아니
라 마치 하나의 정의인 것처럼 '순수한' 이란 용어를 사용하고 있는 것
에서 기인한 것처럼 보인다. 이 경우 그는 적어도 유추적으로 1차적 성
질을 인정하는 것처럼 보인다. 원색이 순수하게 심미적으로 감상할 가
치가 있다고 본 반면, 혼종적인 색깔들은 그렇지 않다고 보기에 말이다.
지금까지의 논증에서 취미의 순수한 심미적 지위는 대상의 표상과 관련
해서 우리가 관조의 상태에서 감상하고 모든 외부적 관심들, 그러니까
인격적이거나 도덕적인 관심들에서 벗어날 때 비로소 획득된다. 이는
오로지 '순수성' 의 형식 또는 필요한 추상이다. 그런데 지금까지 왜 그
러한 무관심적인 관계가 다양한 스펙트럼의 색깔들을 들면서도 무색이
거나 단색의 대상과 관련해서만 일어나는지는 설명이 되고 있지 않다.
칸트는 여기서 정의를 통해 철학적인 엄격함을 확보하려는 식의 위험
에 빠져 있다. 칸트는 분명히 취미를 결정하는 규칙이란 없다고 단언한

---

17   추상(abstraction)과 취미판단에 관해서는 Allison, 2001, p. 134, Guyer, 1979,
pp. 248-255 참고할 것.
18   왜 이것이 좋지 않은 논증인지에 대한 설득력 있는 설명은 Guyer, 1979, pp.
230-231 참고할 것.

다. 이것이 암시하는 바는 우리의 가시 범위에서 아름다운 것이 일어나기를 단지 기다릴 수 있다는 것이다. 색깔과 소리가 배제될 수 없듯이 시공간적 연장은 미적인 것에 앞서 취미의 유일한 기준으로서 성립될 수 없다. 아마도 칸트가 '순수한' 이란 용어를 선호한 탓이지만, 이 용어를 사용한 것은 혼란을 초래한다. 그렇다면 '순수한' 이란 용어로 인해 그의 취미 비판은 그저 쾌적한 것에 의해 훼손될 위험에 처해 있다.

　칸트는 인식과 취미의 관계를 설정할 때 그 관계에 고심을 했을 터이다. 아마도 칸트는 오직 대상의 시공간적 요소들이 지식을 형성하듯이 인식의 주관적 조건에 기초한, 그러기에 '인식일반' 에 속하는 판단은 객관적 세계에 대해서도 같은 요소를 지녀야만 한다고 생각한 것 같다. 내가 생각하기에 대상을 시공간적으로 상술하는 것이 대상에 대한 우리의 지식과 우리의 잠재적인 대상에 대한 심미적 감상을 위해 필요하다는 식으로 칸트가 말했다면 이는 설득력이 있을 터이다. 내가 만약 한 대상을 알고 있었는데, 그럼에도 내가 그 대상의 시공간적 차원을 알아차리지 못한다고 고백하는 것은 기묘하거나 심지어 넌센스이다. 특히 칸트에게서 대상은 단지 시간과 공간 안에서 현상이다. 이제 우리가 대상의 색깔을 통해 우리를 일차적으로 이끄는 현상에 대한 심미적 감상을 고려한다면, 우리는 처음으로 칸트의 입장을 좀 완화해서 그럴듯하게 생각해 볼 수 있다. 로스코(Rothko)의 회화 연작인 〈시그램 벽화〉(Seagram Murals)는 주로 붉은색, 고동색 등의 색깔이 사용되었고 이로 인해 우리의 눈길을 끌지만, 만약 색깔이 공간으로 연장되지 않는다면 로스코 그림의 색깔은 캔버스의 공간적 표면에 나타나서 지각되지도 않을 터이다.[19] 그렇지만 시공간적 배치가 나의 경험 그리고 심지

---

19　인정하건대, 음악이 공간과 관련해서 상술할 필요가 있는지를 확실하게 말하기란 더 어렵다. 그렇지만 나는 소리의 공간적 특성에 관련된 논의를 발전시킬 수 있다고

어 나의 감상에 필요조건이라고 해서 이것이 곧 충분조건임을 말하는 것은 아니다. 세계는 모노크롬(단색)이 아니고, 더 이상 원색으로만 그려지는 것도 아니다.

칸트가 지각적 형식과 미적 판단에 관해 설명할 때 또 다른 문제점이 도출된다. 그는 14항에서 공간적(또는 더 낮게 표현한다면 시공간적) 형식이 취미를 생겨나게 한다고 주장하는데, 이는 또 다른 이유로 논의하기에 어렵다. 지각된 모든 대상은 공간에서 어떤 형태를 갖는다. 우리가 어떤 것을 미적으로 좋아할 때, 우리가 감상하는 것이 시공간적 형식이라면, 왜 우리는 그 모든 것을 똑같이 좋아하지 않는가? 만약 시공간적 형식이 아름다운 것이라면, 왜 모든 것이 아름답지 않은가?[20] 이러한 논쟁에 대한 찬반양론은 매우 복잡해서 여기서는 그 문제를 다룰 수는 없다. 이에 대한 많은 연구자들이 상세하고 다루고 있지만, 그럼에도 나는 지각과 취미의 관계에 관한 특별한 점이 종종 간과된다고 생각한다. 미감적 만족은 우리의 감각에 주어지는 어떤 것에 대한 반응이고 주어지는 모든 것은 시공간적 형식을 갖는다. 그러나 지각적 형식을 갖는 모든 것이 미적으로 좋아할 만하다는 것을 말하는 것은 아니다. 모든 대상은 지각적 형식을 갖고 있고 단지 그러한 이유로 미감적 만족의 후보이다. 그렇지만 단지 그러한 어떤 대상이 그 형식적 질의 특수성 또는 개별성에 근거해서 미감적 만족을 생겨나게 할 것이다.[21]

---

생각한다. 더 나아가 칸트는 14항의 끝부분에서 선묘(design), 더 엄격하게는 '형식'이 공간적일 뿐만 아니라 시간적이라고 언급한다. 그래서 우리는 음악의 미적 형식이 원칙적으로 시간적이긴 하지만, 어느 정도 공간적 세계와 연관되어 있다고 논의할 수 있을 것이다.

20    Allison, 2001, pp. 184-192; Meerbote, 1982, p. 812 참고할 것. 또한 미적 형식과 지각적 형식의 무관심성에 관해서는 Allison, 2001, p. 136 참고할 것.

21    Hughes, 2007, pp. 284-290.

칸트는 모든 시각예술, 예컨대 회화, 조각, 건축, 원예술 등에 있어서
선묘(design) 또는 형식은 본질적이라고 말한다. 색깔이 허용된다고
해도, 그것은 어디까지나 예술작품을 아름답게 하는 것이 아니라 생기
있게 해줄 수 있는 것으로만 제한된다. 만약 칸트가 푸생(Poussin)이나
라파엘로(Raphael)의 원작 그림을 보았다면, 그는 그 그림의 색깔에서
무엇을 생각할 수 있었을까? 그리고 정말이지 그가 위대한 예술작품들
을 복제품을 통해서만 알게 되는 정도의 교육만 받았다면, 그는 적어도
여름에 쾨니히스베르크 근처의 다채로운 색깔을 보여주는 정원을 방문
했어야만 했다. 비록 그의 이론이 원했던 결론에 이를 필요는 없다고
해도, 이 지점에서 칸트는 형식과 그가 그저 세계의 질료적 측면이라고
여겼던 것을 구분하려고 마음을 먹은 것 같다. 칸트에게 필요한 것은
화가이자 저술가인 파울 클레(Paul Klee)와 마티스를 들면서 색은 선
을 보이게끔 하고 그 반대로도 마찬가지라고 언급했던 메를로퐁티
(Merleau-Ponty)의 통찰력이다.[22] 색깔과 형식 사이에서 어느 하나를
선택하는 것은 필요하지 않다. 또한 색깔이 지각할 수 있는 색깔의 범
위를 특별히 규정하는 스펙트럼에 제한되어야 할 어떤 필연성도 없다.

그럼에도 불구하고 내가 생각하기에 칸트가 선묘[design, Zeich-
nung]라는 용어를 통해 의미하는 바가 우리가 상상하듯이 그렇게 엄격
한 것이 아닐 수 있다. 이는 14항의 끝부분을 보면 설득력이 있다. 칸트
는 공간적이고 시간적인 감관 대상의 형식은 형태이거나 유희라고 말
한다. 유희는 공간(연극이나 무용)에서 형태의 유희로 그리고 시간에
서 감각의 유희로 더 세분화된다. 주목해야 하는 것은 미적 형식이 공
간적일 뿐만 아니라 시간적이란 것이 분명하다는 점이다. 더욱이 칸트

---

22  Merleau-Ponty, 1964/1993, pp. 142-143.

가 시사하고 있는 시공간적 형식은 그것이 유희적인 한 그저 정적이지 않다. 그 형식은 움직이고 심지어 유동적이다. 만약 칸트가 이러한 생각을 더 발전시켰더라면, 아마도 그는 미적 형식이 지각적 형식의 특별한 변주라는 결론에 이르렀을 것이다. 이 변주에서는 선이 자유롭게 되고 시공간적 연장을 갖는 어떤 것은 [미적] 반성을 위해 열려 있게 된다. 내가 언급했듯이 칸트는 더 나아가 형식과 질료가 서로 역동적인 관계에 있다는 방식으로 탐구할 수 있었을 터이다. 이는 칸트가 취하는 관점을 보면 자연스럽게 통찰될 수 있는 것이다. 우리가 칸트의 이론에 놓여 있는 잠재성을 생각하지 않은 채 그의 입장을 그대로 따라가고 있지만, 어떤 미적 형식의 유희성은 적어도 그저 공간에서 규정될 만한 대상의 일차적 성질과는 다른 점이 있는 것 같다. 실상 이런 설명은 미적 형태라기보다는 오히려 유희적인 미적 형식에 직접적으로 적용된다. 그렇지만 나는 미의 판단이 엄격한 형식에 대한 만족에서는 부적합한 능력들의 유희성에 의존하고 있다는 점에서 미적 형태에 대해서도 논의를 확장할 수 있다고 생각한다. 이는 규칙적인 형식이 취미를 이끌어내지는 않는다고 시사하면서 칸트가 나중에 취하는 관점이다.

목적 없는 합목적성을 다루는 끝부분에서 칸트는 심지어 장식물[파레르가, parerga]도 취미에 기여할 수 있다고 언급한다. 장식물의 형식이 고려되는 한, 장식물이 매력적으로 우리의 감관에 작용하는 경우에도 전적으로 취미로부터 배제되지는 않는다. 잘 선택되기만 한다면 회화의 틀은 취미를 향상시키지만, 천박하게 치장된다면 예술작품의 미를 해치게 된다. 데리다(Derrida)는 예술적 대상의 주변부로서 파레르곤(parergon)의 역할을 주목하면서 칸트 미학을 면밀히 연구했다.[23] 회

---

23　Derrida, 1978, 1987 참고할 것.

화의 틀, 조상(彫像)에 걸쳐진 의복이나 건축물을 둘러싼 주량 등이 우리의 취미를 증대시킬 수 있는 반면, 칸트는 다소 독단적으로 감동은 취미에 속하지 않는다고 말한다. 그렇지만 칸트는 우리가 나중에 논의할 숭고의 미적 판단에서는 감동이 역할을 한다고 인정한다. 14항에서 칸트는 마지막으로 다음과 같이 강조한다. 취미는 자신의 규정근거로 매력도 그리고 감동도 가질 수 없다. 그런데 내가 논의했듯이, 취미를 넓은 의미에서 볼 때, 매력이나 감동이 얼마든지 취미의 한 부분이 될 수 있다는 점을 배제할 필요는 없다.

### 2.4.2 완전성, 부수적인 미 그리고 미의 이상

세 번째 계기의 남은 부분은 이성이념이 잠재적으로 미적 판단에서 역할을 하는 방식에 관한 것이다. 이런 이유로 15항에서 17항까지는 취미와 목적과의 관계를 다루는 것이 주제를 이룬다. 우리는 10항에서 형식적으로 대상의 현존의 원인인 이성이념을 살펴본 바 있다.

　미는 종종 완전성으로 이해되었다. 그러나 15항에서 칸트는 당시 일반적으로 널리 알려진 이러한 견해를 부인한다. 완전성은 유용성이나 도덕적 좋음과 관련해서 '사물이 무엇이어야 하는가'라는 개념과 연관된다. 그러나 이미 알려졌듯이, 취미는 어떠한 개념에도 의존하지 않기에 완전성은 미적으로 판단될 수 없다. 어떤 것을 아름답다고 할 때 심지어 대상의 완전성의 명석하지 않은 개념도 암시되지 않고, 단지 우리가 대상에 관여할 뿐이다. 취미를 규정하는 것은 개념이 아니라 대상의 표상에서 능력들의 조화로운 유희의 감정이다. 결정적으로 우리는 이러한 마음의 조화를 느낄 수 있을 뿐이다. 만약 완전성이 문제가 될 경우, 우리는 취미가 아니라 사물이 무엇이어야 하는가라는 개념을 거론해야만 한다. 만약 취미가 감관에 따른 지각의 명석하지 않은 개념을 수반한다면 ─라이프니츠학파가 논의하고 있듯이 ─우리는 또한 감관되는 지성이나 개념을 사용하는 감관을 필요로 할 터이다. 그런데 칸트가 지성과 감성을 구분하고 있다는 점을 고려하면, 감관되는 지성이라든가 또는 개념을 사용하는 감관이라는 말은 모순적이다. 칸트는 두 가지 능력, 곧 감성과 지성 ─비록 양자가 필연적으로 협업하고는 있기는 하지만 ─의 구분을 견지하고 있다.

규칙이나 개념의 능력인 지성이 미적 판단에서 역할을 하지만, 지식을 산출하기 위해 대상을 규정하는 것이 아니라 판단을 규정한다고 칸트는 말한다. 여기서 칸트가 의미하는 바는 지성이 미적 판단이 표상과 취미의 특성인 마음의 활동 사이의 조화에 의해 규정된다는 것을 확고히 하고, 그러기에 보편적이고 주관적 타당성을 요청하는 주관적 규칙을 확립하는 것이다. 그렇지만 이 요청은 여전히 불분명하다. 왜 지성이 규칙을 부여하는 판단력을 입증하는 데 필요한가? 미의 규정적인 개념이 아니라 미의 비규정적인 개념을 목표로 하는 한, 지성이 미적 판단에서 역할을 한다는 것은 이미 입증되었다. 더욱이 우리는 미적 판단이 '인식일반'에 필연적인 능력들의 활동을 요구한다는 것도 알고 있다. 당연히 '인식일반'은 ─결정적인 것은 아니지만 ─인식의 능력, 곧 지성과 어떤 관계에 있을 터이다. 칸트는 지성이 규칙을 주는 판단의 능력을 입증한다고 추가적으로 언급하고 있는데, 이러한 언급은 분명하지도 않을뿐더러 사족인 것 같다.

완전성이 미에서 어떠한 역할도 하지 못한다고 칸트가 주장하고 있음에도 불구하고, 그는 이제 그의 입장을 다소 누그러뜨린다. 16항에서 칸트는 부수적인 미(adherent beauty)를 도입하고 있다. 부수적인 미는 개념에 기초하고 있는데, 대상이 무엇이어야 하는 개념 그리고 그 개념에 따르는 대상의 완전성을 고려할 때 허용되는 미이다. 자유로운 미(free beauty)는 개념을 전제하지 않으며, 오직 표상과 우리의 마음의 작용 사이의 관계에서 기인하는 감정에서 나온다. 칸트는 원칙적으로 공간적 형태에서 확인될 수 있는 자유로운 미의 사례를 다음과 같이 들고 있다. 곧 꽃, 많은 새들, 갑각류, 그리스풍의 도안들, 액자나 벽자의 나뭇잎 장식, 음악적 환상곡 등이다. (마지막 사례, 곧 음악적 환상곡은 선묘(design)가 공간뿐만 아니라 시간과도 연관해서 설명된다는 것을 강조하는 것이다. 칸트는 이미 14항 끝부분에서 시간에서의 감각의 유희에 대해 말한 바 있다.) 이것들은 아름답지만, 그럼에도 불구하고 어떤 것도 표상하지 않는다. 미는 눈, 귀에 나타나는 것이고, 우리가 보고 듣는 것에 대한 반성적 반응인 것이다. 이런 판단은 순수한 취미판단으로 간주된다. 취미판단에서 우리의 상상력은 관조적이고 유희적이다.

　부수적인 미의 사례는 인간, 말, 교회와 같은 건축물, 궁전, 병기창, 정자 등이다. 이 모든 것은, 심지어 인간도, 목적의 개념, 또는 취미의 기준을 전제한다. 우리는 자유로운 미에 해당하는 것을 단순히 바라보면서 아름답다고 말할 수 없다. 왜냐하면 우리는 이미 그것을 어떻게 바라보아야 하는지를 생각하기 때문이다. 칸트에 따르면, 대상이 어떤 식으로 보여야만 한다는 원칙에 따라 우리의 취미가 행사된다면, 이는 취미판단이라기보다는 이성적인 판단이다. 그러나 예를 들어 아름다운 교회에 대한 판단이 순수한 이성적 판단만은 아니고 오히려 여전히 취미판단일 수 있다는 점을 덧붙이는 것도 중요하다. 비록 이성이 자유로운 미와 양립할 수 없는 역할을 한다고 할지라도 말이다. 우리가 어떤 것을 부수적인 미를 보여주는 것이라고 판단한다면, 판단하는 우리의 활동은 지성과 상상력의 유희와 더불어 이성의 개념이 혼합된다. 그리고 이런 경우 전적으로 자유로운 것은 아니다. 여기서 미적 판단은 이성을 이끌어내기는 하지만, 그럼에도 불구하고 여전히 눈에 나타나는 곳으로 향한다.

　그러한 판단은 절대적으로 보편적이지는 않다. 왜냐하면 그 판단은 미리 확립된 기준에 고정된 것이기 때문이다. 그러나 그 판단은 도덕적 이성목적을 진흥시키는 데는 유용하다. 부수적인 미는 도덕성을 위한 길을 예비한다. 그러나 칸트는 또한 부수적인 미가 우리를 그러한 상태에 머물게끔 북돋아 주고, 주관적으로 타당한 마음의 능력과 관계하는 것을 필요로 한다고 말한다. 이것들은 취미의 두 가지 주요 특징들이다. 그런데 왜 부수적인 미가 취미의 자격을 가질 수 없는가? 내가 생각하기에, 부수적인 미가 대상의 표상과 다소간 유희 중에 있다고 간주할 수 있는 우리의 마음의 활동 사이에 어느 정도의 조화를 수반함에도 불구하고, 객관과 주관 사이의 조화가 온전히 자유롭지 않고, 또한 능력들의 유희도 아니다. 우리가 보는 것에 대한 우리의 반응이 저절로 일어나는 것은 아니다. 왜냐하면 우리는 기준, 그러니까 어떤 무엇이 되어야만 한다는 식의 생각을 이끌어내는 기준을 도입하는 상황에 이르기 때문이다. 자유로운 미는 아무런 이유도 없이 경험 속에 주어진 어떤 것이 우리의 마음의 활동력과 조화롭게 어우러질 때 일어난다. 그러기에 우리는 자유로운 미에서 전적으로 보편적인 승인을 받을 만한 것을 요청할 수 있다. 반면에 부수적인 미의 적합성은 부분적으로 현상의 본질에 관한 어떤 것이 마음에 있기 때문에 생겨난다. 그런데 칸트는 이러한 대상의 개념이 나에게 단지 쾌적한 것에 대한 사적인 만족으로 귀결되지는 않는다고 말한다. 우리의 감상을 이끄는 개념은 객관적으로 그리고 주관적으로 보편적인 것이다.

　요약하면 부수적인 미는 순수한 미적 의미에서는 보편적이라고 할 수 없지만, 그럼에도 개념을 감관적인 현상과 연결하는 방식에서 논의되는 보편의 문제와 관련해서 중요한 점을 제시한다. 나는 방금 부수적 인 미가 심미적 차원에서 보편적으로 적합하게 일어난다고 언급했다. 왜냐하면 부수적인 미라고 해도 감관을 통해 우리에게 주어지는 것과 마음의 반응력 사이에서 집중적으로 일어나는 자유로운 역할을 부인할 수는 없기 때문이다. 주관과 객관 사이에서 생겨나는 그러한 조화는 결 국 미적 판단의 근거이다. 「미의 분석론」에서 칸트가 이러한 상황을 대 상의 표상과 능력들의 유희 사이의 관계로 묘사하고 있다는 것을 우리 는 이미 살펴보았다. 『판단력 비판』의 「서론들」에서 칸트는 판단력을 위한 자연의 합목적성에 관해 언급하고 있다. 합목적성은 미적 다양성 을 포함하는 모든 반성적 판단의 특징이다. 여기서 매우 까다로운 이 주제를 깊이 분석할 수는 없지만, 그럼에도 「미의 분석론」 여러 곳의 주제를 이루는 주관과 객관의 관계가 명백하게 우리의 판단을 위한 자 연의 합목적성의 사례에 해당한다는 점은 논의할 만하다. 합목적성은 「서론들」에서 중요하게 다루어지지만, 우리가 나중에 알 수 있듯이 「숭 고의 분석론」에서도 언급되고, 그 뒤에 논의되는 예술미와 「변증론」에 서도 소개되고 있다. 결론적으로 말하자면, 비록 미적 판단에서와 같은 방식으로 이 세계와 인식적 관계를 형성한다고 볼 수는 없지만, 그럼에 도 부수적인 미의 판단은 다른 사람들의 동의를 요청하는 판단이다.

우리가 살펴보았듯이, 취미는 이성이념에 의해 규정되지 않는다. 반 면에 부수적인 미는 도덕을 위해 유용한 것이어야 한다면 이성과 관련 된다. 우리는 이 점을 명심해야 한다. 왜냐하면 나중에 가면 취미 자체 가 도덕적 이성을 위한 수단인 것처럼 보일 수 있기 때문이다. 이제 칸 트는 그러한 도구주의적인 이해를 배제한다. 심지어 부수적인 미의 경 우에서도 말이다. 칸트는 미나 도덕적 완전성이 서로 연결된다기보다 는 오히려 "표상력의 전체능력"에서 얻는 바가 있다고 말한다(AA

231). 나는 이에 동의하는데, 칸트가 말하고자 하는 요점은 다음과 같다. 곧, 능력들은 마음의 지배를 위한 경쟁자가 아니라 일단의 특별한 마음의 지향성의 복합적인 상호관계성을 통해 이루어지는 확장을 위해 협력한다는 것이다. 내가 취미의 특징인 관조적 태도를 완전성이라는 이성이념과 결부시켜버린다면, 나는 자유로운 미에서 벗어나 도덕성이라는 새로운 전망으로 향하게 된다.

17항은 더 깊이 부수적인 미의 요소를 파고든다. 순수한 취미판단은 그 대상을 "자유로운[vage]" 것으로 여긴다. 곧, 순수한 취미판단은 개념에 의해 규정되지 않는다. 그런데 우리가 살펴보았듯이, 이러한 언급이 비규정적인 개념이 미를 기술하는 일환으로 작용하고, 심지어 규정적인 개념이 이를 위해 예비하고 있다고 보는 칸트의 입장과 반드시 모순되는 것은 아니다. 부수적인 미는 형식적 합목적성이 아니라 객관적 합목적성의 개념에 의존하고 있다는 점에서 고정되어 있다(AA 232-233). 우리는 상상력에서 "이상[Ideal]"을 만들어낸다. 칸트에 따르면, 이념은 이성개념이고, 이상은 한 이념에 적합한 것의 표상, 이념에 적합한 개별적 존재자의 표상이다. 취미의 원형[Urbild]은 개별적인 현시에서만 표상될 수 있고, 그러기에 미의 이상이라고 말할 수 있다(AA 232). 그런데 우리는 아무리 노력해도 그러한 미의 이상에 도달할 수가 없다. 경험 내에서 미의 이상에 가장 가깝게 도달하는 것은 상상력에 의해 이루어지는 개별적인 현시에서이다(AA 232). 칸트가 말하고자 하는 요점은 다음과 같다. 어떤 아름다운 현상―그것이 자연적이든 예술적이든―은 우리가 염두에 두고 있는 미적 이상을 구체화한다. 고정적이거나 부수적인 미를 감상하는 기준 그리고 이상을 표현하는 경험적인 현상에 대한 반응을 위한 기준 모두 결국에는 상상력에서 시작된다. 우리는 상상력이라는 매개체를 통해 이성이념을 열망하는데, 그렇

지만 우리의 기준은 그러한 이상을 감관적으로 표현하는 데 있다. 이성
이념은 감관적 표현 능력을 갖고 있지 못하지만 미적 이상은 우리의 감
관을 통해 드러나고, 정말이지 그때에만 드러날 수 있는 것이다. 상상
력은 취미의 잠재적 가능성을 지속적으로 표출하고자 개별적인 사례들
을 찾아감으로써 기준—아마도 심지어 규칙—을 만들어낸다. (여기
서 취미는 순수한 취미가 아니다.) 현상은 이러한 개별적인 것이나 사
건이 미적 이상으로 작용하도록 우리의 감관을 통해 발견되고 상상력
에 의해 변용된다.

이상이 취미에 관여할 때, 그 결과로 초래된 판단은 부분적으로 지성
적이다. 곧, 상상력이 이성이념을 지향하게 된다. 꽃, 가구 그리고 풍광
은 자유로운 미로 간주되고, 심지어 주택, 나무 그리고 정원은 자유로
운 미에 속한다. 왜냐하면 그것들의 목적이 분명하지 않기 때문이다.
이와는 반대로, 인간[Mensch]은 이성의 실행을 통해 자신이 목적을
규정하고, 따라서 우리는 인간의 목적이 무엇인지에 대한 이상을 갖고
있다. 인간의 감관적 현상은 우리의 최고도의 목적을 성취하는 이상과
연계해서 판단되어야만 한다. 이것은 도덕적 완전성의 이상이다. 그리
고 우리는 그러한 취미의 기준을 획득한 이 지구상의 유일한 존재이다.
칸트가 의미하는 바는 어떤 점에서는 인간의 미는 이성적이고 도덕적
인 존재를 드러내고 있다는 것이다. 인간은 이 세계의 다른 존재자와는
다르다. 왜냐하면 인간은 이성적 대리인이고, 이는 인간이 보여주는 어
떠한 미를 우리가 감상할 때도 고려가 되어야만 하기 때문이다. 인간의
미가 부수적인 미일 수밖에 없다는 점을 강조하면서 칸트는 인간의 형
태가 미의 정점이라는 전통적인 견해와는 거리를 둔다. 칸트는 인간의
완전성이 원형으로 간주될 수 있다는 점에서는 동의하지만, 그럼에도
순수한 미적 판단과는 구별된다고 말한다. 순수한 미적 판단에서 유일

한 규준은 그것이 무엇이어야 하는 어떠한 목적이나 이상에 영향을 받지 않는 순수한 형식이다.

미의 이상은 인간의 미에 한정된다. 인간의 미는 두 요소, 곧 "미적 표준이념" 그리고 "이성이념"을 갖고 있다(AA 233). 이성이념은 조금 전에 살펴보았듯이 우리의 삶에 동기를 부여하고 부수적인 미를 위해 완전성의 기준을 제공하는 (이성적) 목적을 인간의 미의 기준으로 간주한다. 이와는 대조적으로 이성적 기준, 곧 어떤 것—단지 인간뿐만이 아니라—의 표준이념은 경험에서 출발하고 특수한 유형의 사례들의 범위를 포착하는 모델을 만들어낸다. 칸트는 인간의 형태의 경우 우리가 그러한 '유형(type)'을 만들어내는 우리의 특별한 이성적 성향을 고려한다는 점을 시사하고 있는 것 같다. 미적 이상은 우리에게 미적 표준이념을 일으키는, 경험적으로 지향된 스캐닝(scanning) 과정과 이성적 목적의 경향을 띠는 인간의 특별한 특징과 밀접하게 연관짓는 것에서 생겨난다. 표준이념은 독자적으로 쾌를 일으킬 수 없다. 표준이념은 단지 미의 판단이 올바르게 되었는지를 검토하는 규칙을 제공할 뿐이다(AA 235). 그래서 미적 이상은 인간의 도덕적 목적의 이성이념을 경험적 균등성의 규칙과 결합한다.

부수적인 미에 대한 이러한 긴 우회로를 거쳐 칸트는 (순수하고, 자유로운) 미가 "대상의 합목적성의 형식"이라고 말하면서 취미판단의 세 번째 계기를 결론짓는다. 미는 우리가 어떤 것에 대해 생각하는 것과는 상관없이 그저 세계의 저쪽에 놓여 있는 어떤 것이라는 의미에서의 대상이 아니다. 그렇지만, 대상은 우리를 위해 미를 보여주어야만 한다. 그리고 대상은 그 형식(선묘 design, Zeichnung)이 상상력과 지성의 능력들의 합목적적인 유희에 상응할 때 미를 보여준다. 그러한 사례들에서 우리의 마음은 인식일반의 활동을 위한 형식적 합목적성을

보여준다. 그런데 또한 그러한 감상을 촉발하는 대상도 그러하다. 취미
판단의 처음 두 계기들에서 이미 살펴보았듯이, 취미판단을 불러일으
키는 판단은 관조적 태도를 보여주면서 사적이고 도덕적인 동기에는
무관심적이고, 모든 다른 판단의 주체들의 동의를 요청한다. 취미판단
의 세 번째 계기는 관조적 태도에 대한 논의를 발전시켰다. 관조적 태
도는 대상 또는 현상이 그러한 경우에 마음에 관계하는 것을 설명함으
로써 주관적으로 보편적이다. 대상의 형식이 능력들의 조화로운 유희
를 북돋울 때, 그리고 우리가 다른 모든 판단하는 주체들에게 대상에서
의 쾌를 공유하자고 요청할 때 미적 관조는 일어난다. 취미판단의 네
번째 계기에서 칸트는 왜 쾌가 필연적으로 미적 판단을 수반하는지를
보여주고자 한다.

　칸트는 미적 판단의 세 번째 계기에서 미를 목적 없는 합목적성이라
고 특징짓고 있다. 이는 심미적 감상이 그 자체로 의미가 있음을 수반
한다. 미적 판단은 단순히 삶에서 필요한 지식을 추구하고, 도덕적 목
적을 열망하거나 사적인 선호에 만족하는 것과 같은 방식으로 작용하
지는 않는다. 그러나 미학의 자율성은 개방되어 있고, 삶의 다른 국면
들에서 분리되어 있는 것은 아니다. 우리가 이미 살펴보았듯이 취미는
필연적으로 인식과 관계하고 있다. 부수적인 미를 설명하면서 칸트는
어떻게 아름다운 것이 이성이념과 연동되어 있는지를 보여준다. 부수
적인 미는 확실히 순수한 취미에 속하는 것은 아니지만, 우리는 나중에
미적 판단 일반이 이성이념과 연관되어 있다는 것을 보게 될 것이다.
취미의 자율성은 여러 영역들이 얽매인 복합적인 의미를 갖는다. 미적
판단에서 상상력과 지성은 이전의 인식론에서와는 상당히 다른 방식으
로 작동한다. 취미는 지식과 도덕 사이에 위치한다. 그리고 취미는 양
자와의 관계들 속에서 마음의 능력들의 새로운 방식을 펼쳐나간다. 세

번째 비판의 체계적 목표가 가능하다면, 곧 취미가 양자 사이의 간격을
이어주는 다리의 역할을 한다면, 이는 본질적이다. 미적 판단은 지식
및 도덕과 구별되면서도 동시에 연관되어 있는 한에서만 양자를 매개
할 수 있다.

## 2.5 제4계기: 미적 판단은 쾌와 필연적으로 관계한다

두 번째 계기에서 미적 판단의 주관적 보편타당성을 논의한 후 이제 칸
트는 미적 판단의 필연성에 대해 주목한다. 그러나 18항에서 미적 판단
의 '범례적' 필연성을 다루고자 한다면, 칸트는 미적 판단이 인식의 근
본적인 구조에 정초하고 있다는 것을 제시해야 한다. 결과적으로 21항
에서 칸트는 취미를 "공통감"과 연관시킨다. 그렇지만 취미의 필연적
지위가 아직 해결되고 있지 않기에 칸트는 근본적인 문제에 봉착한다.

18항은 다음과 같은 언급으로 시작한다. 경험의 어떤 국면에서 쾌를
느낄 수 있지만 무엇을 알고 평가하는 것과 무엇에서 연상된 쾌 사이의
관계는 단순히 우연적이다. 예컨대 무엇을 아는 것이 쾌를 불러일으킨
다는 것—설령 그럴 수 있다고 할지라도—에는 어떠한 필연성도 있을
수 없다. 이는 미적 판단을 할 때와는 판이한 상황이다. 왜냐하면 취미
는 쾌의 감정으로 표현되기 때문이다. 대상을 좋아하는 것과 그것을 미
적으로 판단하는 것 사이의 관계는 필연적이라는 점을 입증하는 것이
미적 판단의 네 번째 계기의 과제이다. 실상, 다양한 유형의 필연성이
있다. 이론적인 객관적 필연성은 이론적인 객관적 필연성은 어떤 사태
가 보고되고, 결과적으로 모든 사람이 동일하게 그것을 인지한다는 것
을 상정할 때의 필연성이다. 실천적인 객관적 필연성은 어떠한 방식으
로 행위할 것을 명령하는 도덕법칙에 근거한다. 미적 필연성은 보편성
을 갖지만 판단하는 모든 주체에 대해 오직 "범례적"으로만 그러하다

(AA 237). 오직 어떤 것을 아름답다고 감상하는 그 경우에만 판단함과 만족함 사이의 필연적 관계가 있게 된다. 미적 판단에서의 규칙은 인식적인 경험이나 도덕적인 경험에서 유래하지 않는다.

필연성에 대한 논의를 마친 후 칸트는 미적 판단과 쾌 사이의 관계를 확립하고자 시도한다. 19항에서 칸트는 그러한 범례적 필연성이 항상 조건적이라고 말한다. 곧, 우리는 오직 다른 사람들의 동의를 구할 수 있다는 것이다. 지금까지는 미적 판단의 두 번째 계기에서 이러한 조건이 논의되었다. 이제 칸트는 더 나아가 미적 판단의 타당성의 본질을 명확히 하고자 한다. 그는 그러한 조건적 필연성을 요구할 수 있는 것은 미적 판단이 "모든 사람에게 공통된" 근거를 갖고 있기 때문이라고 말한다(AA 237). 이러한 문제는 이미 두 번째 계기에서 보편성의 문제나 인식일반과 관계해서 다루어진 것이지만, 칸트는 이제 취미의 사회성뿐만 아니라 판단하는 모든 주체의 근거라는 관점에서 그 타당성을 논하고자 한다. 8항에서 칸트는 판단이 형식적 조건에만 국한된다면 순수한 미적 판단에 이를 수 있다고 말한 바 있다. 칸트에 따르면, 만약 우리가 어떤 개별 경우를 미적 판단의 공통 근거에 포섭했다면, 우리는 다른 사람들이 그러해야만 한다는 방식으로 동의를 하리라는 것을 확신할 수 있다. 19항에서 칸트는 주관적 보편성을 갖고 있는 순수한 미적 판단이 다른 사람의 동의를 요청하고 있다는 초기의 입장을 논리적으로 확장하고 있다. 이런 관점에서 취미판단의 네 번째 계기는 이미 두 번째 계기에서 시사된 것을 명백하게 드러낸다. 전체적으로 볼 때 칸트는 네 번째 계기에서 미적 판단을 위한 근거인 공통 능력을 공유하는 판단하는 주체의 복수성에 초점을 맞추고 있다.

20항은 이 근거가 "공통감(Gemeinsinn, sensus communis)" 또는 더 엄격히 말하자면 공통감의 이념임을 밝힌다. 칸트는 여기서 종종 공통감과 관련해서 언급되는 실천적 선의 의미를 다루고 있는 것이 아니다. 미적 판단과 관련해서 말하는 공통감은 개념에 따라서 판단하는 "일반적인 지성"과는 구별되기 때문이다. 공통감은 오히려 감정에 따라 이루어지는 주관적 원리이다. 취미판단은 공통감이 있을 때만 가능하다. 이 공통감은 "인식력들의 자유로운 유희에서 비롯된 활동[Wirkung]"이다(AA 238).[24] 이 지점에서 칸트의 설명은 이해하기 쉽진 않지만, 공통감은 이미 9항에서 논의된 능력들의 유희와 같은 것이거나 그 결과이다.

그러나 칸트가 지금까지 입증했던 것은 다음과 같다. 곧, 만약 취미판단이 공통감에 근거한다면, 그럴 때 취미판단은 이 특별한 대상을 아름답다고 발견함에 있어서 다른 사람들의 필연적인 동의를 요청한다. 여기서 다른 점으로 넘어가기 전에 나중의 토론에서 중요한 논점을 언급할 필요가 있다. 20항에서 칸트는 복수성의 관점에서 미적 판단을 언급하고 있다. 우리는 그가 여기서 특별한 대상에 관한 미적 판단의 타당성에 관심을 갖고 있다고 결론을 내려야만 한다. 이와는 달리 나중에 살펴볼 「변증론」에서 칸트는 특별한 미적 판단의 타당성이 아니라 오히려 취미의 원리의 타당성을 확립하고자 한다.

21항에서 칸트는 취미판단이 실제로 주관적으로 보편적인 원리에 근거하고 있는지를 탐구한다. 이러한 탐구에서 그는 그러한 원리가 있는지를 입증하고자 할 뿐만 아니라 그것이 무엇인지를 묻는다. 지금 칸트가 하고 있는 설명은 『미적 판단력 비판』에서 가장 복잡한 것 중의 하나이고, 이와 관련해서 많은 다양한 해석들이 제시되었다. 이렇듯 다

---

24    독일어 Wirkung은 종종 effect로 번역되지만, 그렇게 번역될 경우 공통감은 능력들의 조화에서 기인하는 것이 될 터이다. 나는 이것이 칸트의 입장에 전체적으로 그리고 그가 21항에서 그가 제시하고자 하는 설명에 적합하다고 생각하지 않는다.

3장 본문 읽기 105

양한 방식으로 해석되는 이유는 그가 "능력들의 조화"와 인식판단의 관계를 불분명하게 논의하고 있기 때문이다. 21항의 끝에서 칸트는 상상력과 지성의 조화로운 유희가 취미를 위해서뿐만 아니라 어떤 식이든 인식을 위해서도 필연적이라고 말하는 것 같다. 지식이 본질적으로 마음의 심미적 틀(frame)에 근거하고 있다는 결론은 (받아들이기 힘든) 것이다. 앨리슨은 칸트가 여기서 취미에 주목하는 것이 아니라 그의 핵심적 논의에서 벗어나 오직 인식을 위해 필연적인 공통감에 초점을 맞추고 있다고 해석한다.[25] 앨리슨의 인식론적 해석과는 반대로 나는 심미적으로 해석할 수 있는 가능성이 있다는 것을 보여주고자 한다. 이러한 심미적 해석은 21항이 이전의 항들에서 어떻게 도출되었는지 그리고 9항에서 처음 제기된 "인식일반"과 취미가 어떤 관계에 있는지를 알려줄 것이다.[26]

어떠한 판단의 내용 — 그것이 지식을 유발하든지 아니든지 간에 — 과 그러한 판단을 지녔다는 믿음은 다른 모든 판단하는 주체들과 소통되어야만 한다. 그렇지 않을 경우 우리는 단순히 우리의 주관적 견해를 피력할 뿐이고 대상에 관해 어떤 것도 입증하지 못할 것이다. 소통이 되지 않는다면 그 판단은 대상과의 합치[Übereinstimmung]를 이루어내지 못할 것이라고 칸트는 말한다(AA 238). 그러나 그는 객관적 소통이 가능하기 위해서는, 심지어 인식을 위해 필연적인 마음의 활동도 소통될 수 있어야 한다고 덧붙인다. 칸트는 "인식일반"을 위해 필연적인 인식력들의 정조[Stimmung], 곧 균제관계[Proportion]를 언

---

25   Allison, 2001, pp. 149–155. 21항이 연역에 대한 첫 번째 시도라는 견해에 대해서는 Guyer, 1979, pp. 279–307 참고할 것. 크로포드는 21항을 연역의 네 번째 단계로 간주한다. Crawford, 1974, pp. 125–33.
26   Hughes, 2007, pp. 177–189 참고할 것.

급하면서 이를 명확히 한다. 만약 대상이 우리에게 표상으로서, 그러니까 인식 가능한 것이 된다면, 능력들은 이러한 정조 또는 균제에서 서로 관계하게 되는 것이다. (여기서 "정조"와 "균제"라는 용어는 상호적으로 강화하는 관계에 있다. 여기서 이러한 용어 사이의 구분은 그렇게 중요하지 않다.) 칸트의 입장은 인식력들이 인식이 일어날 수 있기 위해서 상호적인 관계에 있어야만 한다는 것이다. 9항에서 살펴보았듯이 칸트의 첫 번째 비판서인 『순수이성비판』은 지식이 직관과 지성의 결합에 의해서만 일어난다는 것을 보여주었다. 만약 이 두 능력이 서로 협력하지 않는다면 지식은 결코 산출되지 않을 것이다. 직관과 지성은 협력하거나 인식의 주관적 조건으로서 서로 조율되어야만 한다. 이는 왜 마음의 활동이 객관적 내용에 따라 모든 판단하는 주체에게 소통될 수 있는지를 설명해준다. 상상력과의 결합에서 감관을 매개로 하여 주어진 대상이 지성을 촉발시킬 때,[27] 능력들의 필연적 조율이 일어난다는 것을 말하면서 칸트는 자신의 인식론을 직접적으로 언급한다(AA 238).

　지금까지 설명은 인식론적 용어로 이루어졌다. 이제 칸트는 인식력의 조율이 일어나는 균제관계의 방식이 한 가지가 아니라 다양하고 이는 우리가 만나는 대상의 다양성으로 소급될 수 있다는 식의 생각을 도입한다. 여기서 주목해야 할 첫 번째 요점은 대상이 유동 바퀴(idle wheel)가 아니라 능력들의 특별한 균제관계를 촉발시키는 데 일종의 역할을 한다는 것이다. 두 번째 요점은 '균제관계'라는 용어가 이제 인식일반을 위해 필연적인 능력들의 '조율' 내에서 특별한 양상을 표현한다는 것이다. 내가 생각하기에 칸트가 의미하는 바는 인식력들 사이

---

27    독일어 표현 in Tätigkeit bringt는 문자적으로 "활동하게 한다"를 의미한다.

에서 독특한 관계에 의해 특징지어진 구별가능한 판단들이 상이한 대상들 또는 상황들에 반응해서 일어난다는 것이다. 우리가 성공적으로 대상에 관여한다면, 우리의 능력들 사이에서는 일단의 조율이나 협력이 있다. 그러나 우리가 대상에 반응하는 방식에 따른 능력들 사이에서는 균제관계의 상이한 방식이 있다. 칸트는 나아가 특별한 유형의 판단이 있다고 말하는데, 능력들의 조율은 오로지 감정에 의해 결정되지만 그럼에도 인식과 연루되어 있다는 것이다. 비록 칸트가 인식력의 이러한 특별한 관계를 규정하고 있지는 않지만 그의 폭넓은 설명을 고려해 볼 때 우리는 그가 취미를 암시하고 있다고 유추할 수 있다. 취미를 특징짓는 능력들의 조화는 '인식일반'을 위해 필연적이고 주관 자신이 느낀다는 점에서 오직 감정에 의해서만 전달될 수 있다(AA 218, AA 204). 이것은 어떠한 인식론적인 결과를 불러일으키지 않으면서 인식에 깊이 연루되고 감정을 통해 오직 소통하는 균제관계이다. 감정에 기인하면서도 인식과 연루된 판단이 취미와 동일한 것이 아닐지도 모른다는 것은 논쟁의 여지가 있지만, 그럴 가능성이 충분히 있다.

칸트는 이제 그러한 감정이 보편적으로 소통될 수 있다는 근거로 공통감을 말하고 있다. 내가 보기에 여기서 공통감은 어떤 식으로든 인식에서와 같은 마음의 능력들을 조화시키는 능력을 의미한다. 객관적 판단의 소통은, 적어도 부분적으로는, 모든 이에게 적용되는 상황이 현존하기 때문에 가능한 것이다. 그러나 미적 판단은 주관적이고 사실에 의존할 수 없다. 그래서 보편타당성을 위한 주관적 조건을 제시할 경우, 그러한 판단이 소통될 수 있는 유일한 길은 능력들의 조화에 있다. 이럴 때 능력들의 이러한 특별한 미적 균제관계는 타당성을 갖는다. 왜냐하면 그것은 모든 인식을 위해 필연적인 능력들의 조율에 기초하고 있기 때문이다. 그래서 칸트는 어떠한 인식이든지간에 필연적인 능력들의 조화, 곧 공통감을 제시함으로써 취미판단의 근거를 확보했다고 생각한다. 덧붙일 수 있는 점은 취미판단은 균제관계의 특별한 경우로 간주될 수 있다는 것이다.

네 번째 계기의 전체적인 목표는 미적 판단의 필연성을 확립하는 것, 곧 미적 판단이 쾌의 감정과 필연적으로 연관된 것임을 보여주는 것이다. 취미판단은 이제 모든 인식의 보편적 조건에 의존하는 한 필연성을 지니고 있다는 것을 보여주었다. 그리고 객관적 판단과는 달리 우리는 취미판단이 감정으로서 오직 범례적이거나 비결정적인 방식으로 표현되는 타당성을 보편적으로 파악할 수 있다. 취미판단은 쾌의 감정으로서 다른 사람들의 필연적인 동의를 요청한다. 그래서 21항은 「미의 분석론」과 네 번째 계기의 과제를 전체적으로 완수한다. 그런데 앨리슨의 인식론적인 해석은 이러한 주요 논쟁에서 비껴간다. 22항이 생각하는 것만큼 칸트의 성과를 발전시키고 있지 않기에 칸트의 논의는 공통감이 소개된 20항에서 끝나야만 했을 터이다. 앨리슨의 해석에 따르자면, 「미의 분석론」은 매우 가언적으로 끝날 터이다. 칸트가 여전히 취미의 지위와 심지어 그 가능성에 대해서 주저하고 있는 반면, 나는 칸트의 설명이 그렇듯 모호해서 21항을 인식론적으로 읽어내는 것으로 귀결시키는 그러한 결론이 설득력 있다고 생각하지 않는다.

그러나 칸트의 논의에 회의론에 대해 적절하게 대응했다는 그의 주장을 약화시키는 요소가 있다는 것은 부인할 수 없다. 21항의 마지막 문장에서 그는 공통감이 어떠한 인식이든지 간에 필연적 조건임을 말한다. 또한 그는 이미 공통감이 취미판단을 위한 근거라고 주장했다(AA 239). 인식과 취미에 있어서 공통감에 의해 행해지는 상이한 역할들 사이의 구별이 부족한 것은 그의 논의를 심각하게 약화시킨다. 취미의 연역으로서 이 항의 실패로 인해 앨리슨은 감정으로서 유발된 소통가능성이 미적 판단에 속한다고 하는 것을 부정한다. 내가 생각하기에 칸트는 어떤 인식이든 간에 능력들의 조율에 의존하지만, 취미는 인식에서 마음의 능력들의 일반적인 활동을 분명하게 하는 인식력들 사이의 '균제관계', 곧 특유하게 조화로운 관계에 의존하는 것이라고 말했어야만 했다. 미적 판단은 대상과 마음의 활동 사이에 조화가 있다는 것을 보여준다(AA 238-239). 지식은 원칙적으로 이러한 대상이 나로 하여금 그것이 아름답다는 것을 발견하는 것을 촉발하기 때문에 가능하다. 칸트가 반복해서 주장하듯이, 미는 우리가 대상 내에서 발견하는 것이 아니다. 지식이 가능한 경우에 미는 대상이 마음과 관계하는 바를 드러낸다. 비록 이러한 경우에 능력들의 균제관계가 지식이 성취될 경우에 필연적인 것과는 구별되는 것이지만 말이다. 칸트는 이 모든 것을 명확히 하지 않았다. 그의 설명에는 모순적인 측면이 적지 않기에 앨리슨과 같은 근본적인 재해석이 필요하기도 하다.

20항에서 칸트는 공통감의 이념을 도입한다. 그리고 22항에서 그는 취미의 범례적 타당성이 순전히 이상적이라고 강조한다. 우리는 모든 사람이 우리에게 동의할지 예측할 수 없다. 우리는 단지 그러해야만 한다고 말할 수 있을 뿐이다. 칸트는 이제 21항의 제목에서 야기된 문제—실상 우리가 공통감을 전제할 수 있는 근거를 갖고 있는지의 문제—가 단지 우리가 취미판단을 하기 때문에 긍정적으로 대답되었다고 밝힌다. 확실히 미적 판단이 21항에서 언급된 감정에 의해 결정되는 특별한 조율을 보여준다는 것을 칸트가 믿고 있다는 결론을 내려야만 한다. 이는 왜 그가 그렇게 확신하면서 다음 항을 시작하는지를 설명해준다.

그렇지만 21항에서의 칸트의 논의는 일종의 순환논법에 빠진 것 같다. 취미판단의 필연성은 취미판단이 공통감에 근거한다는 것이 제시될 경우에 입증될 수 있다. 우리가 어떤 대상을 좋아하는데 필연성이 없을 경우엔 구별되는 어떠한 미적 판단이 가능하지 않을 것이고 분석을 위해 세 번째 비판서를 필요로 하지 않는 주관적 선호만이 있을 터이다. 그래서 21항에서 칸트는 간단히 취미판단이 공통감이 있을 경우에만 가능하다고 말하고 있다. 반면 22항에서 그는 취미판단을 하는 것 자체가 공통감을 증명하는 것이라고 언급한다. 그렇지만 이는 설명치고는 지나치게 단순하고 이전 항에서 논의했던 것에 의존하고 있을 뿐이다. 칸트는 실상 우리가 취미판단을 행하고 그러한 판단의 타당성을 입증하고자 한다는 입장에서 출발한다. 일반적으로 그의 선험철학은 인식론적, 도덕적 그리고 미적 타당성을 검토하는 데서 시작한다.[28] 21항과 22항은 우리가 취미판단을 한다는 사실에서 출발하지만 오직 21항만이 현저하게 미적 판단을 입증하는 데 그 목표를 두고 있다. 미적 판단을 한다는 사실에서 공통감이 충분히 증명되는 것은 아니다. 미적 판단의 주관적 보편타당성은 오직 이러한 판단이 공통감에 근거하고 있다는 것이 제시될 때에만 증명될 수 있다. 그럴 때 취미판단이 공통감의 현존을 보여준다고 말하는 것이 가능하다. 이는 22항이 아니라 21항이 네 번째 계기의 핵심이라는 입장을 강화시켜 준다.

설상가상으로 칸트는 이제 그러한 공통감이 실제로 있는지를 묻는다. 되풀이되는 복잡하게 꼬인 문제는 다음과 같다. 취미판단이란 이성 원리에 근거한 위장된 이성적 판단일는지도 모르고, 그래서 취미는 '근원적'이고 '자연적'인 능력이라기보다는 '인위적'인 능력일 뿐일는지도 모른다(AA 240). 그러나 취미가 단지 이성의 관심에 따라 작용하는 것이라면, 취미를 주제로 한 비판은 수행되지 않아야만 했다. 우리

28　그래서 칸트는 『순수이성비판』에서 사실문제(quid facti)와 권리문제(quid juris)를 구분한다. A 84, B 116. Allison, 2001, pp. 67-84 참고할 것.

가 비록 부분적이나마 결론에 이를 수 있기를 기대할 바로 그때에 칸트
는 문제를 복잡하게 만들었다. 그렇지만 취미와 다른 능력들 사이의 경
계를 흐릿하게 하는 취미의 매개적인 지위 때문에 그 구별성을 입증하
는데 따른 어려움 그리고 심지어 취미의 가능성은 피할 수 없다.[29]

실망스럽게도 칸트는 그가 도입한 문제를 철저하게 논의하지도 않을
뿐만 아니라 이러한 주제를 발전시키지도 않는다. 칸트는 이제 취미를
'근원적'이고 '자연적'이라고 보고 있는 것 같다. 그래서 취미능력의
요소들을 분석하는 것, 그리고 그것들을 공통감의 이념에 합치시키는
것이 필요하다고 말할 뿐이다. 이는 미적 판단의 네 가지 계기들 사이
의 관계가 점진적이라는 것을 강력하게 시사한다. 능력들의 조화로운
협력으로서의 공통감은 관조적이고 모든 판단하는 주체에 대해 타당하
고 대상이 능력들의 유희를 촉발할 때 일어나는 판단의 근거이다. 그러
한 경우, 인식의 주관적 조건이 제시되기 때문에 우리는 필연적으로 쾌
를 경험한다.

## 2.6 「미의 분석론」의 결론: '일반적 주해'와 '자유로운 합법칙성'

취미는 상상력의 "자유로운 합법칙성[freie Gesetzmäßigkeit]"과 관련
해서 대상을 판정하는 능력이다(AA 240). 이러한 취미의 특성을 이해
하기 위해서는 상상력이 재생적인가 아니면 생산적인가를 살펴보아야
한다. 상상력이 재생적이라고 한다면, 상상력은 지식을 산출하기 위해
지성의 법칙을 따른다. 이것은 『순수이성비판』의 인식론에서 논의된
상상력의 역할이다. 『순수이성비판』에서 상상력은 직관과 개념을 종합

---

29  Hughes, 2006a 참고할 것. 취미의 매개하는 지위는 상상력에 의존하는 방식에
많이 빚고 있다. 이와 관련해 존 레웰린은 "이성과 감성 사이의 돌쩌귀로서 상상력
의 근본적인 조성(調聲)"을 말한다. (Llewelyn, 2000, p. 28)

화하는 가능조건으로서 기능한다. 그러나 상상력의 이러한 인식론적 사용은 결국 생산적 능력에서 유래하는 것이고, 생산적 능력 없이는 재생산은 일어나지 않는다.[30] 그렇지만 『순수이성비판』에서는 상상력의 인식 능력이 아무리 생산적이더라도 궁극적으로 지식을 생기게 하기 위한 직관과 개념의 종합이라는 지성의 기획의 영향 아래에서 실행되는 것이다. (나는 다른 곳에서 지성이 생산적 상상력의 협력을 필요로 하는 것이고, 단순히 생산적 상상력을 강요하지 않는다는 것을 언급했다.[31])

이제 칸트는 생산적 상상력이 개념과 함께하는 직관을 위한 형식들을 소개하는 능력인 한, 그것은 자유롭다고 말한다. 인식론적으로 볼 때 상상력은 개념 아래에 종합화될 수 있도록 직관을 위한 형식들을 제공함으로써 종합을 가능하게 한다. 어떤 것이 직관으로 주어진다고 해도 포착할 수 있는 형식이 없다면 직관과 개념의 결합은 가능하지 않다. 이것이 "상상력의 종합"이 "선험적 연역"의 초판에서 포착과 개념화 사이의 필연적인 매개적 단계이고 형상적 종합이 재판의 두 번째 부분에서 개념을 직관에 적용하는 것과 관련해서 핵심적인 이유이다. 그렇지만 내가 언급했듯이 인식론적으로 볼 때 심지어 생산적이라 하더라도 상상력은 자유롭지 않다. 왜냐하면 상상력은 지성의 법칙에 따라, 곧 직관을 개념에 그리고 또한 개념을 직관에 적합하게 할 목적으로 형식을 발생시키기 때문이다.

대조적으로, 비록 형식이 다른 어떤 경우에도 그것에 대한 지식을 위한 필연적 조건이라고 하더라도. 미적인 경우에서 상상력은 지성의 법칙을 따르지 않고 직관을 위한 형식을 찾아내야만 한다. 이 경우 우리

---

30    『순수이성비판』, A 101-102, A 118, A 123, B 152.
31    Hughes, 2007, pp. 120-151 참고할 것.

는 우리의 감관을 통해 지각하는 자연미나 시각 예술작품과 같은 대상
의 직관에 직면한다. 그리고 그만큼 우리의 상상력은 인식론적인 경우
와 마찬가지로 단순히 마음에, 적어도 심미적 감상자의 마음에 떠오른
것이 아닌 어떤 것의 형식을 따라야만 한다. 그렇지만 우리에게 경험에
서 주어진 어떤 것이라는 제약에도 불구하고 그것의 형식은 우리의 상
상력이 그 자체에 맡기고 내버려 둔다면 만들어낼 수 있는 그와 같은
형식을 반영하는 것 같다. 그것은 마치 우리 앞에 있는 대상이 우리의
상상력에 의해 생겨난 것인 듯 보인다. 왜냐하면 마치 마음이 우리가
포착하는 것의 저자인 것처럼 우리의 마음은 자유롭게 유희하기 때문
이다. 칸트가 말하고자 하는 바의 핵심은 상상력이 인식론의 경우에서
형식을 산출할 때 두 가지 제약이 있다는 것이다. 곧, 주어진 대상을 위
한 형식을 발견해야 하는 것이고 그것이 발견하는 형식은 지성에 의해
사용될 수 있는 것이어야만 한다. 미적인 경우, 심지어 지성의 어떠한
규칙이 없을 때에도 상상력은 주어진 대상을 위한 형식을 산출한다. 상
상력은 직관에 적합한 형식을 산출하고, 또한 비록 어떤 특정한 지식이
추구되거나 생겨나지 않는다 해도 지성의 실행에서 법칙성의 일반적인
조건에 적합한 것이다. 상상력은 규칙에 종속적이지 않기에 자유롭고
또한 상상력은 인식의 일반적인 가능성이 있기에 법칙적이다. 이러한
결합은 지성과 관련하여 상상력의 "자유로운 합법칙성"이라고 할 수
있다(AA 241). 이는 다른 식으로 표현하면 "목적 없는 합목적성"이다.
그리고 이러한 상상력의 자유는 우리가 아름답다고 하는 대상의 형식
에 의해 촉진되는 것이다.
　이제 칸트는 "자유로운 합법칙성"이 무엇을 의미하는지를 해명하고
자 한다. 기하학적으로 규칙적인 형태들은 상상력이 규칙을 따르는 곳
에서 규정적 판단력을 불러일으킨다. 근본적으로 불규칙한 형태들, 예

컨대 한 눈만 있는 동물이나 불규칙적인 형태의 방이나 정원 등은 우리에게 불쾌감을 준다. 그것들은 개념으로 설명하는 것을 방해하고 판단조건들을 좌초시키는 것 같고, 그러기에 우리가 그것들을 판단하는 데있어 반목적적이기 때문이다. 엄격히 규칙적인 것은 미적 판단을 위해적절하지 않다. 왜냐하면 아주 불규칙적인 것은 인식과 양립할 수 없는것이기에 인식을 불러올 수 없는 반면, 그것은 목적에 의해 좌우되고즉각적으로 그것에 대한 인식을 불러오기 때문이다. 칸트는 이제 미적으로 적합한 대상들, 곧 영국 정원 그리고 바로크 가구 등을 사례로 든다. 이 경우 형식들은 규칙에 제약되지 않는 것 같다. 그럼에도 이러한(예술적) 현상들은 판단을 위해 반목적적이지 않다. 지식을 얻을 때와같은 마음의 활동이 작용하고는 있지만, 동시에 어떠한 결론을 내리지않는 방식으로 주목하게 만들면서 그것들은 그 형태의 복잡성으로 우리의 흥미를 부추긴다. (베르사유 궁전의 정원과 같은) 형식적으로 제약된 프랑스식 정원과는 달리, 영국식 정원은 마치 아무런 형식도 갖추고 있지 않은 것 같다. 그러나 영국식 정원은 아주 기괴한(grotesque)것 같지만, 실제로는 그렇지 않다. 왜냐하면 아름다운 형식은 인식을위해 반목적적이어서는 안되기 때문이다(AA 242). 미는 제한된 형식과 어떠한 형식도 갖지 않는 것 사이의 조화를 유지한다. 칸트는 이러한 관점을 야생적인 자연미와 인공물, 예컨대 후추밭의 경쟁적인 매력을 논의하면서 발전시킨다. 그리고는 자연미가 인공물에 우선한다는결론을 내린다. 그의 논의의 핵심은 다음과 같다. 곧 무엇이 아름답기위해서는 그것이 규칙을 따르는 것이 아니라 분별할 수 있는 형식을 가져야만 한다. 예술작품과 자연미는 이러한 기준에 의해 취미의 자격을얻을 수도 있고 얻지 못할 수도 있다.

마음의 활동이 상상력에 의해 이끌릴 때, 취미판단을 특징짓는 목적 없는 합목적성은 일어난다. 그렇다고 해서 이것이 미적 판단이 다른 마음의 능력들과 절대적으로 분리된 채로 상상력을 행사하는 곳에서 일어난다는 것을 의미하지는 않는다. 미적 자유의 특성은 지식을 위한 일반적인 능력이면서도 동시에 인식의 법칙에 종속되지 않는 데서 생겨나는 것이다. 상상력은 인식을 생겨나게 하지 않으면서도 인식과 관계한다. 취미판단의 조건인 미적 대상은 다음과 같은 것을 가능하게 한다. 곧, 상상력은 대상이 무엇인지 그리고 그것이 다른 대상과 어떤 관계에 있는지를 규명하지도 않지만 탐색적으로 준비한다는 것을 말이다. 미적으로 판단할 때, 우리는 그것을 설명하는 개념을 발견하기 위해서가 아니라 대상에 대한 우리의 경험을 확장하기 위해 우리의 인식능력을 사용한다.

아름다운 대상들과 아름다운 조망들 사이의 구분에 관한 칸트의 결론적인 언급은 나의 주장, 곧 취미가 대상의 포착에 상응해서 일어난다는 나의 주장을 강화한다. 아름다운 조망들은 지어낸[dichten] 것의 형식을 구성하고 상상력의 유희를 북돋운다. 비록 비유적이긴 하지만, 칸트는 아름다운 조망들이 순수한 미적 판단을 불러일으키는 것이라기보다는 우리에게 매력적일 수 있다고 말한다. 매력은 판단을 위한 자연의 합목적성을 의미하지 않는다. 왜냐하면 그것은 대상의 표상에 상응하는 목적 없는 합목적성 또는 자유로운 합법칙성을 보여주지 않기 때문이다. 이런 이유로 그것은 단지 우리를 만족시킬 뿐 순수한 취미판단에 속하는 것이 아니다. 여기서 칸트는 단순히 매력의 역할을 제한하는 것이 아니라 배제하는 것으로 되돌아가고 있다.

## 연구를 위한 물음

1. 취미판단에서 '주관적'이란 말은 어떠한 의미를 갖는가?

2. 미적 판단이 생명감정을 불러일으킬 수 있다는 것에 대해 어떻게 생
   각하는가?
3. 칸트에 따르면 미적 판단이 '요청하고' 심지어 '요구하는' 것은 무
   엇인가? 미적 판단이 할 수 없는 것은 무엇이고, 또한 그렇게 되는
   이유는 무엇인가?
4. 21항은 취미의 연역에 대한 첫 번째 시도인가?
5. 칸트는 특별한 취미의 현상학을 발견했는가?

## 3. 숭고의 판단과 감관의 좌초

이제 칸트는 숭고에 대한 미적 판단으로 눈을 돌린다. 숭고는 특히 부
조화의 감정과 연관되어 있다. 숭고는 그 크기나 위력에서 우리를 압도
한다. 그러나 동시에 숭고는 우리 자신 내에서 저항의 원천, 곧 이성의
위력을 드러낸다. 나는 숭고가 단순히 무질서한 것이 아니라 총괄의 한
계로 인해 생겨난 것임을 개관할 것이다. 우리는 칸트의 다음과 같은
주장, 곧 숭고가 수학적 척도에 앞서 "미적 척도"를 보여준다는 것을
살펴볼 것이다. 나는 이것이 경험 일반에서 폭넓은 의미를 갖는 것임을
제시하고자 한다. 칸트는 숭고에 대한 논의를 일종의 부록으로 언급하
고 있다. 그러나 그의 말을 오해해서는 안 될 터이다. 칸트가 부록이라
고 한 것은 숭고가 「서론」에서 논의된 "우리의 판단을 위한 자연의 합
목적성"의 문제와 크게 관련이 없고, 암암리에 「미의 분석론」의 문제
를 회고하면서 언급된 것이라는 점에서만 의미를 갖는다. 더구나 나는
숭고가 심지어 자연의 합목적성에 대해 부정적 함축을 지닌 것이고,
경험계에서 도덕이 개입할 수 있는 가능성을 설정하는 『판단력 비판』

의 체계적인 역할에서 단순히 부록으로 취급될 수 없다고 주장한다. 마지막으로 우리는 숭고를 판단하는 능력이 오직 그 구성 요소들 중의 하나인 무능력을 통해서만 생겨나는 특별한 능력이란 점을 보게 될 것이다.

### 3.1 숭고의 특성과 숭고 분석론의 구조

23항은 미적인 것과 숭고한 것의 판단이 다음과 같은 중요한 공통적인 특징을 갖는다는 것을 알려준다.

1. 숭고는 그 자체로 마음에 드는 것이다. (또는 숭고는 관심에 기초하지 않는다.)
2. 숭고는 경험적이거나 논리적인 것이 아니라 반성적이다. (곧, 숭고는 규정적이지 않다.)
3. 숭고는 쾌적한 만족도 아니고 규정적인 개념에 근거하고 있지도 않다.
4. 숭고는 그럼에도 무규정적인 개념(또는 더 엄밀하게는 이념)과 관련되어 있다.
5. 숭고는 현시(exhibition)의 능력, 곧 상상력에서 유래한다.
6. 숭고는 직관과 "개념의 능력" 사이의 조화에 기초하고 있다. (나중에 밝혀지겠지만, 여기서 문제가 되고 있는 능력은 지성―직관은 미의 판단에서 지성과 조화를 이루고 있다―이 아니라 이성이다. 더욱이 그 조화는 복합적인 조화이며, 부조화의 지배적인 첫 단계이다.)
7. 숭고 판단은 단칭판단이다. 숭고는 직관에 의존하지만 그럼에도 모든 주관에 보편타당함을 고지하는 판단들이다. 장미 일반의 미에 대해 어떤 순수한 미적 판단이 불가능한 것처럼 말이다.
8. 숭고는 (「미의 분석론」의 네 번째 계기에서 취미와 관련해서도 논의

되었듯이) 쾌의 감정의 필연성만을 요청할 뿐, 대상에 대한 인식을 주장하지 않는다.

숭고에 대한 본격적인 논의에 들어가기 전이지만 이미 우리는 숭고에 대한 판단을 하는 능력에 관해 많은 것을 알고 있다. 이렇게 말할 수 있는 충분한 이유가 있다. 「미의 분석론」에서 논의된 반성적인 미적 판단은, 비록 그 방식이 다르다고 해도, 숭고의 판단의 원천이기 때문이다. 미와 숭고의 중요한 차이점은 다음과 같다.

- 미의 판단이 대상의 형식─그 형식의 합목적성─과 관련되어 있는 반면, 숭고의 판단은 전형적으로 (상대적으로) 무형식의 대상에서 일어난다.
- 결론적으로 우리는 숭고한 것을 지성이 아니라 무규정적인 이성개념인 현시로 볼 수 있다.
- 미가 질(quality)의 표상인 반면, 숭고의 분석은 대부분 양(quantity)의 표상에 중점을 두고 있다.
- 미에서 생겨나는 쾌는 생명감정을 촉진하는 반면, 숭고의 판단에서 수반되는 감정은 간접적인 쾌에서 생겨나는 제약된 것이다.
- 아름다운 대상이 그것에 대한 우리의 판단에서 있어서 합목적적인 반면, 숭고는 감관을 통해 수용하는 우리의 능력을 좌초시킨다는 점에서 반목적적이다. (이것이 칸트에게서는 가장 중요한 미와 숭고의 구분이다.)

상상력은 직관에 주어진 것을 수용하고, 개념 아래에 가능한 설명이나 인식을 하게끔 하는 형식을 발견하는 역할을 한다. 숭고는 이러한 상상력에 저항한다. 우리의 상상력은 좌초된다. 그와 더불어 감관을 통해 세계를 이해하려는 우리의 능력 또한 좌초된다. 그런데 바로 이러한 감관의 좌초로 인해 우리는 무한(the infinite)의 이성이념이라는 새로운 장소로 이끌리게 된다. 현상학적으로 말하자면, 숭고에 속하는 양(quantity)은 압도적인 크기이다. 비록 엄밀히 보자면, 칸트가 논리적 양, 곧 주관적 보편타당성으로서의 숭고 판단의 지위에 중점을 두고 있기는 하지만 말이다. 세계와 관계하려는 시도의 좌절은 (개념이 아니라) 이성의 능력, 곧 감관에 나타날 수 없는 것을 사유하는 능력을 통해 세계를 넘어서고자 하는 우리의 능력에 있는 쾌로 변용되는 것이다. 숭고의 판단은 이성능력을 위해 합목적적이다. 비록 숭고의 판단이 우리의 판단력을 위해 합목적적이지는 않지만 말이다.

자연의 대상은 엄밀히 말해 숭고하지 않다. 오직 마음만이 숭고를 보여준다. 칸트는 「미의 분석론」에서 명료하게 논의하지 않았던 것을 분명히 하면서 이제 아주 많은 자연대상을 아름답다고 부르는 것이 매우 옳다고 말한다. (나는 미의 판단이 ‘주관적’이라는 칸트의 주장이 대상과 아무런 관련이 없다는 것이 아니라 오히려 규정성이나 대상의 술부에 근거한 것이 아니라는 것, 그리고 오히려 주관과 객관 사이의 관계에 근거한 것임을 의미한다고 한 바 있다.) 칸트는 이념만이 예컨대 휘몰아치는 바다를 숭고한 것으로 변형시킨다고 주장한다. 확실히 미의 판단에서도 마음의 활동이 이루어지지만, 숭고는 더욱더 즉각적으로 마음에 달려 있고 상관적으로 대상에 덜 관계한다. 이러한 대조는 칸트가 자연미가 판단을 위한 자연의 합목적성을 드러낸다고 말할 때 강화된다(AA 246). 단칭적인 미적 현상은 판단의 활동과 조화를 이룬다. 그리고 그렇게 함으로써 그것은 마음과 세계 사이의 보다 일반적인 관계의 가능성을 드러낸다. 이것이 21항에서 주장된 「미의 분석론」의 반

회의론적인 의미이다. 숭고는 주관과 객관 사이의 조화가 부재함을 보여준다. 미를 판정함에 있어서 우리는 "우리 밖에서 하나의 근거를 찾아야"만 하는 반면, 숭고는 우리로 하여금 마음의 내적 삶을 향하게 한다(AA 246).

「숭고의 분석론」은 "자연의 합목적성에 대한 미적 판정"을 탐구하는 칸트의 기획에서 부록으로 간주된다(AA 246). 그럼에도 숭고는 마음과 세계 사이에 있는 관계의 반성적 판단의 출현을 암시한다. 숭고의 판단은 미에 의해 드러나는 합목적인 관계(그리고 잠재적인 조화)를 밝힐 수 없다. 그러나 숭고가 세계의 어떤 것을 알거나 인식하는 능력에 적절하지 않음에도 불구하고, 숭고는 활동을 사유하는 데는, 그리고 그것과 연관된 도덕적 능력에는 합목적이다. 그래서 숭고는 감관의 활동을 가능하게 하는 것이 아니라 이성적이고 감관적인 존재자의 마음의 활동을 북돋운다. 그러니까 숭고가 판단을 위한 자연의 합목적성의 분석에 대한 부록으로 간주되기는 하지만, 숭고는 도덕과 인식 사이의 관계를 설명하는 데 필요한 부분이다. 이것이 세 번째 판단의 중요한 동기이기에 「숭고의 분석론」은 그저 부록이라고 말할 수 없다. 더욱이 숭고는 판단을 위한 자연의 합목적성을 부정적으로 보여주는 불협화음을 나타낸다. 칸트는 그의 비판철학을 뒷받침하는 정신적 활동의 복합적인 그림을 보여주지는 않는다. 그러나 그렇다고 해서 우리가 숭고의 의미를 너무 말 그대로 또는 성급하게 약화시켜 해석해서는 안 될 것이다.

마지막으로 숭고의 판단에서는 아무리 형식을 갖고 있지 않다 하더라도 우리는 그것을 직면해야만 한다는 점을 언급할 필요가 있다. 숭고의 판단은 상상력, 곧 감관에 의해 주어진 형식 아래에 총괄되게끔 하는 능력에서 유래한다. 이 경우에서는 형식이 잘 잡혀 있는 것이 가능하지 않다. 그러나 만약 감관들을 넘어 우리의 능력에서 간접적인 쾌를 이끌어내고자 한다면 우리는 우리의 감관을 좌초시킬 만한 어떤 것을 필요로 한다. 숭고의 반성적인 미적 판단은 이성이념을 향해 있지만 그것은 상상력을 통해 작동한다. 우리가 숭고하게 판단할 때, 우리는 여전히 이 세계에 존재한다. 우리는 저 너머 있는 어떤 것을 힐끗 볼 뿐이다.

24항에서 칸트는 미의 판단과 마찬가지로 숭고의 판단이 네 가지 계기로 분석될 수 있다고 말한다. 비록 그가 「미의 분석론」에서와 같이 각각에 대해 세부적으로 구분하고 있지는 않지만 말이다. 숭고의 양은 보편적 타당성이고, 숭고의 질은 무관심성이며, 숭고의 관계는 주관적 합목적성 그리고 숭고의 양상은 필연적인 주관적 합목적성이다. 이제 칸트는 「미의 분석론」이 질에 대한 연구에서부터 시작한 이유를 대상의 형식과 관련되기 때문이라고 말한다. 그래서 취미의 설명에서는 대상의 형태가 처음부터 문제가 되었다고 언급한다. 우리의 주목을 대상의 형식적 특징에 제한한다면, 우리는 대상에 대한 관조적 주목의 상태에 있다. 숭고는 (상대적으로) 무형식적이기에 그 분석은 양의 계기, 곧 숭고의 주관적 보편타당성에서부터 시작될 것이다. 숭고의 문제를 질이 아니라 양의 계기에서부터 시작해야 하는 이유는 설명되어 있지 않다. 그렇지만 숭고를 특징짓는 것은 그 척도, 곧 감관에 대해 단적으로 큰 것, 그러니까 감관으로 수용하고자 하는 것을 좌초시키는 큰 것이라는 점이 제시되어 있다. 숭고는 감관으로 측정할 수 있는 우리의 능력을 좌초시킨다. 그러나 앞으로 살펴보겠지만 이러한 좌초는 척도를 위한 우리의 능력의 근거에 관한 해명과 맞물려 있다.

이러한 건축술적인 언급에 이어 칸트는 더욱더 분명한 구분을 한다. 미가 평온한 관조를 불러오는 반면, 숭고는 마음의 동요를 일으킨다.

그럼에도 이러한 마음의 동요는 인식능력 또는 욕구능력에 대해 합목적적이다. 첫 번째 경우 숭고는 수학적이고, 두 번째 경우 숭고는 역학적이다. 이것이 「숭고의 분석론」에서 이루어지는 구분이다. 이미 언급했듯이, 숭고에서는 이성이 지성을 대신하기에 칸트가 인식능력을 말하는 것이 이상하다고 생각할 수도 있다. 그렇지만 인식은 지식보다 넓고, 칸트가 『순수이성비판』의 「변증론」 그리고 중요하게는 "이념의 규제적 사용"에서 탐구했던 무한(the infinite)을 목표로 삼고 있는 도덕과 사변적인 이성적 사유 모두를 포함한다. 수학적으로 숭고한 것은 대상을 규정하는 우리의 능력을 위해서가 아니라 오히려 무한을 사유하는 우리의 능력을 위해 합목적적이다. 그리고 이러한 사변이성의 (규제적) 사용은 넓은 의미에서 우리의 인식능력의 부분으로 간주된다.

## 3.2 수학적 숭고

어떤 것이 단적으로 큰 것일 때, 곧 일체의 비교를 넘어서서 큰 것일 때 우리는 그것을 숭고하다고 부른다. 지성은 여기서 어떠한 도움도 되지 못한다. 왜냐하면 지성은 어떤 하나를 다른 것을 위한 척도로 사용하면서 비교적으로 사물의 크기를 판단하는 데 사용되는 것이기 때문이다. 반면에 우리가 이념을 사용한다면, 우리는 이미 확립된 원칙에서 출발할 터이다. 칸트의 결론은 오직 판단력만이 단적으로 큰 것을 평가하는 근원이 된다는 것이다. 이어 그는 어떤 것이 단적으로 크다고 말할 때 미의 판단에서와 마찬가지로 모든 다른 판단하는 주관들의 보편적 동의가 요청된다고 주장한다. 25항의 끝부분을 보면 숭고는 무한에 대한 상상력의 분투의 결합에서 생겨난다. 경험 내에서 단지 반복되는 것, 이것이 지성의 규칙을 따를 때 상상력이 작용하는 수준이다. 감관적 세계에서는 어떠한 완전성도 없다. 오직 규정되지 않은 채로 전진하는 열린 무한이 있을 뿐이다. 그렇지만 이성적으로 사유하는 존재자로서 우리는 어떻게 사물들이 전체 내에서 서로 체계적으로 연관되는지에 대한 이념을 이끌어낸다. 이것은 경험에서 그것에 대한 지식을 획득하는 방식으로는 주어질 수 없다. 통상적인 경험에서는 상상력은 실재의 부분을 파악하기 위해 그리고 잠재적으로 그것에 대한 지식을 얻기 위해 사물의 무한하게 큰 범위의 부분을 총괄한다. 그런데 숭고한 현상은 매우 큰 것이어서 우리는 그것을 수용하지 못한다. 엄밀히 말해 무한하지 않고 단지 그렇게 보일 뿐이지만, 그것은 무한을 향해 있다. 그리고 이러한 단적으로 큰 것은 감관을 좌초시키면서 우리가 초감성적인 이성 능력을 통해 감관을 넘어설 수 있는 능력을 갖고 있음을 알게끔 한다. 숭고한 현상은 그러한 것으로 간주된다. 왜냐하면 숭고한 현상은 우리 자신 내에 숭고한 능력이 있다는 것을 우리에게 일깨워주기 때문이다.

26항은 숭고의 감상에서 필연적인 미적 평가와 관련된다. 수학적 평가는 표준적으로 정해진 척도에 따르지만 미적 평가는 "눈대중에 따라", 곧 무엇인가를 볼 때와 마찬가지로 작동한다(AA 251). 칸트의 근본적인 주장은 수학적 평가는 결국 미적 평가에 기초한다는 것이다. 수학적 평가는 그 평가가 다른 평가에 견주어서 이루어지는 것이기에 항상 비교적이다. 그렇지만 우리가 측정을 할 때 우리는 어느 곳에선가 시작해야만 한다. 그러니까 어떤 것의 크기를 다른 어떤 것과의 비교도 없이 가늠해야만 한다. 감관을 통해 어떤 것을 수용하고 다른 것을 위한 기본척도로 사용될 수 있는 단위로서 그것을 총괄할 때 우리에게는 이러한 척도가 필요하다. 확실히 칸트는 세계의 사물들에 대한 통상적이고 비교적인 (또는 수학적인) 지각이 궁극적으로 그것들을 숭고하다고 발견하는 기초가 된다고 보지 않는다. 그러기에 그는 숭고가 중요한 역할을 하는 미적 척도를 더 강조하는 것이다.

칸트가 말하고자 하는 것은 척도에 대한 우리의 능력이 유아기 본래의 지각에서 시작된다는 것이 아니다. 그가 의미하는 것은 사물의 크기를 서로의 관계에서 볼 때, 오직 눈으로 사물을 사물로서, 곧 시공간에 아직 규정적으로 연장되지 않은 것으로서 보아야만 한다는 것이다. 어떤 사물이 또한 다른 사물과의 관계에 있기는 해야 하지만, 비교를 위한 판단은 세계에 있는 사물을 보기 위한 본래의 능력이라고도 할 수 있다. 사물은 단순히 다른 것의 경험에서 유래하지 않는 판단을 위한 기본척도를 나타낸다.

이론적으로 말하자면, 수학적으로 평가하는 데에는 한계가 없다. 일련의 수들은 무한히 나아간다. 그러나 우리의 상상력이 받아들이는 데에는 한계가 있다. 그래서 수학적으로 볼 때 아주 보잘것없는 것이라도, 우리의 감관에 단적으로 큰 것은 숭고한 것으로 여겨진다. (당신이 몽블랑을 오른다면, 몽블랑은 숭고하다. 비록 몽블랑이 유럽 밖의 다른 높은 산들에 비하면 작다고 하더라도 말이다.) 절대적 크기는 어떤 것이 단적으로 큰 것일 때 생겨나고, 그럼에도 우리는 직관에서 그것을 유지할 수 있다. 일반적으로 어떤 것을 직관하는 것은 포착(apprehension)뿐만 아니라 총괄(comprehension)을 필요로 한다. 『순수이성비판』 초판의 「선험적 연역」에서 포착은 감관을 통해 어떤 것을 수용하는 직관의 능력에서 일어난다고 논의되었다. 그러나 칸트는 또한 우리가 수용하는 것은 "재빨리 보고 총괄하는" 것이어야만 한다고 말한다.[32] 우리가 감관을 통해 수용하는 것은 사물로서의 자격을 얻을 수 있어야만 한다. 이미 직관의 수준에서 명백한 총괄을 위한 요건에 기반을 두고 있기에 상상력은 감관에 의해 수용된 어떤 것을 시간이 지남에 따라

---

32  『순수이성비판』, A 99.

무엇으로 알아보게끔 하는 능력이다. 곧, 오직 그러함으로써 직관은 지식을 산출하기 위해 개념에 규정되는 형식을 떠맡는다. "그러나 내가 만약 선행한 것들(직선의 처음 부분들, 시간의 선행한 부분들, 또는 순서에 따라 표상된 단위들)을 생각에서 늘 잃어버리고, 후속하는 것들로 나아가면서 선행한 것들을 재생하지 못한다면 전체 표상은 (…) 결코 획득될 수 없을 것이다."[33] 그러기에 개념적 규정이 가능하고 지식이 생겨나려면 감관적 포착의 총괄은 필연적이다. 그러나 숭고 판단의 경우 그러한 결론은 일어나지 않는다. 대신에 우리가 얻을 수 있는 것은 무관심적이지만 마음을 움직이는 현상에 대한 관조와 양립되는 총괄이다. 비록 사물이 단적으로 큰 것이고 우리의 감관과 인식능력에 저항하지만, 그것은 적어도 우리에게 단적으로 큰 것인 어떤 것을 느끼게 한다. 그래서 비록 우리가 숭고하다고 여기는 대상은 무형식적이지만, 그것이 종잡을 수 없는 것은 아니다. 그것은 판단 그리고 궁극적으로 지식에 적합한 형식을 잘 갖춘 그런 외양을 단순히 지닌 것이 아니다. 그것은 알아볼 수는 있지만, 인식될 수는 없는 형식이다.

미적 척도는 숭고의 설명을 넘어 중요하다. 그것은 마음의 활동뿐만 아니라 세계에 있는 사물에 대한 지각을 해명해준다는 것이 나의 해석이다. 나의 주장은 다음과 같다. 숭고는 직관과 상상력의 결합을 통해 수용하고 총괄하는 능력을 드러내는데, 감관이 좌초될 위험이 있는 그러한 능력의 한계에서 그렇게 드러낸다. 숭고에서는 형식이 규정되지 않으면 그만큼 그 형식은 우리의 판단에 대해 저항적인 것 같다. 나는 숭고가 무질서하거나 무분별한 것과 혼동되어서는 안 되고, 오히려 (한계를 넘어서는 것이 아니라) 그 한계에서 감관의 저항이라고 주장

---

33  『순수이성비판』, A 102.

한다. 이내 살펴보겠지만 칸트는 나의 주장을 뒷받침해 줄 사례를 들고
있다. 나의 주장이 틀렸다면, 칸트가 [숭고의] 미적 판단이 직관에서
단적으로 큰 것을 현시한다고 말할 수는 없었을 것이다(AA 251). 숭고
는 "크기의 평가를 위한 미적으로 가장 큰 기본척도"이다(AA 252). 단
적으로 큰 것은 우리의 통제를 벗어나 있는 반면, 우리는 여전히—거
의 그리고 매우 거북하게—그것을 수용할 수 있다.

숭고와 관련해서 칸트가 든 두 가지 사례는 이집트의 피라미드와 로
마의 성 베드로 성당이다. 칸트는 다음과 같이 말한다. 만약 우리가 피
라미드에서 숭고를 느끼려면, 우리는 그것에서 너무 멀리 떨어져 있어
서는 안 된다. 왜냐하면 그럴 경우 피라미드는 너무 희미하게만 표상되
어서 우리의 미적 판단에 아무런 영향도 끼치지 못하기 때문이다. 칸트
가 의미하는 바는 우리가 심지어 거대한 건축적 구조물도 아주 멀리서
본다면, 그것은 별 볼 일 없이 작은 것으로 보일 수 있다는 것이다. 다
른 한편, 우리가 너무 가까이 간다면, 피라미드의 한 부분을 수용하기
때문에 우리는 그 나머지를 보지 못할 것이다. 숭고의 판단은 단칭판단
에서 특정한 것의 척도로서 직관에서 그것을 총괄하는 것을 필요로 한
다. 대상에 대한 경험은 그것에 대한 인상의 총괄을 필요로 하고, 오직
그럴 때 숭고할 수 있다. 피라미드와 성 베드로 성당은 전체로서 완전
히 파악되지는 않지만 그럼에도 상상력으로 하여금 완전성의 이념을
불러일으키는 엄청난 감동을 준다. 우리가 보고 우리의 상상력으로 수
용하는 것은 총괄될 수 있는 듯 보이지만 결코 완벽하지 못하다. 숭고
는 크기를 평가하는 우리의 능력을 거의 넘어서 있다. 이러한 특징 때
문에 숭고는 일상적인 경험에서는 보통 간과되는 "눈에 의한" 미적 평
가의 활동을 드러낸다. 전체를 파악할 수 없는 감관의 이러한 한계와
동시에 그 전체를 떠올리게 하는 것이 숭고를 구성하는 요소이다. 무한

을 금방이라도 볼 것 같은 것을 느끼지 않는다면, 전적으로 거대한 것에 대한 어떠한 미적 척도도 없을 터이다. 숭고는 측정할 수 없는 것이지만 그럼에도 측정을 하게 하면서 우리의 감관능력의 한계를 맴도는 것이다. 상상력은 "부적합"하고 경험이 조화의 결핍으로 간주되기는 하지만, 그럼에도 우리는 비록 우리가 그 전체를 파악할 수는 없지만 잠정적인 전체로서 숭고를 경험한다(AA 253).

칸트가 들고 있는 이러한 사례에도 불구하고 숭고의 판단을 야기하는 현상은 기술의 산물이라기보다는 "야생의 자연[rohe Natur]"에서 비롯되는 것이다(AA 253). 왜냐하면 칸트는 예술작품들이 지각을 형성하는 규정적인 개념에 기초한다고 상정하기 때문이다. 예술가의 의도는 예술작품에 대해 순수한 미적 판단을 하지 못하게 한다. 그런데 칸트는 미적 판단의 설명에서 종종 예술작품의 사례를 들고 있다. 그러기에 그의 설명이 언제나 일관성을 갖고 있지는 않다. 더욱이 칸트가 예술작품을 배제하는 착각을 하고 있다거나 그의 더 나아간 설명은 불필요하다는 것에 대해서는 논쟁의 여지가 있다. 예술가가 예술작품 창작에 필요한 의도를 가졌다고 해서 이것이 예술작품의 미적 효과가 이러한 의도에 의해 규정된다는 것을 의미하는 것은 아니기 때문이다. 확실히 조잡한 예술작품에서는 서툰 흔적이 엿보이지만, 훌륭한 작품에서는 작가의 의도를 넘어서는 그 자체의 생명성을 본다. 다시 이야기해 보기로 하자. 특별히 숭고와 관련해서는 예술가가 인간의 통제나 수학적 척도를 넘어서서, 보이지 않는 어떤 것을 암시하는 우리의 포착에 대한 표상을 제공할 수 있다는 것에 주목해야 한다. 예컨대, 고야의 〈전쟁의 참화〉(Disasters of War)에서는 거의 상상할 수도 없고 형언할 수도 없는 공포가 표상된다. 이와 같이 예술작품에서는 보여질 수 없는 무엇이 암시될 수 있다.

칸트의 입장에서 "야생의 자연"의 숭고는 우리가 대상세계와 관계를 맺는 것에서 중요한 관점을 보여준다. 세계의 사물을 포착할 때 우리는 그저 어떤 하나에 이어 또 다른 하나에 주의를 기울인다. 우리는 어떤 감관적 직관의 요소를 총괄해야만 하지만, 이것은 우리의 상상력에게는 지나치게 큰 부담인 것이어서 보통의 경우 우리는 필요한 마음의 활동에 주목하지 않는다. 그렇지만 우리는 이성적 존재이기 때문에 우리는 무한의 이념에 의해 추동되고 칸트가 주장하듯이 심지어 전체성으로서의 무한을 사유하고자 시도한다. 전체로서 무한을 사유하는 우리의 능력은 우리가 감관을 넘어서는 능력, 곧 이성의 초감성적 능력을 갖고 있음을 드러낸다. 이는 일상적인 대상 세계를 넘어 마음이 확장된다는 느낌으로서 경험된다.

비록 우리가 특정한 자연적 현상을 넘어서고 지구나 행성계와 같은 거대한 자연체계를 고려한다고 해도, 자연은 숭고한 것으로 여겨지지 않는다. 숭고는 상상력과 이성이념 사이의 "마음의 정조(attunement)"이다(AA 256). 수학적 숭고에서 이성은 인식의 장을 확장하는 사변적 능력이다. 결국 단적으로 큰 것은 대조적으로 "미미하게 작은 것"으로 보이는 자연에 있는 어떤 것이라기보다는 우리의 마음의 능력이다(AA 257).

27항에서 칸트는 그의 도덕철학의 독자에게 익숙한 이념을 소개한다. 자연에 있는 어떤 것을 숭고한 것으로 판단할 때 우리는 실상 우리 자신의 초감성적인 "사명", 곧 자연의 기계적 질서를 넘어서는 우리의 이성능력에 대한 존경을 보여준다. 우리의 상상력은 자연의 기계적 법칙에 따라 대상을 총괄하고자 시도하지만 자신이 제한되고 부적합하다는 것을 보여주었지만, 그럼에도 동시에 대안적인 법칙, 곧 이성의 법칙을 드러낸다. 이러한 상상력의 역할의 복잡성은 얽혀 있는데, 이는 능력이 좌초를 통해 행사된다는 것을 시사한다. 곧, 능력은 무능력에서 생겨나고, 쾌는 불쾌에서 일어난다. 상상력과 이성의 마음의 정조는 조화가 아니라 일종의 충돌이다. 칸트는 심지어 상상력에 의해 주관에 가해지는 강제력에 대해서도 말한다. 숭고는 초감성적인 것을 우리로 하여금 떠올리게 한다. 숭고는 이를 이성에 대한 전망을 직접적으로 제시함으로써가 아니라 오히려 상상력의 렌즈를 통해 간접적으로 우리가 이성을 볼 수 있게 함으로써 그렇게 한다. 마치 자연의 미가 자연—자연이 없다면 어떠한 지식도 가능하지 않을 터이다—과 우리의 관계를 일깨워주듯이, 자연의 숭고는 우리의 이성능력에 대한 자기반성의 형식을 가능하게 한다. 미적 판단에서 비롯된 자기인식은 간접적이다. 그리고 이러한 간접성은 드러나는 것의 불명료함과 깊이 때문에 필요한 것이다. 칸트의 입장에서 미적 판단의 두 형식은 초감성적인 것의 다른 차원을 드러낸다. 숭고가 우리 내에서 초감성적인 것을 드러내는 반면, 미는 마음과 세계 사이의 관계에 기초하고 있는 초감성적인 것을 볼 수 있게 한다. [이 문제는 「변증론」에서 논의된다.] 양자의 경우에서 우리는 미적 판단에서 특징적인 능력들의 특정한 정조(또는 "균제관계")를 통해 초감성적인 것을 알게 된다. 여기에서 이미 분명한 것은 "초감성적인 것"은 이성이고 무한을 사유하는 능력이라는 것이다. 숭고의 감정은 이러한 능력에 대한 존경이다.

## 3.3 역학적 숭고

역학적 숭고는 한 현상이 우리의 상상력을 방해할 때 일어난다. 그러나 그럴 때 감관의 영역 내에서 도덕적 관점이 펼쳐진다. 28항은 역학적 숭고의 미적 판단이 자연의 "위력"이나 "강제력"을 관조할 때 일어나지만 그럼에도 도덕적 자기규정에 대한 우리의 능력을 알기 때문에 좌절되지는 않는다는 점을 설명한다(AA 260).

두려움을 불러일으키는 모든 것이 숭고한 것은 아니지만, 역학적 숭고의 감정을 일으키게 하는 모든 자연적 현상은 두려움을 야기한다. 우리는 두려움의 가능성을 알고 있어야만 한다. 왜냐하면 그럴 때만 우리가 직면하는 힘의 크기를 측정할 수 있기 때문이다. 역학적 숭고의 판단에서 우리는 어떤 것의 순전한 크기로 인해 압도당하고, 이제 자연의 위력에 저항할 때 일어나는 힘에 사로잡히게 된다. 그런데도 우리가 미적으로 판단할 때, 우리는 실상 자연을 두려워하는 것도 아니고 그것에 저항하려고 하지도 않는다. 우리는 단지 그렇게 하는 것에 대해 사유하는 중이다. 두려움은 숭고를 특징짓는 간접적인 만족에 수반되는 것은 아니다. 그렇지만 우리가 뇌우, 화산, 허리케인, 폭풍우가 몰아치는 바다 등과 같은 두려운 자연현상들을 안전한 곳에서 관조한다면, 그것들은 쾌를 유발할 수 있다. 우리는 그러한 상황에 처해 있는 것이 어떤 것인지 그리고 어떻게 대처할지를 생각한다. 칸트는 우리의 상상력에서 이러한 도전을 받아들이고 자연의 위력에 저항하는 방법을 찾을 수 있다고 주장한다. 여기서 주목해야 할 중요한 점은 그러한 숭고의 경험이 자연에 저항하는 것을 수반하지만, 우리는 저항하면서 관조하는 것과 접촉해야만 한다는 것이다. 숭고의 감정은 확실히 안전한 곳에서 자연과의 직접적인 감관적 마주침을 필요로 한다.

역학적 숭고의 첫 번째 단계는 자연의 위력을 평가하는 기준을 발견할 수 없는 상상력을 압도하는 것이다. 우리가 직면하고 있는 자연은 너무 거대한 것이어서 우리가 자연적 위력의 일반적 범위 내에서는 측정할 수 없는 것이다. 이러한 특별한 위력은 자유의지에 따라 장애물들을 측정하는 우리의 능력의 한계를 이룬다. 그럼에도 이러한 한계에 직면하거나 심지어 이끌릴 때도 우리는 이성의 능력에서 비롯된 대안적 기준을 발견한다. 이성적 존재자로서 우리는 어떤 외부적 위력에 저항하는 능력을 갖고 있다. 제아무리 그것이 물리적으로 우리를 좌절시키더라도 말이다. 고문을 당하는 희생자는 죽을지도 모르지만, 그는 그를 좌절시키고자 하는 외부적 위력에 여전히 저항할 수 있다. 미적인 경우, 이러한 상황은 덜 극단적이고 전멸이라기보다는 자기규정을 위한 우리의 능력의 한계에 놓여 있다. 위협과 그에 저항하는 것은 오직 그 것을 상상할 때 일어나는 것이지만, 그럼에도 물리적으로 압도하는 현상에 대한 우리의 상상적 반성은 저항에 대한 능력을 일깨운다. 자기규정을 위한 우리의 능력이 한계가 없는 반면, 도덕적 이성의 관점에서 볼 때, 자연으로 인한 모든 위험은 사소한 것이다. 숭고를 느끼면서 우리는 만약 최고의 도덕원칙이 위태로운 상황일 경우, 필요하다면 재산, 건강 그리고 심지어 삶 그 자체보다 우리 자신을 더 중시할 수 있다는 점을 알게 된다.

칸트는 비록 숭고의 감정을 불러일으키는 상황이 실제적인 위협이 아니라 할지라도, 우리의 이성적 능력(또는 "사명")에 대한 일깨워짐이 그저 상상적인 것이 아님을 강조한다. 우리는 자기규정의 능력을 갖고 있다. 역학적 숭고의 감정은 우리가 도덕적 존재임을 확신시켜주고 그래서 우리가 간접적으로 일상적 상황에서 도덕적인 태도를 취하게끔 하는 데 기여한다. 그는 문명사회나 초기 사회가 끔찍한 상황에 직면했을 때 자기규정의 능력을 매우 상찬했다는 점을 주장한다. 이제 칸트는 오랜 평화가 사람들의 용기를 저하시키는 경향이 있는 반면, 전쟁은 숭고하다고 말하는데, 이는 칸트에게 오명의 여지를 남기는 말이다. 그가 말하고자 하는 요점은 전쟁이 도덕적 원칙을 위해 치러질 수 있다는 것이고 평화가 단지 상업적인 관심을 조장하는 방식이 될 수 있다는 것이다. 나는 칸트가 전쟁의 중요성을 강조하고 있다고 생각하지 않는다.

내가 생각하기에 칸트는 충돌을 회피하는 것이 우리의 자기규정의 능력에 반대되는 힘에 종속될 수도 있다는 것을 말하고자 한 것이다. 전쟁이 필요하고 평화가 위험한 것일 수도 있다는 말이 "영구적 평화"라는 정치적 이념에 대한 확고한 주장을 약화시키는 것은 아니다. "영구적 평화"는 정치철학과 관련해서 칸트가 논의했던 가장 중요한 주제이다.[34] 궁극적으로 정치는 모든 개인이 상호적으로 다른 모든 개인의 가치를 존중하는 사회를 추구해야만 한다. 조화롭고 상호적으로 존경하는 평화는 정치적 삶의 목표이다. 그러나 이는 전적으로 평화로운 목적을 통해서 성취될 수는 없을 터이다. 영구적인 평화를 위해서는 때로 유화 정책이 아니라 전쟁이 필요할 수도 있다.

칸트는 숭고에 대한 자신의 분석에 대한 반론, 곧 우리가 신을 숭고하다고 볼 수 있다는 반론이 있을 수 있다고 말한다. 그렇지만 이러한 반론은 우리의 자기규정의 능력을 신의 창조물인 자연의 위력보다 그리고 자연현상의 배후에 있는 신의 의도보다 더 우월한 것이라고 여기는 것이기에 잘못된 것이다. 여기서 핵심은 종교는 의지의 복종을 요구하는 것으로 간주되어서는 안 된다는 것이다. 종교인은 신에 대한 찬양과 존경의 감정을 가져야만 하는데, 단지 압도적인 위협을 피하고자 경배해서는 안 된다. 진정한 종교는 외부적인 규정에서 벗어난 관조와 자유로운 판단을 요구한다. 칸트가 그의 『이성의 한계 안에서의 종교』에서 논의했듯이 종교는 도덕적 종교여야만 한다. 우리 자신의 도덕적 능력에서 숭고를 발견함에 있어서, 우리는 단지 두려움 때문에 신에 복종하는 것이 아니라 신에 복종하고자 하는 우리 자신의 자유의지가 있다는 것을 더욱 잘 알게 된다. 우리가 자연에 저항하는 능력을 발견하면

---

34  칸트의 『영구 평화론』 참고할 것.

서 수용하는 숭고한 쾌는 결국 신이 정말로 존중받는 종교에서 비롯되는 것이다.

29항에서 칸트는 숭고한 쾌의 필연성에 주목한다. 다른 사람의 동의를 구하는 문제와 관련해서 볼 때 숭고의 판단은 미의 판단보다 설명하기 더 어렵다. 비록 문명인이든 아니든 모든 인간에서 나타나는 원칙적인 행위에 대한 이성적 능력에 기초하고 있는 숭고의 감정은 미적 능력과 인식 능력의 문화를 필요로 한다. 문화는 우리가 이념에 대한 이성적 능력을 발전시키는 데 도움을 주고 자연에 저항하는 것이 가능하다는 것을 알게 해준다. 이러한 능력을 발전시키는 교육을 받기만 하면 우리는 충분히 우리 안에서 숭고한 것을 감상할 수 있는 위치에 있게 된다. 그렇지만 우리가 모든 사람이 자연의 역학적 숭고에 동의할 것을 요청하고 요구하는 것은 당연하다. 왜냐하면 그러한 감정은 관습적인 것이 아니라 인간이라는 우리의 정체성에 뿌리를 두고 있기 때문이다. 정말이지 우리가 숭고의 판단에서 필연성을 요청할 수 없다면, 그것은 아프리오리한 원리에 기초한 것이 아니고 그러기에 선험철학의 부분이 될 수도 없고 비판철학의 세 번째 부분에 포함될 수도 없을 터이다. 여기서 문제가 되고 있는 것은 판단력인데, 이 경우 판단력은 다른 능력, 곧 자기규정을 위한 이성적 능력을 지향하고 있다(AA 266).

## 3.4 미와 숭고에 대한 일반적 주해

숭고의 마지막 부분에서 칸트는 미와 숭고와 관련해서 지금까지 그가 개진해온 바에 대해 일반적 주해를 하고 있다. 여기서는 이미 이전에 논의했던 바가 다시 강조된다. 그럼에도 몇 가지 관점에서 그의 입장을 새롭게 보여주고 있는데 이에 관해 선택적으로 다루어볼 것이다.

이제 칸트는 쾌적한 것에 대한 만족이 양적인 바, 그것은 우리가 얼마나 많은 쾌를 얻을 수 있는지를 측정할 수 있는 한에서 오직 구별된다는 점에서 그렇다고 말한다. 미는 양적이다. 왜냐하면 우리는 비록 사실은 그렇지 않지만 개념적으로 설명가능하다는 것을 알려주는 대상의 어떤 질과 관계하고 있기 때문이다. (여기서 대상에 주어진 역할은 「미의 분석론」에서 칸트가 설명했던 것보다 더욱더 분명하다. 내가 재구성했듯이, 비록 이것이 그의 주장과 모순되는 것은 아니지만 말이다.) 숭고는 우리의 상상력의 활동이 이성의 초감성적 능력과 관계할 때 이루어진다. 도덕적 행위가 목표로 하는 단적으로 선한 것은 그것의 양상(modality), 곧 필연성에 의해 구별된다. 질, 양, 관계 그리고 필연성과 연관된 만족의 유형을 이렇듯 각각 확인하는 것은 칸트의 입장을 단순화한 것이다. 왜냐하면 이미 살펴보았듯이 이것들은 미뿐만 아니라 숭고에도 적용되기 때문이다. 그렇지만 칸트가 5항에서 구별된 만족의 유형 각자의 두드러진 특징을 확인해주고 있기에 이것을 이해할 수 있다.

숭고의 판단에서 상상력과 이성의 관계는 상상력이 이성을 대신하는 역할을 하는 곳에서 이루어진다. 칸트에 따르면 상상력은 이성의 "도구"이지만, 이를 두고 상상력이 단순히 이성의 초소라고 오해해서는 안 된다(AA 269). 비록 우리는 상상력이 좌절될 때 이성의 능력을 발견하지만, 숭고는 이성을 추구함에 있어서 우리가 감관적인 것을 거쳐 지나갈 것을 요구한다. 상상력은 단지 치워버려도 되는 사다리가 아니다. 왜냐하면 숭고를 특징짓는 부정적 쾌는 이성은 오직 감관을 통해서만 접근되는 것임을 의미하기 때문이다. 이러한 경우에 그 자체로는 무능력을 드러내는 상상력을 위한 능력은 자연에 대한 이성의 우위성을 느끼게 하는 데 있어 필연적인 전달자이다. 숭고는 우리가 이성적 대안을 갖고서 감관적 좌절을 총괄하는 복합적인 감정이다. 그렇지만 칸트는 이성과 나란히 있는 감관적인 것의 지속적인 역할을 충분히 설명하고 있지는 않다. 상상력은 이중적 역할을 한다. 첫째, 상상력은 감관의 대리인으로서 직관에 주어진 것을 총괄한다. 둘째, 이성의 대리인으로서의 역할을 떠맡을 때, 상상력은 스스로 그 자체의 자유를 박탈한다. 이것이 「미의 분석론」에서 논의되었던 상상력의 매개적인 역할과는 조화를 이루지 못하는 특별한 점이다. 미와 숭고의 심미적 판단에서 상상력은 「미의 분석론」 끝부분의 일반적 주해에서 살펴보았듯이 단순히 재생산적이거나 연상적인 역할을 하는 것을 넘어서고, "판단력의 도식의 원리"를 따른다(AA 269). 칸트의 이러한 생각은 「연역」의 35항에서 더욱더 발전된다. 내가 생각하기에 이 단계에서 칸트는 이미 숭고가 단지 지성이나 이성의 부속물이 아니라 구별된 능력으로서 판단을 행사하는 필연성을 시사하고 있다. (이러한 반성적 판단력의 지위에 관한 정밀한 논의는 「연역」에서 "판단하는 우리의 능력"이라는 구절에 표현되어 있다.) 미의 판정에서는 상상력과 지성 사이의 자유로운 조화로부터 미적 판단이 생겨난다. 이에 반해 숭고의 판단에서는 상상력은 도덕에서 그 기준을 취하면서 이성이념을 추구한다. 이러한 경우 미의 경우만큼이나 자유롭지는 않지만, 상상력은 도덕에 의해 규정되기보다는 미적 경로를 통해 도덕의 가능성을 발견한다. 인간의 행위가 정말로 도덕적이고 심지어 종교적이기 위해서는 자유로워야만 하는 것과 마찬가지로 우리는 두려움에 저항하는 숭고를 느끼고자 한다면 자율적 판단에 대한 능력을 가져야만 한다.

칸트는 숭고의 판단조차도 대상의 표상과 관련된다는 것을 인정하는 것 같다. 왜냐하면 그는 "하늘 높이 솟구쳐 있는 산악들, 깊은 협곡과 콸콸 흘러가는 격류, 우울한 명상에 잠기게 하는 깊이 그늘진 황야"와 같은 사례를 들면서 자연에서 숭고한 것에 대한 우리의 만족에 대해 말하고 있기 때문이다(AA 269). 비록 감관이 좌절된다고 할지라도, 숭고는 감관에 대한 표상에서 시작된다. 심미적 판단의 두 유형은 우리가 어떤 것을 어떻게 생각하느냐가 아니라 어떤 것을 "우리가 어떻게 보느냐"에 기초하고 있다(AA 270).

칸트는 미와 숭고의 심미적 판단이 대상의 목적을 상정하는 목적론적 기준에 근거해서는 안 된다고 말한다. 상상력과 판단은 미와 숭고의 판단에서 자유로워야만 하듯이, 우리의 쾌는 대상이 창조된 것과 관련된 목적의 문제를 아는 데서 일어나는 것일 수 없다. 정말이지 지적 존재자가 있다면, 우리가 목적이라는 용어로 사유할 수 있을 터이지만, 미와 숭고를 경험할 수는 없을 터이다. 이와 유사하게 미적 판단은 감동이나 "정동(affect)"에 따라 규정되는 것이 아닌데, 만약 그렇지 않다면 자유로운 판단이 생겨나지 않을 터이다. 그럼에도 불구하고 14항의 끝부분에서 이를 다소 완화하고 있다. 그러니까 어떤 감동이 너무 강하지 않다고 한다면, 그것은 미와 숭고와 양립할 수 있다는 것이다. 저항을 극복하는 능력을 알게 만드는 격렬한 감동은 숭고에, 그리고 느슨하거나 나른한 감동은 미와 맞닿아 있다. 칸트는 유대교와 이슬람의 가장 숭고한 요소는 하늘이나 땅에 있는 것들의 이미지를 금지하는 것이라고 말한다. 그가 말하고자 하는 요점은 이성적 자유를 위한 인간의 능력은 언제나 시각적인 영역을 넘어선다는 것에 있다. 다른 곳에서와 마찬가지로 여기에서도 그는 숭고를 사유하는 것이 오직 감관과 직면할 때에만 일어난다는 그 자신의 설명을 적절하게 논의하는 데 중점을 두고 있지 않다.

칸트 자신이 미와 숭고에 대한 일반적 주해의 거의 끝부분에서 하고 있는 언급은 9항과 21항의 소통가능성에 대한 논의에 기반을 두고 있는 것이며, 「연역」에서 논의할 주제를 예비하는 것이다. 미와 숭고의 판단은 보편적으로 소통가능한 것이고, 이런 이유로 소통이 일어나는 사회에서 중요한 것이다. 그럼에도 불구하고 다른 사람을 두려워하거나 싫어하는 데서 비롯되지 않는 고독은 정말로 숭고한 것으로 간주될 수 있다. 비록 우리가 이미 소통이 미적 판단에서 특징적이라는 것을 알고 있지만, 이는 칸트가 소통을 거론하는 한에서 언급되는 드문 경우이다.

칸트는 자신의 「일반적 주해」를 에드먼드 버크(Edmund Burke)의 미와 숭고에 대한 분석을 평가하면서 끝맺는다. 버크는 풍부한 생리학적 방법을 통해 미적 판단을 입증했지만, 그는 모든 판단하는 주관에 보편타당한 미적 판단의 특성을 만족스럽게 설명해내지는 못했다. 취미판단은 "이기적"이거나 사적인 것이 아니라 오히려 "다원적"인 것이며, 아프리오리한 원리에 기초를 두고 있다(AA 278). 칸트는 이를 미의 판단뿐만 아니라 숭고의 판단에서도 명백하게 주장하고 있다. 오직 아프리오리한 원리에, 곧 우리의 가장 근본적인 능력에 기초할 때에만, 미적 판단이 보편성을 요구할 수 있다. 이어지는 「취미의 연역」에서 칸트는 미적 판단이 근거하고 있는 아프리오리한 원리를 더욱더 깊이 탐구한다. 취미판단의 다원적 특징은 21항의 공통감에 대한 설명보다 훨씬 더 성공적으로 분석될 것이다.

**연구를 위한 물음**

1. 숭고가 우리를 압도한다고 생각하는가? 아니면 숭고가 가능한 경험의 한계를 알도록 해준다고 생각하는가?

2. 「숭고의 분석론」은 합목적성을 이해하는 데 도움을 주는가?

3. 미적 척도란 무엇인가? 그리고 미적 척도가 의미하는 바는 무엇인가?

4. 숭고한 것으로 간주될 수 있는 것은 무엇인가?

5. 결국 숭고의 감정은 통제될 수 있는가 아니면 없는가?


## 4. 미적 판단의 연역


보편타당성이 요구될 때 판단에는 연역이 필요하다. 곧, 실상 미적 판단이 아프리오리한 원리에 기초하고 있다는 것을 입증하는 것이 필요한 것이다. 「미의 분석론」에서 논의되었던 미의 판단의 본질적인 요소의 설명에 덧붙여 칸트는 이제 미적 판단의 연역을 시도하고자 한다. 그런데 이러한 시도는 21항에서 미적 판단이 공통감의 이념에 기초하고 있다는 논의와 같은 것이 아닌가? 21항이 미적 판단에 관한 논의라고 해석한다면―나는 그래야만 한다고 생각한다―그러면 우리는 칸트가 이제 「미의 분석론」의 끝부분에서 취미의 연역을 달성하지 못했다고 생각한다는 결론을 내려야만 한다. 이제부터 나는 30항에서 38항까지 칸트가 어떠한 방식으로 논의를 전개하고 있는지 살펴볼 것이다.

미의 판단은 대상의 형식의 "포착에만[bloß die Auffassung dieser Form]" 그리고 우리 마음의 지성과 상상력에 적합함을 보여주는[sich gemäß zeigt] 방식과 관련된다(AA 279). 칸트는 숭고의 판단에서 우리가 대상에 눈을 돌리는 것이 아니라 그 대신에 무형식성에서 주관적으로 우리 안에 있는 초감성적 능력을 발견하는 데 합목적인 대상을 활용한다고 말한다. 이 경우 「숭고의 분석론」에서 이미 상상력과 이성의 초감성적인 능력의 관련성에 대한 고찰이 판단하는 모든 주관을 위한 그러한 판단의 보편타당성이 입증되기에 충분한 것이기에 특별히 연역이 필요하지 않다. 분명한 함의는 대상에 대한 언급의 부재가 명백한 연역의 필요성을 제거하고 있다는 것이다.

　간접적인 함의는 미의 판단이 아름다운 대상과의 관계 때문에 구분된 연역을 요구한다는 것이다. 이것이 의미하는 바는 여기서 칸트가 취미판단의 "연역"과 『순수이성비판』의 범주의 "선험적 연역" 사이의 유사점을 시사하고 있다는 것이다. 대상의 경험을 위한 필연적인 조건임이 밝혀질 때 지성의 범주들은 궁극적으로 보편적 타당성만을 나타낸다.[35] 이러한 조건은 지식에 대한 타당한 요구의 기초이다. 그리고 지식이 미적 판단을 목표로 하지 않는 반면, 인식의 조건은 우리가 살펴보았듯이 일반적인 방식으로 작동한다. 비록 칸트가 그의 입장을 상세하게 설명하고 있지는 않지만, 우리가 미적 판단의 "연역"이 취미의 보편타당성을 확고히 함에 있어서 취미판단이 대상과의 맺는 관계를 또한 입증해야만 한다는 결론을 내려야만 한다고 나는 생각한다. 내가 보기에 21항에 비해 「연역」에서 더 진전된 것은 두 가지 측면에서이다. 곧, 한편으로 "판단하는 우리의 능력"으로서 판단력이 자율적인 방식으로 미적 판단에서만 행사된다는 것, 그리고 또 다른 한편으로 우리가 어떤 것을 아름답다고 할 때 주관과 대상의 선규정적인 관계가 드러난다는 것이 입증된다. 이러한 이중적인 관점으로 인해 칸트는 취미의 필연성과 주관적 보편타당성을 연역한다.

　비록 칸트가 이미 특히 세 번째 계기에서 대상의 역할에 주목하고, 네 번째 계기에서 공통감을 위한 주관의 능력에 대해 보편적 승인의 필연성을 기술하고 있지만, 그는 아직 미적 판단의 근거에 놓인 주관과 대상 사이의 관계의 본질을 체계적으로 해명하고 있지는 못하다. 이것은 「분석」에서 이미 논의된 요소들의 탐색과정, 곧 아름다운 대상의 형

---

35　『순수이성비판』, A 93, B 126.

식과 아름다운 대상에 판단할 때 요구되는 마음의 형식적 능력 사이의 관계를 수반할 터이다. 「연역」에서 대상이 논의의 궤적에 있다는 점이 온전히 드러날 수 있지만, 칸트는 때로 마음의 미적 활동을 강조하는 연역의 표상으로 물러서면서 항상 그것을 충분히 강조하고 있지는 않다. 그럼에도 불구하고 취미판단에서 주관-객관의 관계를 입증하려는 시도는 불가피하게 「연역」의 기획, 곧 취미판단의 주관적이지만 필연적인 보편타당성을 확립하려는 것과 연관되어 있다. 나는 두 가지 방식으로 논의된 궤적들을 고찰하고자 시도할 것이고 그것들이 결국 칸트가 대상의 형식이 마음의 형식적 활동 사이의 관계를 논의하고 있는 38항에서 어떻게 수렴되는지를 보여줄 것이다.

31항에서 칸트는 그가 이제 막 논의하고자 하는 연역이 "대상의 형식에 대한 경험적 표상", 곧 특정한 대상의 형식이 우리에게 현상하는 방식의 판단을 위한 주관적 합목적성을 표현하는 단칭판단의 주관적 보편타당성을 입증한다는 점을 반복한다(AA 281). 우리가 어떤 것을 아름답다고 파악할 때 그것의 감관적 형식은 특히 그것에 대한 우리의 판단에 아주 적합하게 현상한다. 「분석」에서는 아름답다고 판단될 자격을 갖춘 대상에 관해 어떤 것도 없는 듯 보이는 반면에 이제 대상의 형식―혹은 디자인―이 더 이상 줄일 수 없는 역할을 한다는 것은 주목할 만한 것이다. 취미판단에는 두 가지 특유한 속성이 있다. 곧, 취미판단은 단칭적이고 필연적이고 그럼에도 불구하고 동의를 강제할 수 없지만 보편적이다. 이는 우리에게 매우 익숙한 것이다. 그러나 칸트는 이러한 특유한 속성을 이어지는 두 항에서 차례로 탐구한다. 만약 취미판단의 특별한 보편성과 필연성을 (마침내) 명확하게 할 수 있다면, 실상 특유한 취미판단의 연역을 위해 충분하다고 칸트는 말한다. 이것이 32항에서 칸트가 적용하고자 하는 "방법론"이다.

32항은 취미판단의 특유한 속성인 보편성을 계속 탐구한다. 취미판단은 마치 객관적인 판단인 것처럼 모든 사람의 동의를 요구한다. 그것은 마치 우리가 대상의 몇 가지 특성에 관한 지식을 요구하는 것처럼 보이지만 그럼에도 우리가 말하는 모든 것은 그 대상을 받아들이는 우리의 방식을 따르는 것이다(AA 282). 여기서 "마치 ～인 것처럼(as if)"이란 구절은 다시 한번 칸트의 설명에서 중요한 의미를 갖는다. 우리가 아름답다고 말하는 대상의 질의 목록을 마련함으로써 보편성의 근거를 찾을 수 없듯이, 우리는 더 이상 다른 사람들의 판단에 대한 여론을 조사함으로써 보편성의 근거를 찾을 수 없다. 그래서 젊은 시인 스스로 판단해야만 한다. 비록 그가 아직 충분히 훌륭한 미적 판단을 경험하지 못할 때에라도 말이다. 우리의 취미는 전범(model)을 따름으로써 훈육될 수 있지만, 그러나 결코 수동적인 모방에 의해 훈육되는 것은 아니다(AA 283). (칸트는 이에 대해 예술적 창조와 관련해서 49항에서 다룬다.) 취미가 가르쳐질 수 없는 것이기에 취미의 보편성은 "단칭적"인 것으로 간주되어야 한다. 비록 취미판단이 판단하는 개인적 주관에 의해 이루어지는 것이지만, 32항은 취미판단이 보편성을 요구하는 방식에 대해 상세하게 설명하고 있다. 칸트는 미적 판단이 어떤 한 사람에게 특유한 것이 아님을 견지하면서도 동시에 취미의 한 사람의 단칭적인 기원을 강조한다.

33항에서 칸트는 취미의 두 번째 고유한 특징, 곧 동의를 강제하지 않는 필연성을 논의한다. 칸트는 우선 다음과 같이 말하면서 자신의 논의를 시작한다. 다른 사람의 판단이 어떤 것을 아름답다고 판단하기 위한 타당한 증명근거를 제공하지 않기 때문에 취미가 마치 주관적인 것처럼 작동한다. (그는 이미 '마치 취미가 객관적인 것처럼'이란 점을 입증하고자 하는 32항에서 이러한 취미의 특성을 소개하였다.) 둘째로 미의 판단은 그것을 규정하는 규칙을 발견함으로써 증명될 수 없는 것이다. 이것은 적어도 간접적으로 규정적이 아니라 18항에서 논의되었던 취미의 범례적 필연성을 시사한다. 미의 판단은 항상 단칭판단, 예컨대 '하나의 튤립이 아름답다'라는 것의 보편타당성에 관한 것이다.

32항과 33항에서 칸트는 판단하는 주관이 보편적인 소리를 낼 수 있는지에 대해 상세히 논의했다. 그러나 그는 아직 취미의 원리의 연역을 제공하지는 않았다. 칸트가 직접적으로 미적 판단의 주관적 보편성을, 그리고 간접적으로 미적 판단의 필연성을 표명하고 있기는 하지만, 32항과 33항의 중요한 성과는 취미를 주관적으로 사적인 것과 객관적인 것 사이의 중간에 위치시키는 것이다. 객관적인 판단은 모든 사람에게 접근 가능한 상황을 확인해 주기 때문에 다른 사람의 동의를 강제할 수 있다. 취미판단은 다른 사람의 동의를 요구하기 때문에 마치 객관적인 것처럼 보인다. 그러나 취미판단은 동의를 강제하지 않기 때문에 마치 주관적인 것처럼 보인다. 내가 시사했듯이 취미판단이 주관과 대상 사이의 선규정적인 관계를 드러낸다는 점을 명확히 하는 것은 연역의 과제를 수행하는 데 필요하다. 칸트의 해결은 단순히 사적인 것이 아니라 참으로 대상의 지식을 위해 필요한 주관성을 확립하는 데 있다. 32항과 33항은 주관성과 객관성 사이의 중간지대를 전개하면서 「연역」의 과제에 기여하고 있다.

34항은 미적 판단의 특유성을 증명해줄 어떠한 취미의 객관적인 원리도 없다는 것을 알려준다. 그러나 이것이 연역의 과제가 희망이 없다는 것을 말하는 것은 아니다. 이제 칸트는 두 가지 정식을 제공한다. 첫째, 비평가들은 미적 판단에서의 인식능력, 곧 상상력과 지성 그리고 그것들의 과제에 관해 탐구해야만 한다. 둘째, 비평가들은 주어진 표상에서 그 표상의 대상의 미인 형식, 곧 "교호적인 주관적 합목적성"을 실례들에서 분석해야만 한다(AA 286). 칸트가 지성과 상상력의 능력들 사이의 교호적인 관계를 논의하기 때문에, 우리는 이것이 "교호적 합목적성"이란 말로 그가 의미하는 것이라고 결론을 내릴 수도 있다. 그럼에도 불구하고 마음의 조화가 대상의 표상에 반응해서 일어나는 것임은 여기에서 분명하다. 내가 생각하기에, 첫째 정식은 마음의 내적 활동의 검토에 관한 연역의 과제를 제한하는 것처럼 보이는 반면, 둘째 정식은 주관과 객관 사이의 관계로서 취미의 이중적 축(dual axis)을 표현하는 것 같다.

칸트에 따르면 학문적 비판이 인식능력의 탐구를 통한 판정의 가능성을 탐구하는 반면, 취미비판은 실례들에서 분석될 때 기술(art)로 간주된다. 비판이 그 범위에 있어 아무리 이론적이거나 실천적 또는 미적이라고 해도, 비판은 우리의 판정을 처음의 어떤 인식능력에 소급한다. 이러한 최초의 마음의 장치에 근거를 둘 때에만 우리의 판정은 인간조건의 근본적인 요소인 선험적 비판에 포함될 수 있다. 지식의 경우 이론적 탐구를 통해 능력들—특히 지성과 감성—에서 판정을 직접적으로 그것의 원천에 소급하는 것이 가능하다. 이것이 『순수이성비판』에서 연역으로 간주되는 것이다. 지금 문제가 되는 것은 그와 같은 종류의 증명이 과연 미의 판단에서도 가능한지의 여부이다. 칸트가 취미의 기술을 더 진지하게 생각했어야만 했고, 특히 취미가 학문에서 요구되는 것과 같은 어떠한 객관적 원리를 갖지 않는다고 주장했어야만 했다고 논쟁할 수 있다. 칸트가 취미가 단지 주관적인 견해일 수 없다는 것을 입증하고자 했다는 점은 분명하긴 하지만, 그는 취미비판이, 주관성과 객관성 사이에서와 마찬가지로, 기술과 학문 사이에서 맴돈다고 말했어야만 했다. 우리의 외적 관점은 대상에 대한 직접적인 만족을 위한 것인 데 반해, 단칭판단으로서만 가능한 미적 판단에서 우리는 인식능력의 활동을 간접적으로 알 수 있다. 달리 말하자면 우리의 인식능력을 아는 것은 실례를 통해 생겨나는 것이다. 그렇지만 칸트는 기술로서의 비판이 순전히 생리학적이거나 심리학적이라고 주장하며, 그리고 취미의 대상을 판정하는 인식능력에 관련된 선험적 비판의 학문적 취미비판에 그의 기획을 제한하고 있다. 이런 결론을 이끌어내는데 있어 칸트는 단칭적 실례들이 미적 판단의 선험적 비판에서 하는 역할을 과소평가하고 있다. 덧붙이자면 학문으로서의 비판이 우선시되기에 미적 판단의 주관적 측면이 강조되고 있으며, 그리고 인식능력이 대상에 반응하는 방식을―앞서 살펴보았듯이 비록 생략되지는 않지만―덜 중요해 보이게끔 만든다.

35항에서 취미의 특유성을 규정하는 논의가 계속 이어진다. 취미는 개념이 아니라 여하튼 판단의 주관적인 형식적 조건, 곧 판단력에 의해 이루어진다(AA 287). 칸트가 여기서 지성과 이성 이외에 세 번째 능력인 판단력을 강조하는 것은 34항에서 언급된 마음의 능력을 비판적으로 검토하기 위해서이다. 『판단력 비판』의 출발에서부터 취미가 상위 능력들 중의 세 번째인 판단력에서 생겨난다는 점이 밝혀졌다. 여기서 칸트의 설명 중 특별한 것은 그가 「서론」에서 처음 거론된 다음과 같은 생각을 발전시키고 있다는 점이다. 곧, 비록 우리의 모든 판단에 필요한 것이기는 하지만, "판단력"은 미적 판단에서 자율적으로만 행사되고 있다. 칸트는 미적 판단이 "판단 일반의 주관적 형식적 조건"에 기초하고 있고, 이러한 주관적 조건은 "판단하는 능력 자신[das Vermö-gen zu urteilen selbst]"이라고 말한다(AA 287). 판단력은 우리가 행하는 판단―그 판단이 인식적이든, 도덕적이든 미적이든 간에―의 원천이지만, 그럼에도 오직 미적 판단에서만 지성이나 이성의 지시 없이 행사된다.

판단력의 일반적 역할과 취미비판에서의 자율적인 활동 사이의 구분
은 21항의 논의를 넘어서 진전된 중요성을 갖는다. 21항에서는 상세한
설명이 결여되어 있기에 인식이 미적 조건, 곧 능력들의 조화에 기초하
고 있다는 인상을 준다. 이제 이것이 칸트의 의도가 아니라는 점은 분
명해진다. 그는 오히려 미적 판단의 보편타당성은 그 근거를 판단력에
두고 있기에 생겨난다는 점을 입증하고자 한다. 판단력은 인식적이고
도덕적인 맥락에서는 다른 능력에 종속되어 행사되고 그러기에 "능력
들의 조화"에 의해 특징지어지지 않는다. 그렇기는 하지만 칸트는 이
제 판단력이 상상력과 지성 사이의 조화를 필요로 한다고 말한다. 그래
서 우리는 익숙한 문제가 다시 한번 제기된다고 생각할는지 모른다. 이
전에 이를 해명하는 데 어려움이 있었지만, 지금 칸트는 미적 판단에서
순수한 형식으로 표현되는 한 판단력이 조화를 수반하다고 생각한다.
그렇지만 이를 분명히 하려고 했다면 칸트는 21항에서 누락된 추가적
인 설명을 제공했어야만 했다. 취미판단을 특징짓는 능력들의 조화는
판단 일반을 (그리고 인식일반을) 위해 필연적인 능력들의 협업에 관
한 최고의 실례로 간주된다.

칸트의 논점은 다음을 요구하는 것으로 이동한다. 곧, 인식판단이
(상상력에 의해 본 바와 같이, 총괄된) 직관을 포섭하는 것을 수반하는
반면, 취미판단에서는 상상력 자신이 지성이 개념 아래에 직관을 포섭
하기 위한 일반적 조건 아래에 포섭된다. 이것은 칸트의 설명에서 매
우 급격한 변화를 이루는 것이다. 그러나 내가 생각하기에 우리는 이
를 누락된 단계, 곧 내가 바로 제안했던 대안적 설명을 제공하려는 시
도로 이해할 수 있다. 취미판단은 여하튼 인식을 위해 필연적인 도식
화에 따른 능력들 사이의 관계에 기초하고 있다. 그러나 미의 경우에

포섭은 일어나지 않고, 오히려 포섭을 위해 필요한 능력들의 활동이
특별히 생기 있는 방식으로 드러난다. 이는 상상력이 "개념 없이 도식
화한다"는 것이라고 서술되고, 판단력을 위한 그것의 합목적성의 면에
서 우리가 대상을 판단하게끔 하는 감정으로 생겨난다(AA 287). 달리
말해, 취미판단은 이러한 대상에 반응해서 조화롭게 서로 협업하는 인
식능력에 대한 특별한 대상의 조화로운 관계맺음에 대한 감정에 기초
한다.

36항은 칸트가 취미의 문제라고 본 것, 곧 단지 주관적 원리에 기초
한 판단이 어떻게 다른 모든 판단하는 주관에 필연적인 동의를 요구할
수 있는지를 다시 논의한다. 지식을 산출하기 위해 지각을 개념과 결합
하는 경험판단은 필연성을 요구한다. 왜냐하면 인식판단은 『순수이성
비판』의 「선험적 연역」에서 입증되었듯이 선험적 원리에 기초하기 때
문이다. 달리 말해, 첫 번째 비판의 범주의 연역은 개념을 경험에 적용
하는 것을 가능하게 하는 아프리오리한 틀을 확립한다. 그 결과로 경험
적 지각이 지식을 생겨나게 하는 것이 적어도 가능하다.

그러나 또한 경험적 지각이 개념이 아니라 직접적으로 쾌와 불쾌의
감정에 결합되는 것도 가능하다. 그러한 판단이 모든 사람의 만족을 요
구할 수 있는 것이라면, 그 판단은 또한 선험적 원리를 요구한다. 미적
판단에서 판단력은 더 이상 부수적인 능력이 아니라 오히려 "자기 자
신에게 주관적으로 대상이자 법칙"인 것이다(AA 288).[36] 이는 미적 판
단이 특별한 방식으로 판단력에 기초하고 있다는 점을 더욱 강조하는
것이다. 인식에서 판단의 과제는 직관에 대한 개념의 적용가능성을 확
립하는 것이다. 이것은 상상력의 매개적인 역할을 통해 성취된다. 상상

---

36  Allison, 2001, p. 173 참고할 것. [역주] 여기서 "대상"은 내용, 곧 미 그리고 "법
칙"은 형식, 곧 합목적성을 의미한다.

력은 도식을 제공하는데, 도식은 감관적 직관과의 종합이 가능하도록 시공간에서 개념에 형상을 제공한다. 그러한 경우, 판단력과 상상력은 결국 인식에 봉사한다. 그렇지만 미적인 경우, 판단력은 그 나름의 척도를 제공하고 그 자체의 특유한 원리에 기초하고 있기에 자신의 역할에 대해 반성적일 수 있다. 판단력은 반성적 판단이 되었고 이제 더 이상 지성의 권위 아래에 있는 규정적인 판단력으로서 작용하지 않는다. 이것이 판단력이 자기 자신에게 대상이자 법칙이라는 요구가 의미하는 것이다.

취미의 특유성에 관련된 까다로운 문제에 대한 대안적 방식이 이제 제시된다. 더 이상 취미를 지도하는 능력이라는 측면에서가 아니라 오히려 우리가 심미적으로 판단할 때 무슨 일이 일어나는지를 물음으로써 말이다. 어째서 나는 어떤 것을 아름답다고 판단할 때 내 자신의 감정에 근거해서 판단하고, 동시에 실제로 다른 사람들이 동의하는지 어떤지를 알지도 못한 채 그들이 동의할 것을 요구하는가? 조금 전에 구조적인 용어로 대답된 취미의 고유성의 문제에 관한 이러한 현상적인 표현에서 범례적인 필연성을 갖는 주관적 보편성이 수렴된다는 것은 분명하다. 취미판단은 개인주관에 의해 표명되지만, 그럼에도 다른 모든 판단하는 주관의 필연적 동의를 요구한다. 이런 경우가 어떻게 가능한가? 아직까지 이 물음에 답을 함에 있어서 이루어진 유일한 진척은 현상적인 것이 아니라 구조적인 것이며, 그리고 판단력의 자율적 활동의 실례로서 반성적 미적 판단을 확인하는 데 달려 있다.

칸트는 취미판단이 종합판단임이 분명하다고 말하면서 이 항을 결론 짓는다. 심지어 그는 판단력 비판이 선험철학의 일반적 문제―곧, 아 프리오리한 종합판단이 어떻게 가능한가?―에 기여한다고 말한다. 이것은 매우 쟁점이 될 수 있는 주장이다. 왜냐하면 대부분의 칸트의 독

자들은 개념 아래에 직관을 포섭하는 규정적인 인식판단만이 종합판단
이라고 간주된다고 알고 있기 때문이다.[37] 그러나 칸트는 취미판단이
종합판단이라고 말한다. 취미판단은 감관을 감정과 결합할 때 최초의
감관입력(sensory input)을 넘어서기 때문이다. 취미의 특징적인 종합
판단의 지위는 경험적 감정이 보편타당성을 요구한다는 것을 수반한다
(AA 288-289). 그런데 이것은 당혹스럽다. 왜냐하면 칸트가 미적 판
단의 주관적으로 보편적인 근거나 원리는 감정이지만, 그럼에도 그것
은 거의 경험적일 수가 없기 때문이다. 그리고 어쨌든 경험적인 어떤
것이 또한 어떻게 보편타당할 수 있는가? 칸트가 의미하고자 했던 바
는 내가 어떤 것을 아름답다고 할 때 나는 쾌를 경험하고 세계의 어떤
것에 관해 감정을 갖는다는 것이다. 이것은 판단하는 모든 주관에 의해
공유되는 인식능력의 정조, 곧 공통감의 비규정적인 이념인 취미의 원
리에 관한 경험적 표현이다. 취미의 원리는 내가 9항에서 논의했듯이
마음의 활동에서 쾌의 감정으로서 작동한다.[38] 그는 취미와는 달리 공
통적 지성은 감정에 따라 판단하지 않는다고 말한다. 36항에서 칸트의
요점은 다음과 같다. 미적 판단의 종합적 지위는 (경험적 지각에서 생
겨나는) 경험적 감정을 모든 사람이 동의할 것이라는 이념과 결합하는
데서 이루어진다. 그러한 감정은 경험적이고, 그럼에도 모든 판단하는
주관에 공통적인 "판단하는 능력 자신"에 호소함으로써 선험적 의미를
띤다.

　인식적 종합판단은 개념을 넘어섬으로써 그리고 개념을 직관과 종합
함으로써 지식을 이루어낸다. 취미는 개념뿐만 아니라 직관도 넘어서

---

37　Makkreel, 1990, pp. 47-51 그리고 1992, Hughes, 2007, pp. 156-160 참고할 것.
38　또한 20항 참고할 것. 칸트는 20항에서 공통감이 "오직 감정에 의해 규정되는"
　　주관적 원리라고 말한다. (AA 238)

고 또한 직관을 만족의 필연적 감정과 결합시키고 그렇게 해서 아프리오리한 종합판단 영역의 부분이 된다. 인식론에서 "도식작용"으로서의 종합은 사물들에 관한 순전한 논리적 사고를 넘어섬으로써 그리고 직관의 내용을 개념 아래에 붙잡아 둠으로써 개념의 "의미[Bedeutung]"를 입증하는 능력이다.[39] 취미판단은 단순히 개념을 통해 사물들을 논리적으로 이해하는 것을 넘어설 뿐만 아니라 개념적으로 규정된 직관에서 대상을 경험적으로 이해하는 것을 넘어서 있음으로써 종합으로 기능한다.

　여기서 칸트가 말하는 바는 아프리오리한 종합판단의 다른 형태가 밝혀졌다는 것이다. 그는 판단의 본질적인 특별함을 탐구하려고 시도하지도 않고 또한 아프리오리한 판단의 종합의 체계 내에서 판단이 특별한 역할을 하고 있다고 주장하지도 않는다. 그렇지만 우리는 논의되었던 바를 볼 때 종합이 이 경우에 어떠한 목적도, 곧 어떠한 규정성도 갖지 않고, 오히려 목적 없는 합목적성이라는 제약이 없는 구조를 갖고 있다는 점 정도는 추론할 수 있다. 나는 더 나아가서 이것을 결과로서의 종합이라기보다는 진행 중인(in process) 종합이라고 보아야 한다고 생각한다.[40] 우리는 우리의 능력들이 대상에 반응하여 서로 조화를 이루는 방식을 알고 있다. 지식이 성취되려면 인식이 종합의 과정을 요구하기는 하지만, 오직 미적 판단에서만 우리가 이러한 과성을 알게 된다. 왜냐하면 미적 판단에서는 인식적 목표는 유보되고 35항에서 언급되었듯이, 우리의 판단의 근거를 능력 자신에만 두면서 우리는 법칙뿐만 아니라 대상 그 자체로서 판단을 자유롭게 행사하기 때문이다. 이것이 선험적 기획을 위한 미적 판단의 체계적 의미일 터이다.

---

39　『순수이성비판』, A 146, B 185.
40　나는 이것을 Hughes, 2007, pp. 151-156에서 상세하게 논의한다.

37항에서 칸트는 해석상 문제의 소지가 있는 구분을 하고 있다.[41] 그는 다음과 같이 말한다. 모든 사람에게 타당한 것으로, 곧 보편적 규칙으로 간주되는 "대상의 순전한 판정"과 결합되는 것은 우리의 쾌가 아니라 "이 쾌의 보편타당성"이다(AA 289). 여기서 칸트는 정확히 무엇을 말하고자 하는가? 실상 그는 순환적 방식으로 논의하고 있는 것 같다. 미적 쾌의 보편타당성은 취미의 보편적 규칙(또는 타당성)으로 간주된다. 혹은 쾌가 규칙이 아니듯이, 35항에서 논의된 판정하는 능력 자신으로서의 판단력의 감정에 선행하는 규칙이 있다고 추론해서 칸트의 입장을 해석할 수도 있을 터이다. 이러한 해석상의 문제는 취미가 (규정적인) 규칙에 기초하고 있지 않다는 칸트의 주장뿐만 아니라 지금까지 나타난 감정과 취미의 결합을 약화시킨다는 데 있다. 앨리슨은 우리가 실제로 하는 일차-단계의 미적 판단과 아프리오리하다고 주장되고 미적 판단의 기반을 이루는 이차-단계의 원리를 구분함으로써 이 문제를 해결한다.[42] 이러한 구분은 중요하다. 그렇지만 또한 우리의 실제적인 판단과 판단이 기초하고 있는 원리를 너무 지나칠 정도로 단절하지 않는 것도 중요하다. 취미의 원리는 "연역"의 적절한 주제이지만 "연역"의 역할은 취미의 특별한 판단을 입증하는 것이다. 내가 생각하기에 칸트가 여기서 말하고자 하는 것은 대상에 직면했을 때 나의 순전한 감정의 (미적) 쾌는 경험적 사실이란 점이다. 그러나 내가 대상을 아름답다고 간주할 때 나는 필연적으로 다른 사람이 나에게 동의할 것을 요청한다. 그러기에 칸트는 감정이 범례적인 보편적 규칙으로서 작용하도록 하면서 대상에서 쾌의 경험적 감정과 쾌를 위해 요구되는 보

---

41    Allison, 2001, pp. 173-174, Guyer, 1979, pp. 258-259, Crawford, 1974, pp. 126-130 참고할 것.

42    Allison, 2001, p. 174.

편타당성을 구분한다. 이런 식으로 한다면 칸트의 주장은 순환적일 필요도 없고 옹호할 만한 것이다. 내가 이 특정한 대상에서 받아들인 쾌에 다른 모든 사람들이 동의해야만 하는 감정은 내가 나의 쾌의 감정을 그들 모두가 공유하기를 요청하고 있다는 점에서 규칙으로서 작동한다.

38항은 취미판단의 연역의 정점이다. 연역은, 내가 주장했듯이, 그 대상에, 적어도 대상의 표상에 반응해서 작용하면서, 아름다운 대상과 마음의 활동의 관계를 확고히 함으로써 주관적 보편타당성과 취미의 필연성을 입증하고자 한다.[43] "연역"에 대한 논의는 적절하게도 순수한 취미판단이 대상의 형식을 판단할 때 받아들이는 쾌로부터 생겨난다는 점을 상기시키면서 시작한다. 순전히 대상의 형식적 특징에 우리의 만족을 제한했기 때문에 우리는 다음과 같은 결론을 내릴 수 있다. 곧, 이러한 만족의 근거는 판단력을 위한 대상의 합목적성이며, 그리고 우리는 그것을 대상의 표상에 반응하면서 알게 된다. 그러니까 우리가 순전히 대상의 형식을 고려한다면, 판단력은 그러한 능력을 사용하기 위한 주관적 조건에만 오로지 지향될 수 있다. 이러한 주관적 조건은 판단하는 모든 주관에 의해 공유되고 "판단력 일반[die Urteilskraft über-haupt]"을 위해 필요한 것이다(AA 290). 칸트는 다음과 같은 결론을 내린다. 표상이 판단력과 합치를 이루는 조화는 모든 사람에게 타당한 것이어야만 하며, 그리고 취미의 주관적 보편타당성과 범례적 필연성을 확립하면서 우리는 모든 사람이 우리의 쾌를 공유하기를 기대할 수 있다. 이어지는 "주해"에서 칸트는 비록 우리가 취미의 원리를 적용하는 데 때로는 실수를 범하기도 하지만, 그렇다고 해서 그 원리가 무효

---

43　위의 30항에 관한 논의를 참조하라.

가 되지는 않는다고 말한다. 이것은 이미 우리에게 익숙한 변화이다.

　이러한 논의의 구조는 무엇인가? 내가 오직 판단력을 위해 적합하거나 합목적적인 대상의 형식적 질에만 중점을 두면서 판정하는 것은 내가 나의 판단의 근거를 판정의 순전히 형식적인 조건에 두고 있음을 의미한다. 이런 경우 나는 당신의 동의를 요청할 권리가 있다. 왜냐하면 나는 나의 판단의 근거를 모든 판단하는 주관에 의해 공유되는 조건에 두고 있기 때문이고, 그리고 비록 판단하는 것도 나이며 내가 오직 특정한 경험적 대상에 관계하고 있다고 하더라도, 나는 실상 우리 모두를 위해 판단하는 것이다.

　성공적인 연역을 위해 필요한 대상과 주관의 관계에 대한 해명은 이제 이루어졌다. 우리가 쾌를 우리에게 주는 대상의 (표상의) 순전히 형식적인 특징에 주목한다면, 우리는 정당하게도 그것이 아름답다고 요구하고 다른 모든 사람의 동의를 요청할 수 있다. 미의 판단의 타당성은 판단하는 그 자체의 조건, 곧 정조나 마음의 능력들의 협력에 근거하고 있음을 보여줌으로써 연역되었다. 핵심은 취미판단이 어떻게 "우리의 판단하는 능력 자신"으로서 판단력에 근거하고 있는지를 밝히는 것 그리고 반성적 판단으로서 작동한다는 것에 있었다. 왜냐하면 오직 그렇게 행사되는 판단만이 인식의 형식적 주관적 조건의 역할을 달성하기 때문이다. 그런데 이는 비판이 학문으로 간주되어야만 요구되는 인식능력으로 돌아가는 것이다. 그럼에도 불구하고 능력들의 조화가 이루어지고 어떠한 인식적 결과도 아닌 미적 판단에서 특정한 대상의 형식이 판단력과 조화를 이루는 한에서만 판단력은 오직 작동한다. 순수한 취미판단은 주관적으로 보편타당하고 필연적으로 쾌와 결합된다. 왜냐하면 그것은 모든 사람들에 의해 공유되는, 형식적으로 판정하는 조건에 근거를 두고 있으며, 시간(그리고 공간)에서 모든 사람들이 그

형식을 접할 수 있는 대상의 그러한 측면들에 반응하여 행사되기 때문
이다. 34항에 소개된 성공적인 연역을 위한 두 가지 정식에 의해 요구
되는 이중적 조화는 마침내 비판적 해명을 통해 입증되었다. 그 비판적
해명이란 곧 미적 판단이 대상의 형식적 특징에 반응하여 행사되는
"우리의 판단하는 능력 자신"으로서의 판단력에 직접적으로 기초하고
있다는 것이다.

　추가적으로 나는 미적 판단에서 주관이 대상과 관계하는 데 있어 본
질은 "선규정적"이라 간주된다고 언급했었다. 취미가 지식을 산출하지
않으면서도 인식의 주관적 조건을 보여준다면, 그때 미적 판단은 대상
에 대한 선규정적인 관계에 의해 특징지어진다. 지식은 그렇고 그런 것
으로서 어떤 것의 규정이다. 나의 마음이 다른 상황에서는 나로 하여금
그 대상을 알게 할 터인 그와 같은 상상력과 지성의 능력을 사용하기
때문에, 나와 그것과의 관계성은 무규정적이거나 심지어 반규정적인
것으로 특징지어질 수 없다. 나의 마음의 틀은 지식—비록 내가 지금
은 그것을 성취하는 데 아무런 관심이 없지만—을 위해 예비적이다.
그러기에 나와 대상의 관계는 선규정적이다.

　39항은 21항의 중심 주제였던 소통가능성으로 돌아간다. 소통가능
성[전달가능성, Mitteilbarkeit]은 소통을 가능하게 만드는[mitteilen,
곧, 전달하다] 근거이다. 감관의 결과는 보편적으로 소통가능하지 않
다. 왜냐하면 다른 사람들이 똑같은 대상에 반응해서 아주 다른 감각을
가질 수 있기 때문이다. 푸른색에 대한 당신의 경험과 나의 경험을 객
관적으로 비교하거나 푸른색이 당신에게 무엇처럼 보이는지를 입증할
수 있는 어떠한 방법도 없다. 우리는 색도표를 고안하거나 화학식을 제
공할 수는 있다. 그러나 이는 푸른색의 감관적 질을 입증하는 것과 같
은 것이 아니다. 나는 그것이 나에게 무엇처럼 보이는지 확신할 수 있

지만, 다른 모든 사람이 동의할 것임을 요구할 수 없다. 그 이유는 그 맞음을 확인하는 방법이 없기 때문일 뿐만 아니라 또한 그러한 요구가 의미하는 바가 분명하지 않기 때문이다. 칸트는 순전히 감관적 질을 위한 만족—단지 쾌적한 것으로 간주되는 만족—의 다양성이 그것에 대한 우리의 감각의 범위보다 훨씬 더 크다고 말한다. 그러기에 감관적 내용 그리고 감각을 위한 만족을 전달하는 것은 어려운 일이다. 이와는 반대로 쾌의 도덕적 감정의 일률성은 입증될 수 있고 심지어 요구될 수 있다. 왜냐하면 이러한 경우 동의를 전달하는 것이 이성적이며, 그리고 도덕적 원리에 기초하고 있기 때문이다. 한편 숭고는 궁극적으로 도덕적 사명 또는 초감성적 사명에 호소하는데, 이런 이유로 우리가 다른 사람들이 우리에게 동의하기를 요청할 수 있는 것이다.

아름다운 것에서의 쾌는 그것이 "대상에 대한 보통의 포착"에 반응해서 일어나는 "순전한 반성"의 하나로 간주된다는 점에서 특별하다 (AA 292). 우리가 대상을 보통 경험할 때와 마찬가지로, 대상을 포착함에 있어서 우리는 이러한 특별한 경우 인식능력들의 활동의 결과라기보다는 인식능력들의 조화로운 활동에 주목한다. 취미판단의 보편적 소통가능성은 "인식일반[Erkenntnis überhaupt]을 가능하게 하는 주관적인 조건"에 근거를 두고 있는 판단에서 비롯된다(AA 292). 취미는 모든 인식의 주관적으로 보편적인 원리에 근거하고 있는 한 소통가능하다. 그렇지만 칸트가 취미를 위해 필요한 능력들 사이의 "균제관계"가 또한 보통의 경험의 근거인 건전한 그리고 보통의[평범한] 지성을 위해 필요하다고 말하고 있기에 문제가 발생한다. 이러한 주장은 몇몇 경우에서 보았듯이 혼란스러움에 빠지게 한다. 왜냐하면 칸트가 경험적 인식이 취미를 특징짓는 조화에 기초하고 있다고 말하는 것처럼 보이기 때문이다. 만약 칸트가 취미는 특유한 "균제관계"에서 드러나는 보통의 경험과도 같은, 달리 말해 능력들의 최고의 특유한 조화로운 관계와도 같은 "정조"에 기초한다고 말했다면, 그는 이 문제를 피할 수도 있었을 터이다.

소통가능성에 대한 가능조건은 많이 논의되었지만, 경험적 사건으로서의 소통에 대해서는 지금까지 논의된 바가 없다. 40항에서는 칸트는 소통가능성과 관련해서 자신의 설명을 발전시킨다. 소통가능성은 여전히 판단의 형식적 조건이지만, 보다 역동적인 특성을 지닌다. 칸트가 20항에서 처음 언급한 구분은 이러한 발전을 위해 예비한 것이었다. 칸트가 39항에서 이를 다루었더라면, 그는 지금 논의되는 문제를 피할 수도 있었을 터이다.

보통의[평범한] 인간 지성—우리는 그것으로 인해 개념의 적용을 통해 감각을 이해하고자 감각을 넘어 나아간다—은 흔히 부정확하게 공통감이라고 불린다. 공통감[sensus communis]은 오히려 모든 사람의 입장을 고려하는 그러한 방식에서 반성적으로 판단하는 능력이다. 우리가 이러한 방식으로 "순전한 판단"을 행사할 때 우리는 한 사람의 판단과 인간의 이성 일반을 비교하며, 그리고 상호주관적인 관점을 채택하면서 사적 관점을 넘어서 나아간다. 그렇게 할 때, 우리는 편견으로부터 우리의 판단을 자유롭게 해준다. 이것은 다른 사람의 실제적인 판단의 여론을 채택함으로써 달성되는 것이 아니다. 오히려 우리는 우리의 판단을 다른 사람의 가능한 판단과 비교한다. 그렇게 할 때 "다른 사람의 입장에" 있는 것이다(AA 294). 칸트는 이것이 판단을 순전히 형식적인 조건에 제한함으로써 성취될 수 있다고 주장한다. 우리가 이미 살펴보았듯이 순전히 형식적인 조건은 판단의 형식적 활동에 관계하면서 대상의 형식에 주목하는 것을 의미한다. 내가 심미적으로 판정할 때, 나는 모든 판단하는 주관의 확장된 관점을 갖게 되고 순전히 사적인 관심과 동기에서 벗어난다. 확실히, 내가 다른 사람들의 판단을 고려하는 방식은 내가 실제적으로 그들과 소통한다는 것을 필요로 하지 않는다. 그러나 다른 판단하는 사람들과 소통하는 것에 참여하기 위해서 나는 나의 사유방식을 열어둔다. 이것이 여전히 사회적 상호작용의 매우 형식적인 조건이긴 하지만, 적어도 나는 자신을 판단하는 주관의 공동체와 관계하고 있는 것으로 여긴다는 요건이 있다. 이것이 미적 판단이 이기적이 아니라 다원적이라고 간주되는 이유이다(AA 278). 취미의 사교성(sociability)이 「미의 분석론」의 두 번째 계기에서 그리고 네 번째 계기의 범례적 필연성의 부분으로 확인이 되기는 하지만, 이제 칸트는 여기서 취미판단에서는 내가 타자의 입장에 있는 것이 요구된다고 주장한다.

취미가 순전히 다원적이지 않다는 반박이 있을 수 있다. 왜냐하면 내가 할 것이란 대상의 형식에 반응해서 나 자신을 위해 판단하는 것이고, 그래서 나는 모든 판단하는 주관을 위해 일반적 인식에 따라 판단한다고 내가 추정할 수 있기 때문이다. 그러나 40항에서 칸트는 강한 요건, 곧 우리는 우리의 추정된 취미판단을 다른 사람의 가능한 판단과 비교한다는 요건을 언급한다. 칸트는 다음과 같이 말한다. "그런데 이런 일은 사람들이 자기의 판단을 다른 사람의 실제적이라기보다는 오히려 순전히 가능적인 판단에 의지해봄으로써 일어난다."(AA 294) 확실히 칸트는 우리가 우리 자신의 판단에서 어떠한 질료적 내용을 사상(捨象)함으로써 이를 성취한다고 설명한다. 그의 설명은 미적 판단에 대한 더 역동적이고 사교적인 설명과 개인의 내적 반성의 분석에 기초한 설명 사이를 맴돌고 있다. 칸트는 개인적 선호를 사상(捨象)하는 것은 다른 사람의 입장에 서 있는 것을 필요로 한다고 말할 수 있었을 터이다. 그러나 그는 이 정도까지는 말하지 않는다.

칸트는 이제 공통감(sensus communis)을 해명하는 데 쓰일 수 있는 보통의[평범한] 인간 지성의 준칙들(maxims)을 언급한다. 보통의 인간 지성(gemeinen Menschenverstand)은 다양한 능력들로 구성된 혼합체이기에 『순수이성비판』에서 핵심적인 역할을 하는 순수 지성보다 더 광범위하다. 보통의 인간 지성은 실용적인 방식으로 사용되지만, 이제 인식적 상황에서뿐만 아니라 도덕적 상황에서도 적용되는 지성이다.

보통의 인간 지성의 세 가지 준칙들은 다음과 같다. 첫째는 스스로 사유하기, 둘째는 다른 사람의 입장에서 사유하기, 셋째는 일관성이 있게 사유하기이다. 이 중 첫 번째는 (『순수이성비판』의 좁은 혹은 인식적 의미에서) 지성의 준칙이다. 이 준칙은 우리가 선입견에서 해방되고 계몽을 위해 노력할 것을 요청한다. 두 번째 준칙은 우리가 확장된 사유방식을 발전시키기를 요청한다. 이 준칙은 보편적 관점에서 판단을 반성할 것을 수반하고, 분명하게도 미적 판단을 나타낸다. 세 번째 준칙은 가장 도달하기 어렵다. 그것은 우리가 이성능력을 사용할 것을 요구한다. 일단 우리가 자율적으로 사유하기 위한 능력을 발전시킨다면, 그럴 때에만 우리는 사유에서 일관성을 이루어낼 수 있다. 한편 동시에 우리의 사유방식을 확장한다. 칸트가 생각하는 일관성은 앞서의 두 준칙들의 결합에 의해서 그리고 그 두 준칙들을 잘 유지하고 익숙해질 때 도달될 수 있는 것이다. 세 번째 준칙은 우리가 체계적으로 의미 있는 사유방식 ─ 우리는 이 사유방식에서 스스로 판단할 수 있으며, 다른 사람의 가능한 판단을 고려할 수 있다 ─ 을 발전시킬 수 있음을 보여준다. 그 결과, 사적인 조건이 아니라 아프리오리한 조건에 근거한 자기규정을 위한 능력으로서 이성이 행사된다. 오직 두 번째 준칙만이 직접적으로 공통감, 곧 미적 판단과 관련되는 반면, 세 가지 준칙들 사이의 상호관계는 어떻게 판단이 모든 상위능력들, 곧 지성, 이성, 판단력을 포함하는 가장 넓은 의미로 이해되는 이성의 체계 내에 있는지를 밝혀준다. 판단력은 이성적인 자기규정이라는 최고의 과제를 예비하면서 마음을 확장하는 특정한 과제를 갖고 있다. 이러한 통찰은 나중에 그가 논의할 도덕성의 상징으로서의 미의 역할과 취미의 초감성적 차원의 미의 역할에서 중요하다.

보통의 소통은 마음의 능력의 협력(칸트는 문제의 소지가 있지만 다시 "조화"라는 용어를 사용한다)을 필요로 하지만, 그럼에도 지성의 법칙에 의해 통제된다(AA 294). 오직 상상력이 지성 — 지성은 호응하여 상상력의 역할을 북돋운다 — 을 불러일으킴에 있어서 자유로울 때, 사유가 아니라 감정이 소통된다. 취미는 감정의 소통가능성을 판정하는 능력이다. 취미에서 감정은 개념 없이 보편적으로 전달될 수 있다. 내가 어떤 것을 아름답다고 말할 때, 나는 이 대상에서 나의 쾌의 감정이 다른 모든 사람들에게 소통될 수 있다고 요청한다. 그러기에 나는 당신이 또한 이러한 쾌를 느끼기를 요구한다.

칸트는 이제 감정만으로 최고의 소통을 하는 재능인 천재에 대한 논의로 주제를 바꾼다. 소통가능성은 어떠한 인식적 경험에서라도 필요하고, 그리고 취미에서는 범례적이고 자유로운 방식으로 이루어진다. 천재는 예술작품에서 소통가능성의 그러한 일반적 조건을 이용함으로써 활발하게 소통하는 사례들을 산출하는 능력이다.

### 연구를 위한 물음

1. "판단하는 능력 자신"이란 무엇인가? 어떤 의미에서 그것은 "자기 자신에게 대상이자 법칙"인가?
2. 미적 대상은 취미의 "연역"에 따른 결과로 나온 것 이상인가?

3. 미적 판단에서 감정은 어떤 역할을 한다고 생각하는가?

4. 공통감은 취미에 관한 칸트의 설명에서 어떻게 작용하는가?

5. 공식적인 "연역"은 21항의 논의를 넘어 진전된 것으로 간주되는가?

## 5. 천재, 미적 이념 그리고 예술

칸트는 이제 명백하게도 예술창조와 예술작품으로 눈을 돌린다. 예술에 관한 탐구에서 중심을 이루는 것은 창조적인 천재의 마음의 활동 또는 "정조"이다. 이는 이미 취미에 관한 그의 고찰에서 익히 알고 있는 것이다. 예술창작이 인식능력의 특유한 균제관계를 필요로 한다는 것은 앞으로 논의되겠지만 말이다. 칸트는 예술작품에서 유래하는 쾌와 자연미에서 생겨나는 쾌를 비교하는 문제를 유보하고 있다. 그렇지만 그는 다음과 같이 주장한다. 예술작품은 취미를 불러일으킨다. 그리고 예술작품의 유일한 결점은 그것이 자연과 인식능력의 관계에 대해서는 어떠한 통찰도 주지 않는다는 점이다. 그러한 결과로 예술은 도덕적 의도가 실현될 수 있는 희망에 기여하는 바가 없다. 우리는 또한 다음과 같은 것을 살펴볼 것이다. 취미와 천재의 구분과 심지어 양자 사이의 가능한 경쟁에도 불구하고, 취미는 천재의 계발을 위해 필요한 것이나. 그리고 미적 창조와 수용은 어떤 특징들을 공유한다.

취미판단에서는 어떠한 관심도 배제된다. 그럼에도 불구하고 41항에서 칸트는 어떤 것을 목적 없는 합목적성에 기반하여 감상할 때, 우리는 경험적 또는 지성적 (예컨대 도덕적) 근거로 하여 그것의 실존에 관심을 가질 수 있다고 밝히고 있다. 아름다운 것은 오직 사회에서만 경험적 관심을 불러일으킨다. 취미를 특징짓는 감정의 소통은 사교성

을 위한 자연본성적인 성벽(性癖)에 적합하다. 무인도에 고립된 사람은
스스로 꾸미지 않을 것이다. 칸트가 종종 예술작품을 취미의 실례로 사
용하고 있음에도 불구하고, 몇몇 해석가들은 칸트가 오직 여기에서만
예술을 그의 설명에 도입한다고 주장한다.[44] 되레 칸트는 미적 창조의
결과라기보다는 활동을 처음으로 언급하고 있다. 사회 내에서 아름다
운 형식을 창조할 때 우리가 취하는 관심은 엄밀한 의미에서 취미비판
의 부분이 아니다. 그리고 순수한 취미판단에 기초한 관심은 취미가 그
러한 관심의 결과라는 결론을 우리로 하여금 이끌어내기 위한 경향성
과 혼동되기 쉽다. 만약 이렇게 혼동이 된다면, 우리는 특유한 판단력
과 취미에서 판단력의 표현을 상실했을 터이다. 그러기에 미가 관심을
불러일으킨다는 것을 인정함에도 불구하고. 칸트는 미가 관심에 기초
하고 있다는 것을 부인한다. 그의 중요한 과제는 취미비판의 순수한 형
식을 확립하는 것이고, 그리고 어떻게 판정하는 우리의 능력이 "감관
적 향수로부터 도덕감정으로의 이행"으로서 기능하는지를 보여주는
것이다. 칸트에 따르면, 판단력은 상위능력들의 "연쇄의 중간항"이다
(AA 297-298). 이것이 칸트가 취미의 탐구에서 중점을 두고 있는 판
단력의 체계적 위치이다.

    칸트가 비록 형식적 합목적성의 탐구가 핵심적인 목표라고 말하지
만, 아름다운 것에서 도덕적 관심을 갖는 것이 42항의 주제이다. 그런
데 숙고해보면 이것은 그리 놀라운 일이 아닌데, 아름다운 것에서의 도
덕적 관심은 인식과 도덕 사이의 간격을 메꾸는 그의 체계적 기획을 강
화하고 있기 때문이다. 그는 '부수적인 미'에서 이미 설명했듯이, 아름
다운 것은 전적으로 도덕적인 것과 구별된다고 말한다. 곧, 미는 판단

---

44  가이어는 고츠호크의 해석 — "칸트는 자연미의 형식론과 순수예술의 표현론을
견지한다" — 을 거부한다. Guyer (1977), p. 48, Gotshalk (1967), p. 260 참고할 것.

력의 자유로운 활동에서 특유한 근거를 갖고 있다. 게다가, 칸트가 자연미에서 직접적인[무매개적인] 관심을 갖는 것이 선한 영혼의 표식이며 도덕성에 적합하다고 주장하기는 있지만, 예술적 거장들(virtuosi)은 종종 결코 도덕적이지 않다. 칸트는 예술미가 아니라 자연미가 취미의 가치를 지닌다고 말한다는 결론을 내릴 수 있을는지 모른다. 그러나 여기서는—혹은 적어도 아직까지는—그렇게 결론을 내릴 수 없다. 왜냐하면 그는 지금 순수한 취미판단 그 자체가 아니라 취미판단에서 뒤따른 도덕적 관심을 논의하고 있기 때문이다. 확실히 칸트는 순수한 취미의 관점에서 자연미와 예술미가 동등하다는 점을 밝히고 있다(AA 300).

그러나 자연에서 아름다운 것에 대한 만족을 수반하는 관심이 왜 도덕적 의미를 지녀야 하는가? 그의 중요한 논의의 단계에서 종종 그러하듯이 칸트는 인식능력의 분석으로 돌아간다. 미적 판단은 판단하는 능력이고, 그리고 순전히 판정하는 것의 관점에서, 곧 우리가 살펴보았듯이 판정할 때 대상의 형식을 근거로 쾌를 취한다. 도덕적 판단은 우리의 행위를 도덕법칙의 순전한 형식에 따라 규정하는 능력이다. 도덕법칙은 정언명령인 바, 도덕적이라고 간주되는 행위를 위한 조건을 우리에게 부여한다. 칸트가 보기에 이러한 도덕적 판단은 또한 쾌와 연관된다. 비록 그것이 도덕적 원리에서 유래하기에 자유로운 쾌가 아니라 할지라도 말이다. 따라서 형식적 근거를 갖는다는 점에서 취미와 도덕 사이에는 유사성이 있다. 이제 우리가 이성적 존재인 한, 우리는 단순히 도덕적 원리에 의거해서 우리의 행위의 동기를 구하거나 우리의 의도가 실제로 충족되기를 원하는 것에 만족하지 않는다. 그래서 우리는 자연에서든 자연이 아닌 것에서든 간에 관심을 취하는 것은 이러한 것이 가능할 수 있다는 흔적을 드러내며, 그리고 미는 우리가 기대하고 있는 암시를 준다. 칸트에 따르면, 자연미는 적어도 도덕적 의도가 원리적으로 실현가능하다는 것을 보여줌으로써 도덕적 의도의 실현에 적합하다. 칸트는 매우 일반적으로 취미와 도덕의 문제를 함축적으로 해결하고 있는데, 이러한 해결은 다음과 같은 것으로 보인다. 자연미에 의해 제시되는 마음과 세계 사이의 조화는 심지어 도덕적 원리가 결국 자연세계와 조화를 이루게 되거나 아마도 자연세계 내에 널리 퍼지게 될 것이라는 희망을 북돋운다. 이러한 해결은 판단력을 위한 자연의 합목적성을 다루고 있는 두 「서론」에 힘입은 바 크다. 예술작품이 자연적 현상이 아니고, 칸트가 생각하기에, 마음과 자연 사이의 조화를 제시하지도 않기 때문에, 그것은 도덕적 관심을 불러일으키지 않는다.

　비록 칸트가 이러한 설명이 과도하게 복합적이라는 점을 인정하고는 있지만, 그는 자연미에서 도덕적 관심을 취하는 능력이 매우 드물며, 그리고 한 사람이 이미 도덕적 방식으로 사유하는 훈련을 받았을 때만 생겨나는 것이라고 말한다. 덧붙여, 미적 만족과 도덕적 만족―양자는 모든 인간에게 주관적으로 타당하다―은 구조적으로 유사하기 때문에, 우리가 미적 만족이 도덕적 만족에 적절한 것으로 간주하려고 그것들 사이의 체계적 결합을 의식적으로 알 필요는 없다. 이러한 생각이 타당하다는 것을 보여줄 수 있는 어려운 선험적 논의를 하지 않고서도 우리는 본능적으로 유사성을 밝힌다. 결국, 아름다운 현상―이 아름다운 현상은 합목적적인 질서를 보여주지만 우리가 그 목적을 외부의 어디에서도 만나지 못한다―은 우리로 하여금 우리 자신 내부에, 곧 우리의 도덕적 사명에 있는 목적을 추구하도록 한다. 다른 경우와 마찬가지로, 칸트가 취미와 도덕이 구분된다고 설명하고 있음에도 불구하고, 취미는 도덕에서 비롯될 수 있다고 주장하는 듯 보일 수도 있다. 그러나 칸트는 미가 도덕적 목적에 기초할 수 있는 것이 아니라 자연에서의 미가 도덕의 가능성을 연상시킨다고 말함으로써 그 자신의 설명을 정당화한다. 그런데 그는 취미를 설명할 때 도입한 '목적'은 미적 관점이 아니라 오직 목적론적인 관점에서 다루어질 수 있다고 강조한다. 그러기에 우리는 미적 관심에 관한 설명이 자기 자신에게 대상과 법칙으로 행사되는 판단력의 활동에 관한 설명에 포함되지 않는다는 점을 알 수 있다.

예술미는 순수한 취미판단의 자격을 갖고 있지만, 직접적인[무매개적인] 관심을 불러일으키지는 못한다.[45] 왜냐하면 예술미는 우리를 만족시키는 예술가의 목적에서 비롯되는 것이기 때문이다. 예술작품은 예술가의 의도를 숨기는 것[Täuschung — 직역하면, 속이는 것]이거나 보여주는 것이다(AA 301). 칸트는 우리가 예술가의 의도를 의식하지 않을 수 없다고 말하고 있는 것 같다. 이러한 이유 때문에 예술작품에 관한 우리의 만족은 필연적으로 '목적'과 관련되어 있다. 그런데 이럴 경우, 예술작품은 취미판단의 자격을 갖지 못할 터이다. 비록 칸트가 이 항의 첫 부분에서 그렇지가 않고 단지 우리가 예술작품들에서 직접적인 도덕적 관심을 취할 수 없을 뿐이라고 언급하고 있기는 하지만 말이다.

칸트는 여기서 예술작품의 문제를 충분할 정도로 잘 다루고 있지 않다. 비록 예술가가 예술작품을 창조하기 위해 의도를 가져야만 한다고 해도, 그의 의도가 관람자인 우리가 생각하는 주제라고 밀힐 수 있는 어떠한 필연성도 없다. 예술가의 천재성은 창조와 관련된 재료나 심리적 기법을 숨기거나 또는 그러한 기법을 특별한 예술적 주제로 변형 ─ 이러한 변형은 많은 현대 예술작품들, 예컨대 기술적 요소를 활용한 퐁피두 센터(Pompidou Centre)의 전시나 심지어 자신의 개인적 삶

---

45  [역주] 칸트는 자연미는 직접적인[무매개적인] 관심을 불러일으키는 반면, 예술미는 간접적인[매개적인] 관심을 불러일으킨다고 말한다.

에서 비롯된 사건을 사용하는 트레이시 에민(Tracey Emin)의 작품에
서 볼 수 있다—시키는 데 있다. 칸트는 예술작품을 예술가의 의도에
따라 설명하려고 시도하는 "의도적 오류(intentional fallacy)"를 범하
지 말았어야만 했다. 우리는 작가의 의도를 넘어 예술작품의 의미를
파악하고자 한다. 칸트 스스로도 예술작품이 그의 의도를 숨기고 있을
것이라고 인정한다. 비록 그가 이를 부정적으로 기만이나 환영으로 표
현하고 있기는 하지만 말이다. 그럼에도 불구하고 칸트는 예술작품에
관해 순수한 취미판단을 내리는 것이 불가능하다는 결론을 내리지 않
는다. 단지 우리가 예술작품에서 직접적인 관심을 취할 수 없다는 것
이다.

　칸트는 이 항을 흥미로운 시나리오로 끝낸다. 시인은 달빛이 비치는
밤에 꾀꼬리의 울음소리에 매혹될 수 있을 터이지만, 그 아름다운 소리
가 새가 아니라 숲 속에 숨어 있는 "장난꾸러기 소년"이 흉내낸 것임이
밝혀지자마자, 그토록 매력적으로 여겨졌던 노랫소리는 사라지고 말
것이다(AA 302). 흥미롭게도, 오직 자연미가 직접적인 관심을 불러일
으킨다는 것을 의미하는 이 실례는 진정한 예술적 창조는 자연에 대한
수용에서 생겨난다는 것을 시사한다. 이 관점은 고야와 같은 예술가들
에 의해 공유된다. 고야에게 있어서 이러한 관점이 결코 예술이 도덕적
의미를 담아내지 못하게 하는 것은 아니다. 이어서 살펴보겠지만, 칸트
는 이러한 관점에 동의했을 것이다. 그가 배제했던 것은 예술이 희망,
곧 자연이 우리의 도덕적 목적에 적합하다는 희망을 불러일으킬 수 있
다는 것이다. 예술은 이를 달성하기에 충분하지 않다.

　예술이 도덕적 관심을 불러일으키지 않는 반면, 이전에 취미판단에
서 배제되었던 색채나 음색의 매력적인 효과는 지금 부분적으로 복원
된다. 다른 감각들과는 달리, 색채와 음조는 형식적 반성을 허용한다.

이것은 이미 14항의 오일러에 관한 각주에 제시되어 있다. 이러한 이유로 매력 —비록 이것이 순수한 취미판단을 생겨나게 하지는 않지만— 은 아름다운 형식과 양립할 수 있다. 칸트는 여기서 더 나아가 논의를 하고 있지 않으며, 색채와 형식의 상호적인 관계와 관련하여 클레나 메를로퐁티가 보여주는 관점에는 이르지는 못한다. 그들은 선이 색채를 보는 데 도움을 주고, 그 역도 마찬가지라고 본다.

43항에서 칸트는 예술이 불러일으키는 어떠한 관심의 계기에 개의치 않고 예술의 특성을 확립하고자 한다. 그는 우선 인간의 활동에서 유래하는 예술작품과 작용결과(casual effects)인 자연적 대상을 구분한다. 예술은 본능적인 것이 아니라 이성적 숙고에서 이루어진 것이다. 또한 예술은 규칙을 아는 것만으로는 창조적인 작품을 제작할 수 없다는 점에서 학문과 구별된다. 앎은 행위와 대비되고, 예술은 일종의 행위다. 마지막으로 예술은 노임(勞賃)기술로 간주되는 수공(craft)과 구분된다. 자유로운 예술이 작업과정에서 쾌적한 것인 반면, 노임기술은 고된 노동이고, 억지로 부과된 것인바, 수공기술자들은 사회가 요구하는 것을 제작해서 돈을 벌기 때문이다. 그렇지만 심지어 자유로운 예술에서도 제약, 곧 예술가들을 지도하는 몇몇 지침이나 "기계적인 것(mechanism)"이 있다. 칸트는 예술이 자유로운 정신뿐만 아니라 "형체[Körper]"를 가져야만 한다고 말한다. 형체가 없다면 예술은 아무것도 아닌 게 될 터이다(AA 304). 이런 이유로 심지어 예술의 활동은 노동을 필요로 한다.

지금까지 살펴본 것을 생각해보면 44항에서 칸트가 아름다운 것을 위한 학문은 없다고 말하는 것이 그리 놀랄 만한 일이 아니다. 아름다운 것에서는 오직 취미의 비판, 곧 그것이 기초하고 있는 주관적 능력의 분석만이 있을 뿐이다. 칸트는 이러한 결론을 예술에 적용한다. 사람들이 고대 언어나 고전 문화와 역사 등과 같은 다양한 종류의 지식을 위한 예술의 필요성을 설명하려고 "미적 학문"이란 범주를 만들어 냈지만, 칸트는 우리가 필요한 것은 다음과 같은 것뿐이라고 주장한다. 곧, 아름다운 예술(fine art)은 종종 배경조건으로서 엄격한 지식을 필요로 한다. 비록 그러한 지식이 엄밀하게는 예술의 부분으로 간주될 수는 없지만 말이다.

기계적 예술(mechanical art)은 계획(또는 "개념")을 갖고 무엇인가를 창조하기 시작한다. 이에 반해 미적 예술(aesthetic art)은 쾌의 감정을 직접적인 의도로 삼고 있다. 미적 예술은 쾌적한 예술(the agreeable art)과 아름다운 예술(fine art)로 구분될 수 있다. 쾌적한 예술은 관람자의 감각을 매료함으로써 그를 만족시킬 의도를 갖고 있다. 그리고 아름다운 예술은 형식적으로 관람자를 만족시킬 의도를 갖고 있다. 기계적 예술작품에서 인식은 예술에 규칙을 주는 반면, 아름다운 예술에서는 예술작품 그 자체가 "인식방식"으로 간주된다(AA 305). 여기서 별도의 설명 없이 언급된 "인식방식"은 미적 판단과 "인식일반"의 결합과 관련해도 생각해볼 수도 있을 것이다. 비록 예술이 인식과 똑같은 조건에 근거하는 것이 아니라 예술작품이 세계를 경험하는 새로운 방식들을 열어가는 것이라고 칸트가 여기서 더 확장하고 있지만 말이다.[46]

쾌적한 예술은 스토리텔링, 식탁 장식, 배경음악 그리고 기분전환이 되는 게임을 포함한다. 이 모든 것의 목적은 사교적인 관계를 가능하게 하는 것이다. 아름다운 예술 또한 사교성을 촉진한다. 비록 아름다운 예술이 어떠한 의제(agenda)도 없이 그렇게 하기는 하지만 말이다. 아

---

46   마음을 활기 있게 만드는 데 있어 미적 판단의 광범위한 역할에 대해서는 Makkreel, 1990, pp. 90-99 또한 Ameriks, 1992 참고할 것.

름다운 예술에서의 쾌는 감각이 아니라 반성의 쾌이다. 그리고 그것의 기준은 반성적 판단력이다(AA 306). 지성의 법칙이나 이성 없이 행사되는 판단은 반성적 판단력이다. 그러기에 자연미에서든 예술미에서든 간에 대상과 법칙 자신인 판단력은 미적인 것으로 간주되는 모든 판단을 위한 근거이다.

45항은 예술과 자연의 복잡한 관계를 다루고 있다. 우리는 예술작품을 자연적 현상과는 구별하지만, 그럼에도 유사하게 목적에서 비롯되는 규칙에서 자유로운 것으로 간주한다. 간단히 말해, 우리는 시인이 "장난꾸러기 소년"에 의해 속임을 당하는 것처럼 예술작품이 자연적 현상이라고 단순하게 생각하는 우를 범해서는 안 된다. 칸트는 계속해서 다음과 같이 말한다. 만약 예술작품이 아름다운 것으로 간주된다면, 우리는 그것을 판단하는 활동에서 쾌를 가져야만 한다(AA 306). 그렇지만 예술가가 순전한 감각의 소환을 통해 만족하게 된다면, 그 결과 단지 기계적 예술만이 생겨난다. 칸트가 8항에서 미와 관련해서 그리고 26항에서 숭고와 관련해서 언급한 것을 바꿔 표현하면, 아름다운 예술은 매력적이거나 감동적인 계기가 아니라 순전히 눈에 의해서만 만족되는 것이다. 45항이 함축하는 것은 분명히 아름다운 예술이, 아름다운 자연이 그런 것처럼, 인식능력들의 자유로운 놀이를 불러일으킨다는 점이다(AA 306-307). 마음의 능력은, 그것이 자유롭게 조화되는 한, 서로 합목적적이고, 그래서 아름다운 예술은 취미의 자격을 갖는다. 그리고 우리가 살펴보았듯이 대상이 우리의 반응을 촉발할 때, 취미를 특징짓는 마음의 협력이 일어난다. 이것은 확실히 예술작품에 대한 미적 만족의 경우에서도 마찬가지로 생각되어야 한다. 곧, 예술에 반응해서 대상과 마음 사이에 조화가 있어야만 한다.

칸트가 여기서 말하고자 하는 바의 요점은 관람자에게 드러나는 방식에서 아름다운 예술과 아름다운 자연 사이의 상호적 암시가 있다는 것이다. 아름다운 자연은 마치 그것이 예술인 것처럼 보여야 한다. 왜냐하면 그것은 자연이 일반적으로 그러하듯이, 그저 목적이 없는 것이 아니라 합목적적이어야만 하기 때문이다. 아름다운 자연은 마치 그것이 쾌를 위해 산출된 것처럼 보여야 하고, 그리고 그럼에도 대상과 인식능력들 사이의 조화가 어떠한 의도도 없이 그것의 이면에 일어난다. 다른 한편, 아름다운 예술은 마치 그것이 자연인 것처럼 보여야 한다. 왜냐하면 그것은 또한 목적과 목적 없음 사이에서 목적 없는 합목적성이라는 중간위치를 점하고 있기 때문이다. 그 결과로, 비록 예술이 예술가의 목적에서 비롯되는 것이지만, 예술은 마치 그렇지 않은 것처럼 보여야만 한다. 칸트는, 비록 규칙이 필연적으로 예술의 생산에서 행사되어야 할 것임에도 불구하고, 예술작품의 격식을 차린 형식이 보여서는 안 된다고 말한다(AA 307). 예술작품은 예술가의 의도를 넘어서 그 자신의 고유한 생명을 지녀야만 한다. 이러한 칸트의 발전된 설명은 매우 섬세하고 복잡한 논의를 보여주고 의도적 오류에서 벗어나게 한다.

자연미와 예술미에 대한 우리의 반응에 대한 논의를 마친 후, 46항에서 칸트는 특히 미적 생산성의 문제로 주제를 돌린다. 칸트는 미적 생산이 예술적 문제를 소관하는 선천적인 재능으로서의 천재에서 일어난다고 강조한다. 자율적인 도덕적 행위자가 도덕법칙에 따라 그 자신의 행위를 규제하듯이, 천재는 기계적 예술작품이라기보다는 아름다운 예술작품에 규칙을 준다. 인간의 생산 형식으로서의 예술은 합목적적인 활동이다. 비록 이 경우 규칙들이 개념적일 수는 없지만, 어떤 합목적적인 활동도 규칙을 따른다. 천재는 규칙을 준다. 이 규칙은 천재의 마음이 자연적으로 작용하는 방식 또는 칸트가 언급했듯이, 예술가의에 근거한 인식능력의 "정조"에 기초한 것이다.

　이제 칸트는 천재의 네 가지 특징에 대해 말한다. 천재는 특정한 규칙에 기초하고 있지 않기 때문에 독창적인 것으로 간주된다. 천재는 모방이 아니라 다른 사람들을 위한 규칙을 제공한다는 점에서 범례적이다. (이것은 또한 천재와 규칙에서 자유로운 무의미함(nonsense)을 구별한다.) 천재는 학문적으로 설명될 수 없으며, 그리고 오히려 자연적 기질이다. 마지막으로, 천재는 학문이 아니라 아름다운 예술에만 법칙을 제시한다.

　47항에서 칸트는 천재가 모방적일 수 없다는 생각을 발전시킨다. 만약 그 성과가 학습에 기초한 것이라면, 아무리 위대한 사람이라고 해도 천재라고 불릴 수 없을 터이다. 칸트는 뉴턴의 학문적 추종자들이 아무리 뛰어나다 해도, 그들은 모두 모방자들이라고 믿는다. 이와는 대조적으로 위대한 시를 쓰는 것은 단순히 학습할 수 있는 것이 아니다. 비록 어느 시인이 호메로스나 빌란트(Wieland)의 작품을 꼼꼼하게 연구한다고 하더라도, 그들의 천재성으로 어떻게 썼는지를 배울 수는 없을 터이다. 천재는 예술을 위해 필요하지만, 학문에서는 가능하지 않다. 칸트의 요점은 학문은 영감으로부터 나오는 것이 아니라 인식적 활동의 과정에서 나온다는 것이며, 이러한 대조로 인해 학문은 타당한 점을 지닌다는 것이다. 그렇지만 학문에서 영감이나 독창적인 통찰력의 여지를 두고 있지 않기에 그는 너무 엄격하게 예술과 학문을 구분하고 있다. 학문에서 진보를 위한 두드러진 모델은 축적된 연구의 하나여야만 한다. 한 학자가 다른 학자들이 축적한 것을 연구하고, 그리고 그 자신의 연구를 정말로 해나가는 것이 필요하다. 그런데 또한 위대한 학자가 단지 그의 마음이 작용하는 방식 때문에 사물을 다르게 보는 계기가 있는 것이다. 이것은 학자의 작업에서 천재의 계기이다. 확실히 이것은 뉴턴과 아인슈타인—물론 그들의 업적에서 중요한 새로운 관점을 열어간 이후의 학자들도—과 같은 경우였다.

칸트의 설명에 한계가 있음에도 불구하고, 천재가 사례를 통해 전달 된다는 자신의 핵심 입장을 철회하지 않는다. 한 천재는 명백히 설명되 는 정식을 줌으로써가 아니라 오히려 사물을 보는 방식을 담지한 예술 작품을 생산함으로써 서로 소통을 한다. 규칙은 사례에서 만들어져야 하고, 단순히 모조되어서는 안 된다. 발전하는 예술가는 아름다운 예술 작품을 따르는 능력을 갖고 있다. 만약 그의 마음이 위대한 스승과 똑 같은 직관적 통찰력을 갖고 작용한다면 말이다. 칸트의 말로 하자면, 도제(徒弟)와 스승의 마음의 활동에는 "유사한 균제관계"가 있다. 천재 는 아름다운 예술작품을 위해 필요한 풍부한 재료를 제공한다. 그리고 그 재료를 가공하고 형식을 부여하는 것은 교습적 훈련(academic training)을 필요로 한다. 여기서 칸트는 그가 초기에 언급했으며, 그리 고 예술가에 의해 산출된 규칙과는 구분되는 "기계적" 예술을 염두에 두고 있는 것 같다.

48항은 한편으로 자연적이거나 예술적인 아름다운 대상의 판단인 취미 그리고 다른 한편으로 아름다운 예술작품의 산물인 천재 사이의 관계를 논의한다. "자연미는 일종의 아름다운 사물이며, 예술미는 사 물에 대한 일종의 아름다운 표상이다."(AA 311) 직접적으로 취미와 관련해서 칸트는 대상에서 우리의 쾌에 대해 말한다. 비록 그가 또한 종 종 미적 판단이 대상의 표상에 반응해서 일어나는 것이라고 언급하고 있지만 말이다. 이러한 신중함은 독자들로 하여금 취미가 대상에 향해 있는 것이 아니라 대상의 순전한 현상에 향해 있는 것이라고 생각하게 만든다. 칸트가 취미를 규정하는 대상 안에(in) 어떤 것이 있다는 것을 부정하는 것은 사실이기는 하지만, 나는 미가 대상이 우리에게 현상하 는 방식으로부터 생겨난다는 것을 논의했다. 칸트에게 있어서, 경험적 대상은 사물의 가능한 지각에서 독립적인 사물자체가 아니라 오히려 현상 또는 표상이다. 곧, 사물은 우리의 감관적 포착에 대한 필연적 관계에 있는 것이다. 미적 판단은 대상을 "표상하는 방식[Vorstellungsart]"에 중점을 둔다.[47] 이것이 의미하는 바는, 그러한 판단에서는, 인식의 형식적인 주관적 조건이 반성될 수 있다고 하는 점에서, 우리에게 현상하는 방식이 접근가능하다는 것이다. 현상의 현상함(the appearing of the appearance)은 미적 판단의 내용의 일부이다. 비록 우리는 이것을 쾌를 주는 대상의 관조를 통해서만 접근할 수 있지만 말이다.

이와 관련해서, 그렇다면 예술작품은 어떤 의미에서 자연미와 구별되는가? 살펴보았듯이, 대상은 우리의 감관에 표상될 수 있는 것이어야만 하며, 그리고 그것이 표상되는 한에서만 오직 알려질 수 있는 것이다. 버클리(Berkeley)는 사물의 존재는 지각된다(perceived)는 데 있다고 주장했던 반면, 칸트는 사물의 존재는 지각될 수 있다(perceivable)는 데 있다고 주장한다. 이것이 의미하는 바는, 비록 모든 사물이 원칙적으로 우리의 능력에 접근가능한 것이어야만 하지만, 사물의 존재는 우리의 지각에 의존하지 않는다는 것이다. 자연사물은, 아름답든 그렇지 않든, 어쨌든 우리가 그것을 대상으로서 간주하거나 표상할 때 존재하는 것인 반면, 예술작품은 누군가가 창조하며, 그래서 그것을 표상하는 것에 의존하는 것이다. 이것이 의미하는 바는 예술작품이 단순히 한 사물이 아니라 사물의 표상이라는 것일 터이다. 아름다운 사물과 아름다운 표상의 구별에도 불구하고, 자연미의 포착과 마찬가지로 예술작품의 포착은 대상의 현상함의 수준에서 계속 남아 있으며, 그리고 그것의 존재나 기원에 대한 설명에는 관심이 없다. 이 점에서 취미와

---

47    예컨대, AA 221 참고할 것.

예술은 우리의 마음에 표상되는 방식에 중점을 두고 있다.

그러나 이 지점에서 칸트는 자연미가 개념적인 규정에서 자유로운 반면 예술작품의 판단은 그것이 창조되는 목적에 기초해야만 한다고 말한다. 그리고 그럴 경우 예술작품을 판정하는 것은 필연적으로 그것의 동기가 되는 목적에 연관된 완전성에 접근하는 것을 의미한다. 여기서 칸트는, 비록 그가 분명히 표명하지는 않지만, 예술미는 엄밀한 의미의 취미와 단지 부수적인 미를 위한 자격을 얻을 수 없다고 상정하고 있다. 그러나 이러한 상정된 결론은 불필요하다. 왜냐하면 그는 45항에서 다음과 같은 점을 입증하고 있기 때문이다. 천재의 산물인 예술작품은, 그것의 생산을 위해 필요한 어떠한 목적에서 사상(捨象)해야만 한다는 점에서, 마치 그것이 자연처럼 보여야만 한다. 실상 예술이 목적에 의존한다는 칸트의 주장은 그가 지금 논의하고 있는 천재의 설명과 잘 들어맞지 않는다.

이러한 한계에도 불구하고, 아름다운 예술은 자연의 추한 것을 아름다운 것으로 바꾸는 능력을 갖고 있다. 주제가 구토를 일으키는 것이 아니라고 한다면, 전쟁이나 질병과 같은 끔찍한 사건도 아름답게 변용될 수 있다. 더 나아가 예술가는 그의 취미를 행사함으로써, 곧 자연과 예술에서 취한 많은 실례들을 연구한 것에서 비롯된 훈련된 판단을 통해, 예술적 표현에 형식을 부여할 수 있는 능력을 지닌다. (그러기에 비록 예술작품이 취미의 자격을 갖지 못한다고 할지라도, 예술가는 취미를 행사할 수 있다.) 이것은 43항에서 언급된 기계적인 것(mechanism)이나 47항 끝부분에서 논의된 교습적 훈련(academic training)으로 간주되는 것인가? 그런데 실례를 통한 학습은 위대한 예술가가 서로 소통하는 방식을 생각나게 한다. 어떻게 예술가의 의해 주어진 규칙과 그가 그렇게 할 수 있는 가능성을 제공하는 훈련이 서로 연관되고 있는지는 전혀 분명하지 않다. 칸트는, 예술가가 역사에서 그리고 동시대 예술에서 사례를 찾으면서 취미를 행사하지만, 단지 그의 천재에 근거하여 그가 다른 예술가를 위해 하나의 새로운 사례를 창안할 수 있다고 말할 수도 있었을 터이다. 예술미에 관한 논의에서, 규칙과 제약에 대한 그의 평가는 상당히 긍정적이다. 이러한 새로운 입장은 이전과 비교할 때 전혀 일관성이 없는 것이 아니다. 왜냐하면 규칙이 예술작품의 미를 규정할 수 있으며, 신예 천재의 발전을 조성할 수 있기 때문이다.

그럼에도 불구하고, 여기서 범례적 형식을 통한 학습이나 교습적 제약으로서 취미의 자격을 논의하는 것은 취미가 어떠한 규칙으로부터도 자유롭다고 언급된 「미의 분석론」의 취미의 자격에 대한 설명과는 다른 지점에 있음을 시사한다. 나중에 다음과 같은 칸트의 입장을 살펴볼 것이다. 곧, 취미는 천재의 잠재적으로 거친 자유를 훈육하는 역할을 떠맡으며, 그리고 심지어 더 근본적으로, 취미는 천재보다 더 선호되거나 천재를 포섭한다. 지금으로서는 칸트가 취미는 어떤 것을 생산할 수 없다고 말하고 있기에, 여기서는 취미가 천재를 대신하는 것은 아니라는 결론을 내릴 수 있다(AA 313).[48]

49항에서 칸트는 천재를 이루는 마음의 능력을 탐구한다. 첫 번째 탐구의 주제는 정신[Geist]이다. 정신은 재료[Stoff]를 효율적으로 사용하여 마음에 생기를 불어넣는 원리이다(AA 313). 천재가 취미의 행사를 통해 도달될 수 있는 형식적 정확함을 위한 재료적 상관성을 제공한다는 것을 말해주기에 이러한 언급은 중요하다. 정신은 "미적 이념

---

48   [역주] 48항 끝부분에서 칸트는 다음과 같이 말한다. "취미는 그저 판정능력일 뿐이고 생산적 능력이 아니다. (…) 우리는 당연하게도 예술작품이어야만 하는 어떤 작품에서 종종 취미 없는 천재를, 또 다른 어떤 작품에서는 천재 없는 취미를 발견할 수 있다."

을 현시하는 능력"이다(AA 313-314). 미적 이념은 많은 사고를 불러일으키지만, 많은 질료 (또는 직관) 때문에 개념에 적합할 수 없는 상상력의 표상이다. 이와는 반대로, 이성이념은 어떠한 직관에도 적합할 수 없는 개념 또는 원리이다. 예컨대, 그의 도덕철학에서 칸트는, 아무리 도덕적으로 잘 의도된 것이라 해도, 덕의 원리에 부응하는 어떠한 경험적 행위도 없다고 말한다.[49] 나는 미적 이념을 유발하는 능력이 예술을 넘어 일반적인 중요성을 갖는다고 생각한다. 우리 모두는 자연세계의 현실을 아주 다른 어떤 것으로 바꿀 수 있게끔 하는 상상력을 갖고 있기 때문이다. 우리가 이러한 비생산적인 방식으로 상상력을 사용할 때, 미적 이념에 대한 논의는 적합한 것이다. 왜냐하면 우리는 경험을 넘어서 지적인 어떤 것을 얻고자 노력하는 듯 보이기 때문이다. 이성이념과 마찬가지로, 미적 이념은 전적으로 개념의 포로가 될 수 없다. 그러기에 우리는 정신이 예술가에게만 해당한다고 결론을 내릴 필요는 없지만, 그러한 창조적인 정신은 그 어떤 것보다 대단할 정도의 이러한 질을 보여준다. 예술가는 그저 미적 이념을 받아들이기만 하는 것이 아니기에, 그는 예술작품에서 풍부하게 연상적인 질료에 대한 감관적 표현을 창조한다.[50] 이성이념이 그렇듯, 미적 이념은 완전성에 대한 추구를 수반한다. 비록 이 경우 그것은 감관을 넘어 우리에게 전달해주는 이성이 아니라 상상력이기는 하지만 말이다. 칸트는 모든 예술 중에서 시가 이성이념을 통해 감관을 넘어서는 최고의 능력이 있다고

---

49   칸트의 『도덕형이상학』(Part II, XVI, AA Volume VI, p. 409)의 "항상 전진하는" 것으로서의 덕에 관해서는 Allison, *Kant's Theory of Freedom*, pp. 170-171을 참고할 것.

50   AA 313 참고할 것. 여기서 정신은 "마음에 생기를 불러일으키는 원리"로 특징지어진다. 이는 똑같은 정도로는 아니지만, 모든 인간에 의해 공유되는 능력임을 시사한다.

생각한다. 예술작품은 그것이 일으키는 연상의 풍부함으로 사고를 움직이게 할 수 있다.

미적 "상징속성"은 상상적 연상의 풍부한 영역을 촉발하는 대상의 특징이다. 특별한 미적 상징속성의 결합은 미적 이념에 이른다. 우리가 또한 논리적 속성, 곧 대상의 경험적 특징을 알고는 있지만, 미적 연상은 우리의 포착을 풍부하게 하고, 그래서 대상을 바라볼 때 우리는 더 생각하도록 촉발된다. 미적 상징속성에 대한 칸트의 실례는 프리드리히 대왕(Friedrich der Große)이 그의 한 편의 시에서 세계시민적 이상과 아름다운 여름날의 감관적 쾌 사이에서 만들어내는 연상이다. 이러한 특별한 상징속성 또는 연상은 시가 미적 이념을 표현하는 데 도달하도록 기여한다. 시인의 마음은 생기로 차 있으며, 그리고 이것은 정신으로 간주된다. 프리드리히 대왕의 시의 경우, 사고는 감관적 이미지에 의해 생기가 불러일으켜지는 것이지만, 다른 경우에서는 그 관계가 역전되며, 그리고 우리가 보고 있는 어떤 것에 대해, 그것이 이념과 연관되기 때문에, 우리는 더 많이 생각한다.[51] 칸트는 시인인 비토프(Withof)의 사례를 든다. 아름다운 날을 묘사하고 있는 비토프는 태양의 광선을 도덕적 선함과 연관시킨다. 양자의 경우에서, 감관적 직관은 감관을 통해 표현될 수 없는 이성적 이념과 나란히 놓여 있다. 이러한 두 요소들을 종합하는 것이 불가능함에도, 그것들은 하나로 통일될 수 없다는 것 때문에, 생산적인 방식으로 서로 상호작용한다. 바라봄은 나로 하여금 더 생각하게 만들며, 그리고 생각함은 나로 하여금 더 강렬히 바라보게 한다.

---

51  [역주] 이와 관련 칸트는 다음과 같이 말한다. "다른 한편 지성적 개념도 역으로 감관의 표상에 대해 상징속성이 될 수 있으며, 그러기에 초감성적인 것의 이념에 의해 이러한 감관의 표상에 생기를 불러일으켜질 수 있다."(AA 316)

미적 이념은 "매우 다양한 부분표상들", 곧 미적 상징속성들의 결합이다. 미적 상징속성들에서는 마치 개념 — 이 개념은 풍부한 감관적 연상을 포획할 수도 있지만, 그럼에도 우리는 항상 그러한 것을 발견하지 못한다 — 이 발견될 수 있는 것처럼 보인다(AA 316). 결론의 결여는 참으로 이러한 상상력의 산물이 사고를 위한 생기를 불러일으키는 이유가 된다. 시인은 개념과 감관을 넘어서 있는 어떤 것의 이념을 연관시킨다. 시인의 (그리고 우리의) 인식능력을 활발하게 하면서, 그리고 기계적 기능뿐만 아니라 정신의 표현인 언어를 사용하여 묘사하면서 말이다. (이것은 칸트가 단지 개념의 역할이 아니라 언어를 논의하는 매우 드문 경우 중의 하나인 바, 그는 시를 언급함으로써 언어에 대해 논의하고 있다.)

천재를 위해 필요한 마음의 능력은 상상력과 지성이다. 이러한 능력들은 또한 인식을 위해 필요한 것이기도 하다. 그러나 인식에서는 상상력이 지성의 법칙에 따르는 것인 반면, 여기서 상상력은 자유로우며, 그리고 지성은 지식을 얻기 위해서가 아니라 순전히 우리의 사고에 생기를 불러일으키기 위해 감관적 질료를 사용한다. 어떠한 인식이 일어나지는 않지만 인식능력은 작용 중에 있으며, 그리고 이것은 인식을 위한 우리의 일반적 능력에 적합하다. 칸트가 신중하게 인식과 천재를 구별하고 있는 반면, 우리는 천재에 대한 그의 설명이 특별히 취미의 설명과 가깝다고 생각할 수 있다. 그럼에도 불구하고, 다음과 같은 점은 분명하다. 곧 취미와 천재는 구별되며, 그러기에 우리는 그것들이 완전히 똑같은 마음의 활동에 근거한 것이 아니라고 상정할 수 있다. 내가 해석하기에는, 똑같은 형식적 장치가 천재에서 그리고 취미에서 작동하는 반면, 상상력과 지성은 두 경우에서 각각 다르게 작용하고 있다. 이것이 바로 칸트가 언급한 능력들이 "일정한 비율로" 결합한다는 것의 의미이다(AA 316). 취미에서는 감관적 현상과 그러한 현상에 관해 사유하는 우리의 능력이 감각하는 것과 사유하는 것 사이의 균형이 있는 듯한 그러한 방식으로 조화를 이룬다. 천재는 감관적 현상이 사유하는 것을 최고도로 추동할 때 일어나는 것이다. 달성된 역동성이 조화로운 데 반해, 그것은 관조적 평온함이라기보다는 오히려 가속화된 것이다. 내가 말하고자 하는 바는 우리가 아름다운 어떤 것을 포착하는 것이 마음의 정체로서 일어난다는 것이 아니라 능력들의 역할의 변화가 천재와 비교할 때 평온하다는 것이다. 그러기에, 천재가 우리의 수용에서 취미를 불러일으키는 어떤 것을 생산하기는 하지만, 천재의 창조적 행위를 위해 필요한 인식능력들의 관계는 특별히 다른, 비록 형식적으로 유사하지만, 마음의 활동을 요구한다. 21항에서 소개된 용어로 말하자면, 천재는 취미와는 다른 마음의 균제관계(proportion)에 기초하고 있다.

첫째, 천재는 개념, 엄격히 말하자면 이성적 이념을, 감관적 수준에서는 결코 다 파악될 수 없는 것을 설명하거나 규정하는 것이 아니라 오히려 가능성을 열어두는 것에 관련된 그러한 방식으로, 표현할 수 있는 미적 이념을 발견한다. 둘째, 천재는 이념뿐만 아니라 원칙적으로 마음의 정조 또는 마음의 상태가, 이념을 천재의 마음에 동반하면서, 다른 사람들과 소통될 수 있도록 이러한 이념을 표현하는 방식을 발견한다. 첫째와 둘째 중 둘째만이 정신을 필요로 한다. 천재는, 우리 모두가 그러하듯이, 상상력을 통해 감관적 경험을 넘어설 수 있다. 그러나 오직 천재만이 관람자의 폭넓은 사고를 촉발하는 미적 이념에서 이러한 사고의 확장을 예술작품으로 소통할 수 있다. 그래서 상상력이 그렇듯, 정신은 특별히 천재에 있어서 활동적이다. 천재는 현상의 상상적인 가능성을 인지함으로써, 그리고 소통할 수 있는 개념을 발견함으로써 상상력과 지성을 결합한다. 예술가가 창안한 "개념", 곧 표현의 유형 (mode)은 독창적이어야만 하고, 규칙에 얽매여서는 안 된다. 비록 예술작품 그 자체가 뒤따라오는 다른 예술가들을 위한 범례적 규칙으로 기능할지라도 말이다.

천재는 모방[Nachahmung]이 아니라 계승[Nachfolge]을 위한 사례를 생산하는 독창성이다. 한 예술가는 다른 예술가의 풍부한 정신에 영향을 받을 수 있지만, 이미 창조되었던 것을 그저 반복해서는 안 된다. 그러기에 예술작품은 뒤따라오는 예술가들을 위한 학습—심지어 "교습"—을 제공한다. 모방의 긍정적이고 비기계적인 형식에 대한 요구가 있기 때문에, 예술가는 고고한 고립에 처해 있지는 않다. 만약 후대의 예술가가 단지 누군가의 작품의 모든 특별한 세부양식들을 베끼려고만 한다면, 이것은 "모작"으로 간주될 것이다. 또한 단지 독특성[독창성] 그 자체를 위해 반복하는 것은 기교적 수법(mannerism)으로 간주된 것이다. 모방의 이러한 두 가지 부정적인 형식들, 곧 "모작"과 "기교적 수법"과 관련된 문제는, 그것들이 세부양식의 수동적 생산에 너무 몰두해 있어 다른 예술가들에게 [모범적] 사례를 줄 수 없다는 데 있다.[52] 만약 학습적 훈련이 천재의 발전에 적합한 것이라고 한다면, 그것이 단순히 기계적인 것일 수 없다는 것은 여기서 분명한 것 같다. 규칙을 따르는 것이 단순히 교습적인 것이 아니라 범례적[모범적]이라면, 그것은 예술적 산물과 양립할 수 있다.

50항은 아름다운 예술에서 취미가 어떤 역할을 하는지에 대해 고찰하는 것으로 예술, 미적 이념 그리고 천재에 대한 논의를 마무리 짓는다. 칸트는 일관되게 예술이 정신의 풍부함 자체만으로 생겨나는 것이

52    Hughes, 2006a, pp. 317-320.

아니라 제약 또는 교습을 필요로 한다고 주장한다. 이제 그는 만약 상상력—이 지점에서 상상력은 천재를 대신한다—이 판단력, 곧 취미보다 더 중요한 것인지를 묻는다. 아름다운 예술이 취미를 필요로 하는 반면, 천재는 논의에서 새로운 범주인 정신이 풍부한 예술을 위해 필요한 것이다. 칸트는 예술이 꼭 천재의 산물이어야 할 필요는 없는—짐작건대 그것이 정신이 풍부한 것이라고 간주되지 않을 수도 있기 때문이다—것이지만, 예술이 상상력의 자유 그리고 취미와 아름다운 예술의 특징에 의해 요구된 지성의 합법칙성 사이에 있는 조화로운 관계를 불러일으켜야만 한다고 말한다. 그럼에도 앞서의 항에서는 천재가 아름다운 예술의 생산을 위한 특별한 능력으로서 입증되었으며, 그리고 취미는 그러한 생산에 적합한 규칙을 제공하는 능력이었다. 취미는 이제 훈육으로서 특징지어진다. 취미는 예술작품의 지속적인 가치를 가능하게 하면서, 교화, 세련, 명료함, 질서정연함 등을 도입한다. 이것은 이전에 논의한 바와 상당히 일치하는 것이지만, 칸트는 만약 취미와 천재 중에서 선택한다면 그것은 응당 상상력이 아니라 판단력이라고 말한다. 그렇지만 만약 천재가 풍부한 재료—그것이 없다면 형식은 전혀 예술이 아니라 순전히 교습적인 것일 터이다—를 산출하지 않는다면, 정말로 조정할 어떤 것도 없는가? 비록 칸트의 선택이 사변적이지만, 예술의 형식적 조건과 질료적 조건 사이의 긴장을 해소하는 관소 또한 그것의 소멸을, 그리고 역동적이 아니라 활기 없는 형식주의가 될 위험을 무릅쓰는 것 같다. 적어도 아름다운 예술은, 일종의 영감적인 예술—아마도 낭만주의 예술—과는 반대로, 통제의 결여를 두려워하여 교습의 수중에 들어가는 위험을 무릅쓴다.

결론적으로 칸트는 아름다운 예술이 상상력, 지성, 정신 그리고 취미를 필요로 하며, 그리고 앞의 세 능력들[상상력, 지성, 정신]은 넷째 능력[취미]에 의해 비로소 통합된다고 말한다. 이러한 능력들은 각각 아름다운 예술의 생산을 위해 필요하다. 그럼에도 앞서 논의했듯이, 천재나 정신이 아니라 취미가 가장 중요하다. 그리고 이 항의 처음에 그가 언급했듯이 정신이 취미의 대안이라기보다는 오히려 이제 취미가 정신을 포섭한다. 그럼에도 이전에 설명한 것에 의해 결론이 나는 것도 아니고, 50항에 이르기까지 제공된 예술적 창조의 풍부한 설명이 대표적이지도 않다. 이전의 항들을 통틀어 취미는 천재를 위해 필요한 교육자이다. 만약 천재가 단지 취미의 부분이거나, 반면에 만약 천재가 특유한 미적 산물을 생기게 한다면 어떻게 될까? 확실히 칸트는 다음과 같이 주장했어야만 했다. 곧, 취미와 천재는 서로 생산적인 긴장 관계에 있다. 그리고 취미와 천재는, 예술이 규칙에서 생겨나지 않고 오직 독창적인 (비록 훈육에 의한 것이라 해도) 범례성의 산물인 한, 그러한 긴장 관계에 있지 않으면 안 된다고 말이다.


**연구를 위한 물음**

1. 예술작품은 취미판단을 불러일으킬 수 있는가? 자연미와 비교해서 예술작품에서 결핍된 것은, 있다고 한다면, 무엇인가?
2. 천재는 규칙들을 필요로 하는가? 그렇다고 한다면, 어떤 종류의 규칙들인가?
3. 45항에서 소개된 자연미와 아름다운 예술 사이의 상호적 함축은 당신이 무엇이 훌륭한 예술작품으로 간주될 수 있는지를 생각하는데 도움을 주는가?
4. 훌륭한 취미는 천재를 가르치는가 아니면 억압하는가?

## 6. 다양한 예술들 사이의 관계

『미적 판단력 비판』의 이어지는 항들은 광범위한 예술적 창조성의 표현과 다양한 예술들과 미적 판단의 관계에 대한 설명을 제공한다. 마음의 형식적 활동에 근거한 쾌를 불러일으킬 수 있는 대상을 표상하는 예술들이 최고의 지위를 차지한다.

51항은 다소 놀라운 진술로 시작된다. 곧, 모든 미 ─ 예술미와 자연미 둘 다 ─ 는 미적 이념의 표현으로 간주된다. 앞선 항에서, 미적 이념이 필연적으로 예술적 천재의 창조성과 결합된다는 결론이 쉽게 도출된다. 비록 내가 해석하기로는 그렇지 않다고 할지라도 말이다. 살펴보았듯이, 천재는 두 가지 원천, 곧 첫째로 사유의 확장을 가능하게 하는 상상력의 활동에서, 둘째로 대상의 생산에 있어서 이것의 표현에서 비롯된다. 그러기에 미적 이념을 갖는 것과 그것을 예술작품으로 표현할 수 있는 것은 구별된다. 미적 이념을 갖는 것은 모든 수용적으로 판단하는 주관에서 가능한 반면, 미적 이념을 예술작품으로 표현할 수 있는 것은 예술생산자에게만 해당된다. 이제 칸트는 심지어 자연미도 이념의 표현으로 간주한다고 말한다. 비록 이 경우 이념은 자연현상에 대한 우리의 반응으로부터 오는 것이지만 말이다. 이는 이전에 살펴본 칸트의 주장, 곧 우리가 마치 자연이 예술작품인 것처럼 바라보는 한, 자연미는 만족을 준다는 주장에서도 확인할 수 있다.[53] 취미와 천재는 밀접히 연관된 능력들이며, 그리고 칸트가 천재는 취미를 필요로 한다고 이미 논의했듯이, 마치 예술적 창조물인 것처럼 자연세계의 측면을 볼 때, 취미가 천재를 따라한다고도 말할 수 있는 것 같다.

---

53    45항 참고할 것.

미 일반에서 중요한 위치를 점하는 표현의 방식은 다양한 예술들의 관계를 설명하는 데 핵심적인 것이다. 그는 표현을 기본적으로 말, 몸짓 그리고 소리에서 소통하는 능력으로 본다. 이는 각각 언어예술, 조형예술 그리고 "감각들의 유희의 예술(외적 감관인상들)"에 상응하지만, 모든 예술은 언어소통의 특징을 모델로 삼는다(AA 321). 나는 칸트가 언어를 시각예술보다 선호하는 것이, 언어로 소통할 때 표현이 더 직접적이게 된다는 믿음에서 비롯된 것이라고 보지 않는다. 우리는 감정의 소통가능성이 미적 판단의 특징으로서 입증되었다는 것을 잊어서는 안 될 것이다. 규정된 개념을 통한 미의 소통이 배제되는 반면, 말의 비규정적인 함축을 통한 소통에는 어떠한 금지도 없다. 시 예술은 바로 이러한 방식으로 작용하며, 그리고 칸트가 보기에는 예술에서 최고의 지위를 점한다. 시 예술과는 반대로, 웅변술은 아름다운 예술의 주변부에 머무른다. 웅변술은 설득의 목적으로서 기능하기 때문에 자유로운 것이 아니다.

조형예술은, 조각이나 건축과 같이 공간상의 형태를, 그리고 회화에서와 같이 공간상의 형태의 환영을 표현한다. 조형예술에서는 미적 이념이 "원상(原象)"을 제공한다. 비록 다양한 예술적 효과, 또는 칸트가 말하듯이 "모상(模像)"이나 "모형"이 각각의 경우에 산출되지만 말이다. 그리고 조각 예술이 순전히 미적 이념의 표현에 관계하는 것이라고 한다면, 건축 예술은 항상 건물이 세워지는 목적을 고려해야만 한다. 웅변술과 마찬가지로, 건축은 아름다운 예술에 포함될 수 있는 후보자이며, 그리고 그 지위는 피할 수 없는 유용성의 고려 때문에 침해될 공산이 있다.

칸트는 회화를 본래적인 회화와 정원예술로 다시 구분한다. 그는 가장 넓은 의미에서 회화의 범주에 실내장식이나 유행하는 옷 등을 포함하면서 매우 폭넓은 입장을 취하고 있다. 왜냐하면 이러한 활동들은 그 순전한 형식에서 눈을 만족시켜 주는 것들을 창안하기 때문이다. (프루스트(Proust)는 또한 그의 소설 『잃어버린 시간을 찾아서』에 등장하는 알베르틴(Albertine)이 입은 포르투니 옷(Fortuny dress)을 묘사하면서 유행을 아름다운 예술로 격상시킨다.)[54] 이미 앞서 살펴보았듯이, 칸트는 영국식 정원의 미가 특히 자유롭다고 보았다. 이제 그는 정원예술이 자연의 산물들—예컨대 식물들과 나무들—을 아름답게 배열한다고 말한다. 분명히 그는 정원이 미를 위해 필요한 특징인 디자인을 보여준다고 생각한다. 물론 오직 이루어진 형식이 목적 없이 합목적적인 한에서만 그렇지만 말이다. 이런 이유로, 프랑스식 정원의 형식은 자유로운 미로 간주될 수 없다.

아름다운 예술, 곧 감각들의 아름다운 유희의 예술들의 세 번째 범주는 음악과 "색채예술"이다. 이 예술들은 감각에서 진동을 만들어낸다. 여기서 일어나는 "긴장" 또는 정조의 특정한 정도는 감각의 "음조(tone)"로 간주된다. 칸트는 이러한 예술들이 "음조"에 의해 감각의 고조된 활동을 만들어냄으로써 작용한다고 생각하는 것 같다(AA 324). 음조는 청각적이거나 시각적이다. 듣는 것과 보는 것은 우리가 외부세계를 포착하는 데 필요하지만, 그것들을 통해 우리는 또한 심지어 우리가 대상에 관해 규정적인 어떤 것을 얻고자 하지 않을 때에도 우리가 마음에 들어 하는 현상들에 반응할 수 있다. 칸트는 이렇게 '특별한' 감각들이 오로지 감관의 차원에서만 작동하는지 아니면 반성과 결합될 수 있어서 잠재적으로 아름답다고 간주될 수 있는지에 대해 확답을 내

---

54  예를 들어, Proust, 2000, Volume V, 'The Captive', pp. 40-41을 보라. 프루스트는 여기서 포르투니 옷을 하급 디자이너가 만든 '독창적인' 그리고 재생산할 수 없는 것으로 논의하고 있다.

리지 않는다. 14항에서 처음 제기된 이 문제는 우리에게 익숙한 것이다. 칸트는 14항에서 색채 지각이 감관뿐만 아니라 반성을 수반한다는 물리학자 오일러의 입장을 지지하는 듯 보인다. 그는 이제, 음조가 미적인 것이 아니라 단지 쾌적한 것으로만 우리에게 만족을 준다고 말하면서, 음조 진동의 급격한 속도가 그것들을 판단하는 우리의 능력을 좌절시킬 가능성을 생각한다. 이 단계에서 칸트 스스로 음조예술이 순전히 쾌적한 것인지 아닌지에 관해서는 불가지론자로 자처한다. 왜냐하면 그는 다른 측면에서는 음악이 진동의 수학적 비율을 형성하고, 그러기에 반성을 수반해야만 한다고 논의될 수 있음을 덧붙여 말하고 있기 때문이다. 또한 지각이 손상되지 않은 사람들임에도 불구하고, 그들이 음조 진동을 구별할 수 없을 수도 있다. 칸트의 입장은 다음과 같은 듯 보인다. 음들을 구별하지 못하는 것은 단지 감관의 결핍뿐만 아니라 반성하는 능력이 부재하기 때문이다.

음조가 너무 빨라서 우리의 판단에 포착되지 않는다는 이의에 대해 미적 판단에서의 반성적 능력이 여기에 나타날 수 없어서 그렇다고 말할 수도 있을 터이다. 우리가 그림을 보거나 시를 들을 때, 우리는 그 복합성을 계산하기 때문이 아니라 오히려 우리의 마음이 비규정적인 방식으로 확장되기 때문에 그것을 아름답다고 말한다. 연상이 일어나는 횟수를 판단한다기보다는 오히려 우리의 판단력은 어떤 결론적인 판단을 내리지 않도록 고무된다. 곧, '이것은 아름답다'라는 결론적인 판단을 내리는 것이 아니라 오히려 제약되지 않은 개방된 방식으로 판단력을 행사하는 것이다. 나는 왜 청각적 음조나 시각적 음조가 이에 도달할 수 없는지를 이해하지 못한다. 로스코의 〈시그램 벽화〉에 표현된 색채의 확장은 어떤 것을 볼 수 있게 하고, 동시에 반성하게 한다. 나의 바라봄이 반성적이라고 간주되는 이유는 그것이 주어진 것의 영

역을 넘어서 탐구하며, 그리고 즉각적으로 감지된 것을 넘어서는 차원
으로 나의 사유를 확장하기 때문이다. 이러한 "넘어섬"이 이성적 이념
이 아니라 여전히 감관적 가능성으로 남기에, 색채의 미적 표상이 단순
히 감관적, 적어도 일상적으로 감관적이지는 않다. 나의 요점은 다음과
같다. 심지어 칸트가 반성적으로 만족을 주는 것이라고 간주한 사례들
조차도 음조예술의 미적 지위에 대한 이러한 이의에 의해 표명된 기준
을 달성하지 못하며, 그리고 일단 미적 반성의 적절한 특성이 확립된다
면, 음조예술 또한 수정된 테스트를 통과하지 못할 이유는 없다.

　정원이 눈만 만족시키는 것, 그것이 정원이 미적이라는 자격을 준다.
초기에 칸트가 눈을 만족시키는 것에 관해 말할 때, 그는 시각을 다른
감관들과 대비하지 않았으며, 그리고 우리는 미적 쾌가 마음의 반성적
활동과 결합하여 어떤 감관들을 위해 일어나는 것이라고 생각하고 싶
어 했을지도 모른다. 살펴보았듯이, 이러한 제한은 칸트가 오직 몇몇
감관적 지각만이 반성적 활동을 불러일으킨다고 주장한 것에서 비롯된
다. 이제 칸트는 촉각이 미에 특징적인 형식을 드러내지 못한다고 말한
다(AA 323). 이것은 칸트의 형식주의가 해명되기보다는 오히려 제한
적이게 될 때와는 다른 경우이다. 미적 가능성의 영역에서 촉각을 배제
한 사람이 칸트뿐만은 아니지만, 그가 그렇게 했다는 것이 틀렸다는 점
은 논의할 만하다. 메를로퐁티는 시각과 촉각이 불가분하게 시로 연관
되어 있다고 분명하게 밝혔다.[55] 칸트가 어떻게 촉각이 우리로 하여금
사물의 형태에 접근하게 하는지, 그리고 오직 시각만이 그렇게 할 수
있다는 그의 결론이 놀랄 만한 것이 아니라고 말할 수 있었는지를 이해
하기란 쉬운 일이 아니다. 칸트는 그의 형식주의를 확장할 수도 있었

---

55　Merleau-Ponty, *Phenomenology of Perception*, Part 2, chapter 1 참고할 것.

다. 미적 형식은 촉각이 우리로 하여금 시각이 할 수 있는 것보다 더 즉
각적인 방식으로 접근하게 하는 미적 질료와 항상 관계하고 있다고 설
명하면서 말이다. 예술에 관한 칸트의 논의에서 보았듯이, 그는 천재의
능력이, 미적 이념에서의 표현을 위한 재료의 풍부한 영역을 발견할
때, 그저 형식적인 고려를 넘어서는 능력이라고 말한다.

　52항은 동일한 예술작품 내에서 다양한 예술들의 결합에 대해 다루
고 있다. 시와 음악이 노래에서, 노래와 무대가 가극[오페라]에서, 그
리고 음악과 무용이 유희[발레]에서 결합될 수 있듯이, 웅변술과 연극
은 결합될 수 있다. 바그너(Wagner)와 니체(Nietzsche)가 오페라를 종
합예술작품[Gesamtkunstwerk]의 이상이라고 추켜세웠던 반면, 칸트
는 이러한 혼성체의 장점에 대해 의심하는 것 같다.

　이 항의 핵심 주제는 아름다운 예술의 형식적 지위와 질료의 상대적
사소함을 강조하는 데 있다. 그럼에도, 여기서 칸트가 말하고자 하는
바는, 예술작품의 질료적 내용이 목적 없이 합목적적으로 만족할 만한
것이라면, 어떤 형식에 도달해야만 한다는 것이다. 그는 여기서 형식적
고려가 예술적 창조의 (단지 필요조건이 아니라) 충분조건임을 말하는
것으로 족하다고 보는 듯하다. 우리는 이미 칸트가 형식과 질료의 관계
를 설득력 있게 설명하려고 애쓴 몇몇 경우를 이미 보았다. 비록 내가
언급했듯이, 그의 핵심적인 설명이 이를 배제하고 있지는 않을지라도
말이다.

　이제 칸트는 오직 우리가 미를 도덕적 이념과 결부시킬 경우에 한해,
우리가 미의 가치에 대해 불만족하게 되는 것을 피할 수 있다고 결정적
으로 말한다. 그는 이것이 예술미보다는 자연미에서 쉽게 성취된다고
생각한다. 여기서 그는 미와 도덕을 너무 강하게 연결할 위험에 처해
있다. 실상 그는 부수적인 미에 대한 설명에서, 그리고 42항에 있는 미

에 있어서 도덕적 관심에 대한 설명에서도 이러한 연결을 거부했다. 그런데 여기서는 마치 그가 예술작품이 그것의 형식적 지위를 유지하기 위해서 도덕적이어야 하며, 그러기에 미적 감상이 될 수 있어야만 한다고 말하는 것처럼 보인다. 그럼에도 불구하고 그가 말하고자 하는 바는 어떤 미도, 자연미이든 예술미이든 간에, 단지 감관들의 인과적 영향으로부터 생겨나는 것은 아니라는 것이다. 어떤 것이 미적으로 간주되려면 그것은 초감성적인 것, 곧 이성이념에 따르는 방식으로 반성을 위한 공간을 열어두어야만 한다. 예술작품은 우리로 하여금 주어진 것을 넘어서게 하지만 도덕적 목적에 의해 이미 그리고 전적으로 규정되어서는 안 된다. 이 단계에서 그가 충분한 엄밀성과 설명으로 논의하고 있지 않기 때문에, 그가 이제 미가 궁극적으로 도덕적 근거를 갖는다고 말한다는 인상을 준다.

예술의 분류체계를 논의한 후에 칸트는 53항에서 예술들 사이의 등급을 매기려고 한다. 시 예술은 최상의 지위를 점한다. 왜냐하면 시 예술은 사고의 최대한의 풍부함에 부합하는 형식을 발견함으로써 "우리의 마음을 넓혀주기" 때문이다(AA 326). 흥미롭게도, 칸트는 비록 시 예술이 환영[가상]을 사용하지만, 이러한 환영[가상]으로 기만하지는 않는다고 말한다. 그러기에 우리는 모든 예술적 환영이 다 속임수가 아니라는 결론을 내려야만 한다. 이것은 42항에서 논의된 기만에 상응하는 예술적 환영에 대한 다소 성급한 판단과 대조된다. (그러나 45항에서 논의된 더욱더 복잡한 설명을 참고하라.) 우리가 자연을 넘어서 있기 때문에, 칸트는 초감성적인 것의 차원을 확보할 수 있다고 주장한다. 여기서 그는 초감성적인 것을 직접적으로 도덕과 연계하고 있는 것 같다. 그러나 우리는 나중에 "취미의 변증론"에 대한 논의에서 그러한 연계가 너무 단순하다는 것을 살펴볼 것이다.

음악[소리예술]은 마음을 자극한다. 음악은 숙고할 수 있는 무엇인
가를 남겨놓지 않기 때문에, 감각들만으로 자극을 한다. 이런 이유로
칸트는 음악이 아름다운 예술에서 가장 낮은 자리를 차지한다는 결론
을 내린다. 초기의 논의에서 칸트가 음조예술에서의 반성의 역할에 대
해 결론을 내리지 못했고 음악이 미적 감상을 할 만한 시간적 형식을
나타낼 가능성을 열어 둔 것과는 달리, 이제 칸트는 음악이 전적으로
정서(emotion)의 차원에서 작용한다는 결론을 내린다. 시각예술[조형
예술]은 우리의 관조적 주목을 사로잡는 어떤 것의 생산에 의해 지속되
는 반성적 만족을 불러일으킨다는 점에서 음악보다 훨씬 우위에 있다.
시각예술이 장기간 우리의 주목을 유지하는 능력이기 때문에 결정적으
로 칸트가 보기에 오직 일시적인 쾌를 주는 음악보다 우월한 지위를 갖
는다. 시각예술들 중에서, 회화가 맨 앞에 위치한다. 왜냐하면 회화는
소묘에 기초하고 있고, 우리를 감관적 지각을 통해 이념의 영역으로 인
도할 수 있기 때문이다.

이것은 확실히 음악에 대한 설득력 없는 설명인 바, 음악적 주제가
긴 시간 동안 전개될 수 있고, 또한 미적 주목의 "대상"에 대해 응당 환
원적으로 생각할 수 있다는 식의 설명을 빠트리고 있기 때문이다. 비록
음악이 질료적 대상은 아닐지라도, 왜 음악작품이 하나의 현상으로서
우리의 주목을 유지할 수 없다고 하는가? 칸트는 시각예술이 특정한
이념에서 감각으로 나아가는 반면, 음악은 감각에서 비규정적인 이념
으로 나아간다고 말한다. 그런데, 다음과 같이 말하는 것이 훨씬 더 그
의 입장을 대변하는 것 같다. 곧, 미는 감관에서 출발하지만, 이성적 이
념과 유사하나 구별되는 비규정적인 이념으로 넘어간다. 음악에 대한
칸트의 저평가는 일관성 있는 논쟁에서 비롯된 것이라기보다는 그의
편에 있는 마음의 ─ 또는 미적인 ─ 벽과 더 관련되는 것 같다. 설마 음

악에 대한 그의 경험이 그로 하여금 음악에서 생겨나는 쾌가 본래 감정
적 정서이거나 신체적인 것이라고 믿게 했을까? 칸트가 음악에 대한
미적 감각이 부족해서 음악이 미적이지 않다는 결론을 내렸을까? 음악
에 대한 그의 평가를 단지 전기적 세부내용을 갖고서 설명할 수 있다고
생각하는 것은 옳지 못할 터이다. 칸트가 음악이 사람들이 바라는 것보
다 그 영향력을 더 확장시킨다고 말할 때, 그 자신이 그의 철학적 집중
을 방해한 근처의 찬송가 노래에 대해 불평했다는 것을 기억하지 않기
는 어렵다!

  『미적 판단력 비판』 1편의 끝에 있는 "주해"에서, 칸트는 음악을 웃
음(또는 유머)과 연관시킨다. 각자가 미적 이념의 표현을 통해 사고의
유희를 필요로 하기 때문이다. 양자에서, 우리는 주로 신체를 통해 우
리에게 영향을 미치는 일련의 연상으로 인해 쾌를 경험한다. 농담은 기
대가 갑자기 사라질 때 생겨나고, 그 결과 우리는 웃음을 짓는다. 비록
우리의 마음이 연관되어 있지만, 음악과 웃음[유머]은 우리에게 육체
적인 즐거움을 준다. 그러나 그것들이 사고의 자유로운 탐구의 사례들
은 아니다. 목적, 곧 즐거운 반응을 불러일으키려는 의도는 양자를 지
배한다. 쾌적한 것을 달성하려는 목적은 순전히 미적 지위를 위한 이념
의 유희에 대한 이러한 사례들의 자격을 얻지 못하게 하는 데 충분한
것이다. 음악과 웃음에 대한 칸트의 평가에는 적어도 두 가지 중요한
문제가 있다. 첫째, 양자 중 어느 것도 신체적으로 영향을 줄 수 없다는
것은 논쟁의 여지가 있다. 둘째, 신체에 대한 그의 개념이 너무 간단하
다는 것은 논쟁의 여지가 있다. 여기서 하나의 대안적인 설명은 신체는
세계를 인식하는 방법이며, 단지 그것에 의해 인과적으로만 영향을 받
는 것이 아니라는 가능성을 열어놓을 것이다. 이것은 (후기 연구에서)
후설에 의해 그리고 메를로퐁티에 의해 도입된 현상학적 입장이다. 신

체에 대한 이러한 새로운 이해가 형성되면서, 음악과 웃음[유머]이 육체의 차원에서 영향력을 갖고 있다 하더라도, 그것들은 여전히 순전히 감관적인 것을 넘어 갈 수도 있으며, 그러기에 반성적 인식의 형식으로 간주될 수 있다고 말할 수 있을 터이다.

우리는 『미적 판단력 비판』의 1편인 「미적 판단력의 분석론」의 끝에 와 있다. 1편 「미적 판단력의 분석론」은 '미의 분석론'에서 미를, '숭고의 분석론'에서 숭고를, 그리고 '순수한 미적 판단의 연역'에서 취미의 문제를 다루고 있다. 이제 우리는 아마도 자연적 대상과 예술적 대상에 관련된 미적 반성적 판단에 대한 칸트의 설명이 결론에 이르렀다고 생각할 수도 있을 터이다. 그러나 이러한 결론은 칸트의 입장과는 다르다. 왜냐하면 그는 이제 그러한 판단이 기초하고 있는 특별한 원리가 무엇인지 그리고 심지어 그 원리의 가능성과 관련해서 질문을 다시 도입할 것이기 때문이다. 이러한 의심은 『판단력 비판』 전체에 걸쳐 지속적으로 출몰했으며, 그리고 다시 『판단력 비판』의 1부 『미적 판단력 비판』의 2편 「미적 판단력의 변증론」에서 다루어질 것이다.

**연구를 위한 물음**

1. 최고의 순위로 그리고 최하의 순위로 매겨진 예술들은 칸트의 평가를 받을 만한가? 만약 있다고 한다면, 당신이 생각하는 순위는 무엇인가?

2. 음조예술에서 무엇이 논쟁거리가 되고 있는가?

3. 모든 미는 미적 이념의 표현이라는 칸트의 말은 놀라운 것인가?

4. 칸트의 관점에서 볼 때 "회화"란 무엇인가? 그리고 회화가 어떻게 아름다운 예술이 될 수 있는가?

## 7. 미적 판단의 변증론: 미와 초감성적인 것

『미적 판단력 비판』의 마지막 항들은 "초감성적인 것(the supersensible)"에 대한 논의를 다루고 있다. 이제 칸트가 취미가 이 세계 너머 있는 어떤 것에, 적어도 감관적인 것을 넘어서는 도덕적 능력에 근거하고 있다고 주장하는 듯 보일는지 모른다. 만약 그렇다고 한다면, 『미적 판단력 비판』은 상위의 원리인 이성에 근거하기 ─ 칸트는 22항에서 이러한 가능성에 대해 묻고 있다[56] ─ 때문에 취미는 자율성을 가질 수 없다는 결론에 마침내 이르게 될 터이다. 그렇지만 나는 초감성적인 것의 세 가지 특성, 그리고 우리의 인식능력과의 동일성을 강조함으로써 그렇지 않다는 것을 보여줄 것이다.

55항은 미적 판단의 변증론을 다루고 있다. 일반적으로 말하자면, 변증론은 반대되는 설명 원리들 사이의 상충이다. 하나의 그러한 상충은, 경험을 설명하기 위해 이성의 능력을 사용하려고 시도되는 한에서, 『순수이성비판』에서 일어났다. 칸트에 따르면, 이성의 원리가 총체성으로서의 경험을 규정하고자 할 때, 그것은 필연적으로 변증론을 발생시킨다. 이성은, 도덕적 사용이라기보다는 오히려 자신의 지성적 사용에서, 총체성으로서의 무한을 파악하고자 한다. 지성의 원리에 근거하면서 누적된 규정만을 받아들이는 경험에 대한 어떠한 총체적인 설명도 있을 수 없다. 그럼에도 불구하고, 이성이 규제적으로, 곧 총체성의 이념을 강요하는 것은 아니지만 그것으로 향하게끔 하는 것으로 사용된다면, 이성은 경험 내에서 타당한 역할을 한다. 경험이 이런 방식으로 접근될 때, 칸트는 우리가 자연의 체계성의 이념을 도입할 수 있고,

---

56 [역주] 칸트는 22항에서 다음과 같이 묻고 있다. "취미판단은 단지 저 고차적인 이성의 원리를 적용한 하나의 실례를 보여줄 뿐인가?" (AA 240)

변증론에서 벗어난다고 발한다.[57]

　변증론은 오직 원리의 차원에서, 곧 판단이 아프리오리하게 보편적
지위를 요구할 때 생겨난다. 그것은 감관의 판단과 같이, 원리 없이 작
용하는 판단의 결과가 아니다. 심지어 취미판단에 관한 사람들 사이의
불일치도 변증론에는 이르지 못한다. 칸트는 이것이 어느 누구도 그 자
신의 판단을 보편적인 규칙으로 만들 수 없기 때문이라고 말한다. 그가
주관적 보편타당성을 요구하는 것으로 취미판단을 특징지었던 것을 떠
올리면 이것은 정말 놀라운 것인가? 그렇지만, 칸트는 이따금 특정한
대상에 대한 나의 미적 선호가 보편적으로 타당하다는 것을 요구하는
것과 오직 나의 마음의 능력의 어떤 균제관계를 통해 판단하는 나의 능
력에 대해 보편타당성을 요구하는 것을 구별한다. 이러한 구별은 그의
8항에서의 언급, 곧 취미판단에서는 오직 그것이 근거하고 있는 보편
적 소리만이 "요구된다"는 언급에 함축되어 있다(AA 216). 이미 살펴
보았듯이, 앨리슨은 일차-단계의 미적 판단과 이차-단계의 미적 판단
의 구분이 37항에 놓여 있으며, 그리고 오직 판단의 원리만이 주관적
보편타당성을 요구할 수 있고, 그러기에 연역을 필요로 한다고 주장한
다.[58] 그럼에도 불구하고, 또 다른 곳에서 칸트는 우리의 특정한 미적
판단의 주관적 보편타당성에 대해 고민하고 있는 것 같다. (예컨대, 20
항을 보라.) 나는 또한, 판단함 그 자체의 활동을 아는 것은 아름답다
고 간주된 대상에서 취해진 쾌에서 그리고 쾌를 통해서만 가능한 것이
기 때문에, 어떻게 비판적 과제를 원리의 차원에서만 제한하는 것이 유
지될 수 있는지는 분명하지 않다는 점을 언급했었다. 이러한 문제에 대
해, 37항에 대한 나의 해석에 따른 가능한 해결은 다음과 같다. 곧, 연

57　『순수이성비판』, A 642-704, B 670-732.
58　Allison, 2001, pp. 173-174.

역에서 요구된 타당성은 원리에 관계하는 것이지만, 일차-단계의 판단
들은 원리에 좌초하기 때문에, 그것들은 너무 주관적인 보편성을 갈망
한다. 어떤 특정한 미적 판단은 자기 자신에게 대상이자 법칙으로서의
판단력을 행사할 수 있는 자격을 갖는 데 실패하며, 그러기에 주관적
보편타당성에 대한 일차-단계의 미적 판단의 요구는 오류에 빠지기 쉽
다. 이와는 반대로, 칸트는 이제 그가 마침내 취미의 원리가 인간 경험
의 필연적인 조건이며, 그러기에 그것의 주관적 타당성은 이론의 여
지가 없다고 믿는다. 그럼에도 취미는 궁극적으로 이상적이다. 왜냐하
면 우리는 또한, 취미의 원리를 올바르게 적용했는지, 그렇게 해서 우
리는 다른 사람의 동의를 오직 요구만 할 수 있을 뿐, 다른 사람이 그렇
게 해야만 한다는 것을 증명할 수는 없다는 것을 확신할 수 없기 때문
이다. 이런 방식으로 해석한다면, 합치의 가능성을 목표로 하는 것과
동시에, 왜 취미와 관련해서 불일치가 일어나는지를 이해할 수 있다.

칸트는 '어느 누구도 판단을 보편적인 규칙으로 만들고자 하지 않
는다'고 말하고 있지만, 실상 특정한 미적 선호의 오류가능성 때문에
'어느 누구도 판단을 보편적인 규칙으로 만들어서는 안 된다'고 말하는
것이 더 정확했을 터이다. 그에 반해, 선험철학자는, 인식의 주관적 조
건, 곧 공통감으로 소급되는 취미의 연역을 제공함으로써, 개인의 판단
이 근거하고 있는 원리에 대한 주관적 보편타당성을 요구할 수 있다.
그러나 그 철학자는 변증론을 해결해야만 한다. 변증론은 취미의 원리
의 본질과 우리의 미적 선호를 법칙으로 정하는 그것의 능력을 문제 삼
고 있다. 이러한 문제에 답이 주어지지 않는다면, 취미가 법칙적인지
아닌지의 여부, 그리고 당연한 귀결로, 그것의 원리가 그러한 자격을
갖추고 있는지의 여부가 물음으로 남게 된다. 판단력이 세계에 대한 우
리의 미적 포착을 법칙으로 정할 수 없다고 한다면, 미적 판단을 위한

어떠한 특별한 능력도 처음부터 없는 것이다.

　그러기에 칸트는 미적 판단을 탐구하는 마지막 항을 시작하면서, 22항에서 명시적으로, 그리고 『미적 판단력 비판』의 곳곳에서 출몰하는 유령을 다시 불러낸다. 곧, 미적 판단을 위한 특별한 능력이 있다고 입증하는 것이 가능한가? 이 물음과 관련하여 기이한 것은 『미적 판단력 비판』의 끝부분에서 취미의 가능조건이 확립되지 않았다는 데 있다. 왜냐하면 취미가 가능하지 않다면, 취미의 비판을 저술할 어떠한 정당성도 없기 때문이다. 나는 취미의 매개적 지위가 지속적으로 철학적 규정에서 벗어나게끔 하고, 간접적으로 오직 사례를 통해 접근이 가능하게끔 한다고 말한 바 있다.

　그런데, 취미의 원리에 관한 '논의(dispute)'란 무엇인가? 이것은 칸트가 56항에서 던지는 질문이다. 사람들은 종종 취미에 관해서는 논의할 수 없다고 말한다. 곧, 모든 사람이 저마다의 고유한 취미를 갖고 있다. 이것이 의미하는 바는 취미는 순전히 주관적이며, 그리고 우리가 어떤 것을 아름답다고 부를 때, 다른 사람이 우리에게 동의해 줄 것을 요청할 수 없다는 것이다. 또한 취미에 관련된 일상의 관점은, 취미가 규정된 개념을 통해 설명될 수 없기 때문에 그것에 관해 이성적인 논의를 하기란 불가능하다는 것이다. 그럼에도 불구하고, 원리에 근거해서 중재할 어떤 방법도 없지만, 우리는 서로 다른 선호에 대해 다투곤 한다. 칸트는 다음과 같이 말한다. 우리가 어떤 것에 대해 '논쟁' 할 수 있다면, 그래서 단순히 각 개인의 선호가 모든 사람의 선호에서 완전히 차단되지는 않는다는 것을 알게 되자마자, 곧 우리는 이율배반을 확인할 수 있다. 취미에 관한 일반적인 의견에서 일어나는 상충은 취미의 원리와 관련된 변증론적인 상충, 또는 "이율배반"으로 소급될 수 있다. 한편으로 취미판단은 개념에 기초하지 않는다. 왜냐하면 우리는 최종적인 결론에 도달하려는 의도에서 취미에 관해 이성적으로 논의할 수 없기 때문이다. 다른 한편으로, 취미판단은 개념에 기초해야만 한다. 왜냐하면 그렇지 않다면, 취미에 관해 논쟁하고, 심지어 다른 사람이 동의할 것을 요구하는 것은 아무런 의미도 없기 때문이다.

칸트는 57항에서 이러한 이율배반에 대한 해결책으로 하나의 개념이 취미원리의 지위에 대해 두 가지 상충하는 설명에 적용된다는 것을 밝힌다. 이러한 신중함은, 왜 취미가 불가피하게 그러한 불일치를 일으키는지를 명확히 하면서, 이전 항에서 고려된 두 일상들의 이면에 감관을 유지하는 방식을 드러낸다. 이것은 왜 칸트가 여전히 취미의 가능성을 확립하려고 애쓰는지를 설명하는 데 도움을 준다. 왜냐하면 취미의 지위가 일상에서 두 가지 완전히 상반된 방식으로 비추어진다면, 이는 아마도 취미가 인간의 삶에 필요한 어떤 것이 아니라 철학자의 꿈이 될 수도 있기 때문일 것이다. 칸트는 이를 우려해 취미를 구제하는 방식이 있음을 보여주고자 한다.

취미판단은, 지성개념이 지식을 불러일으킬 때와 같은 그런 방식으로 대상을 규정하는 개념에 기초할 수 없다. 그렇지만, 이성의 개념에서 대안을 찾을 수 있다. 이성의 개념, 더 적절하게는 "이념"은 직관의 근저를 이루는 "초감성적인 것"을 나타낸다(AA 339). 비록 칸트가 비규정적이거나 비규정적일 수 있다는 식으로 말하고는 있지만, 그는 이 용어가 정확하게 무엇을 의미하는지를 밝히고 있지는 않다. 아마도 칸트의 숭고에 대한 설명에서 초감성적인 것이 이성적이고, 궁극적으로는 도덕적 능력의 이념이었다는 것을 기억하는 게 도움이 될 터이다. 가장 단순하게 설명하자면, 초감성적인 것은 사고의 능력을 통해 그리고 도덕적인 행위에서 감관세계를 넘어서는 이성적 능력이다.

칸트는, 대상에 대한 선호가 쾌의 감정의 표현이고 따라서 단지 사적

인 한에서, 이제 모든 사람이 자신의 취미를 가지고 있다는 것을 인정한
다. 그렇지만, 동시에 우리 자신을 위해 미적으로 판단하는 데 있어서,
우리는 또한 보다 폭넓게, 곧 다른 모든 판단하는 주관을 위해 판단한
다. 그러기에 우리는 우리의 판단력을 두 번째 종류의 개념, 곧 판정하는
주관과 대상에 대한 감관적 직관 둘 다를 넘어가며, 그리고 심지어 둘 다
의 근저를 이루는 어떤 것의 이념, 곧 초감성적인 것에 근거를 둔다.

우리가 취미를 "판단력에 대한 자연의 주관적 합목적성의 근거가 되
는 일종의 [초감성적인] 개념"에 기초한 것이라고 본다면, 그 원리의
차원에서의 명백한 모순은 사라진다(AA 340). 이것은 칸트가 『판단력
비판』의 두 서론들에서 폭넓게 논의하면서도 본문에서는 가끔 언급하
는 "우리의 판단을 위한 자연의 합목적성"이다. (「변증론」에서 이러한
주제의 재등장은 칸트가 제1서론의 말미에서 했던 언급, 곧 본문이 "자
연의 합목적성 개념에 대한 해설을 제시할 것이며, 그 다음으로 이 합
목적성에 대한 연역을 시도할 것"이라는 언급이 어느 정도 일리가 있
음을 알려준다.)[59] 이 비규정적인 이념, 곧 두 번째 종류의 개념은 이제
"인간의 초감성적 기체"로 확인되지만, 「숭고의 분석론」에서는 초감성
적인 것이 우리의 이성능력으로 확인되었다. 나중에 우리는 사실 초감
성적인 것의 세 가지 분류법이 있다는 것을 알게 될 것이다. 두 서론들
에서 칸트는 자연이 우리의 판단에 합목적적이라고(또는 적합하다고)
가정할 수 없다면, 법칙에 따른 경험적 대상의 구성에 대한 우리의 경
험은 불가능할 것이라고 말했다. 이제 우리의 판단을 위한 대상의 합목
적성의 이념 또한 미적 판단의 원리의 가장 깊은 근거임이 분명하다.
미적 판단은 인식일반의 필요조건인 마음의 능력의 결합을 감관적 영

---

59    AA Volume 20, 제1서론의 AA 251.

역을 넘어 우리에게 알려주며, 대상이 마음의 활동과 조화를 이루는 사례를 제공한다. 이것은 자연이 우리의 판단에 합목적적이고 우리가 대상을 인식할 수 있다는 가능성을 보여주는 단 하나의 사례이다. 자연의 합목적성과 취미 사이의 연관성은 복잡하고 입증하기 어렵지만, 나는 이것이 무엇을 의미할지 매우 일반적인 관점에서 제안했다.[60] 현재로서는 합목적성이 초감성적인 것과 무슨 관련이 있는지는 명확하지 않다. 그 해답은 나중에 초감성적인 것이 인식능력들—그 중 하나는 판단을 위한 자연의 합목적성의 원리에 대한 판단이다—의 활동임이 밝혀지면서 나오게 될 것이다.

「연역」이 취미의 근거가 공통감, 곧 능력들의 협력적 활동이라는 것을 입증하지 않았기 때문에, 우리가 방금 고찰한 것을 잠시 보류해 볼 수 있는가? 그러나 우리는, 능력들의 정조(attunement)가 어떤 대상에 의해 촉발될 때 생겨난다는 것을, 그리고 첫째로는 마음 내에서, 둘째로는 대상과 마음 사이에 이중적 조화가 있다는 것을 여기저기서 살펴보았다. 여기서 「연역」의 결과와 「변증론」에서 전개된 주장 사이의 관계를 적절하게 탐구할 수는 없지만, 나는 아주 일반적인 방법으로 해결책을 제안할 것이다. 취미를 특징짓는 공통감은 대상에 의해 촉발되는 능력들의 조화로운 협력이다. 그리고 그것은 우리의 마음과 자발적인 조화를 이루고 있다. 이는 마치 그 대상이 우리의 상상력에 의해 고안된 것과 같다. 칸트가 서론에서 탐구한 판단을 위한 자연의 합목적성이 이를 잘 보여주는 예이다. 그러기에 「연역」의 결론과 「변증론」의 결론 사이에는 모순이 없다.

칸트는 우리의 판단을 위한 자연의 합목적성의 원리가 작용하는 방

---

60   Hughes, 2006b 참고할 것.

식을 설명하지 않으며, 그리고 심지어 우리가 할 수 있는 모든 것은 "지시될 수 있을 뿐"이라고까지 말하지만, 그는 '취미판단이 개념에 기초한다'에서의 개념이 규정적인 개념이 아니라 비규정적인 것에 기초하고 있다는 것을 확인함으로써 취미의 이율배반을 해결했다고 밝힌다 (AA 341). 취미의 변증론은 취미의 근거가 규정적인 개념이나 규칙이라고 가정하여 생겨난 것이다. 이것이 바로 우리가 우리의 미적 판단이 옳다는 것을 증명할 수 없고, 그럼에도 다른 사람들의 의견 불일치에 무관심할 수도 없다는 모순으로 이끄는 것이다. 우리가 『미적 판단력 비판』에서 특징지어졌던 것으로, 곧 우리의 판단을 위한 자연의 합목적성의 비규정적인 개념에 기초된 것으로 취미를 이해한다면, 「변증론」에서 비롯된 두 "일상들" 사이에 어떠한 필연적인 상충이 없다. 이러한 설명의 원리는 미적 판단의 타당성이 보편적으로 유효하며, 따라서 그것에 대한 우리의 "논쟁"을 허용한다는 것을 입증한다. 그럼에도 그 원칙은 전제이기에 그 판단은 증명되거나 "논의"될 수 없는 한에서, 그것은 엄밀히 말해 주관적이다.

취미가 쾌적한 것 또는 완전성에 상응하는 것으로 이해된다면, 변증론의 그런 해결은 불가능할 것이다(AA 341). 이 주장을 옹호하기 위해, 칸트는 첫 번째 경우 미적인 것이 초감성적인 것과 관계가 없는 반면, 두 번째 경우에는 그 관계가 직접적이며, 그리고 미가 즉시 도덕적 가치를 나타낼 것이라고 말할 수 있었을 것이다. 취미가 감관적인 것과 이성적인 것 사이의 중간지대에 있으면서, 반성적이기만 한다면, 그것은 단칭적이면서도 보편적인 것이 될 수 있다. 내가 미적으로 판단할 때, 나는 하나의 단칭적인 현상에 반응하여 나 자신을 위해 그렇게 해야 하고, 그럼에도 보편적인 근거, 곧 모든 판정하는 주관이 공유하는 마음의 능력에서 그렇게 해야만 한다. 그리고 바로 이것 때문에 그러한 판단은 어떤 규정적인 개념에도 의존하지 않고, 비규정적인 개념을 불러일으키는 것이다. 우리는 이제 왜 비규정성이 취미의 표면과 깊이 모두에서 특징지어지는지 분명히 알 수 있다. 어떤 개념이 아름다운 현상에 적용되는지가 비규정적일뿐만 아니라 우리의 판단이 근거한 바로 그 원리 또한 비규정적이다.

다음으로 두 항이 이어지는데, 각각은 이전에 논의되었던 것에 대한 "주해"로 간주된다. 이 중 첫 번째 주해에서 칸트는 그가 천재에 대한 설명에서 처음 소개한 미적 이념과 이성이념의 구별을 시행한다. 그가 그렇게 하는 것은 중요한데, 지금까지 「변증론」에서 논의된 것이, 취미의 근거를 뚜렷하게 미적인 원리가 아닌 이성이념으로 규명함으로써 미적 이율배반을 해소하는 것처럼 보일 수 있기 때문이다. 첫 번째 주해의 마지막에 그는 "(어떠한 지성개념도 도달하지 못하는) 우리의 모든 능력의 초감성적 기체"에 대해 말하면서 또 하나의 중요한 설명을 한다(AA 344). 여기서 이 극히 어려운 구절을 적절히 분석할 수는 없지만, 나는 초감성적인 것이 다른 세계도 아니고, 신적인 존재도 아니고, 오히려 다양한 인식능력들을 통합하는 것으로 충분히 이해되는 마음의 활동이라고 주장하고 싶다. 이것이 천재의 산물 이면에 있는 주관적 기준이다.

두 번째 "주해"는 칸트의 보다 넓은 철학적 기획의 맥락 내에 취미의 이율배반을 위치시키면서, 인식능력으로 초감성적인 것의 규명을 전개한다. 그는 세 비판들 각각에 이율배반이 있고, 각각의 경우 감관적 세계를 넘어설 수 있는 이성의 능력이 강화된다고 주장한다. 그런 다음 그는 세 가지 초감성적인 것의 이념들을, 곧 자연의 기체로서의 초감성적인 것 일반, 그리고 (그가 논의해왔던) 우리의 인식능력에 대한 자연의 주관적 합목적성의 원리, 마지막으로 우리의 도덕 원칙과 자연 사이의 (가능한) 조화를 구분한다. 이러한 세 가지 초감성적인 것은 세 가지 주요 인식능력인 지성, 판단력 및 이성에 상응한다. 앞 항에서 언급된 모든 능력들의 초감성적 기체는 이제 자연계에 대한 우리의 경험을 가능하게 하는 인식능력들의 영역과 그것들의 작용에서 일어나는 가능성, 곧 우리가 그 세계 내에서 우리의 행동을 자유롭게 규정할 수도 있다는 것으로 설명된다. 여기서 세 가지 초감성적인 것의 이념이 각각 어떻게 그의 설명에 기여하는지를 살펴볼 수는 없다. 분명한 것은 취미가 판단력과 특별하게 연관된 초감성적인 것에 기초하고 있다는 점이다.

58항은 미가 쾌적한 것과 일치할 수 있는 경험주의의 관점에서, 그리고 미가 아프리오리한 근거를 갖고 있는 합리주의의 관점에서 취미의 원리에 대한 해석을 대조하는 것으로 시작한다. 합리주의적 관점은 실재론과 관념론으로 더 세분될 수 있다. 앞의 주장은 취미판단이 규정적이지 않고, 곧 인식적이지 않고 주관적으로 합목적적이라는 것을 입증했다. 그러나 이것은 한편으로는 우리의 판단력과 조화를 이루기 위한 목적으로 자연(또는 예술)이 추구한 실제의 의도나 목적으로 이해될 수도 있고, 다른 한편으로는 이것이 자연 그 자체의 어떤 것임을 주장하는 더 이상의 단계를 밟지 않고, 우리가 자연에 대한 판단에서 상정하고 있는 어떤 것으로서 이해될 수도 있다. 실재론적 합리주의는, 그렇게도 명백한 목적도 없이 그렇게나 많은 미가 있다고 할 때, 그럴듯한 것처럼 보일 수도 있다. 이 모든 것은 즐거움을 위해 고안된 것이 틀림없다고 생각하게끔 유혹하면서 말이다. 그러나 칸트는 이것이 어떤 것도 필요하지 않은 곳에서 설명을 찾는 데 몰두하는 격이라고 말한다. 자연에 대한 "기계적" 또는 인과적 이해를 넘어설 필요는 없다. 우리는 이것을 더 이상 설명하려고 하지 않고 많은 자연현상이 아름답다는 것을 단순히 받아들여야만 한다. 따라서 주관적 합목적성은 우리가 자연에 대한 우리의 판단을 용이하게 하기 위해 상정하는 것이지, 고안이나 더 높은 질서의 결과물이 아니다. 합목적성에 대한 관념적 합리주의 해석은 원인과 결과 면에서 자연에 대한 기계적 설명과 양립할 수 있다. 칸트는 과학적인 분석을 통해 설명할 수 있는 결정형의 예를 제시하지만, 그럼에도 이것이 그것들 중 일부도 아름답다는 것을 배제하지는 않는다.[61]

칸트는 우리가 항상 우리 내부에서 취미의 근거를 찾아야 한다고 말하면서, 판단의 원리에 대한 관념적 합리주의에 대한 그의 옹호로 결론을 내린다. 그는 우리가 자연이 무엇인지에서 미를 찾을 것이 아니라, 단지 "우리가 자연을 어떻게 받아들여야 하는가"에서만 미를 찾아야 한다고 말한다(AA 350). 그의 요점은 미는 마음의 능력에 대한 순수한 자기성찰에서 비롯되는 것이 아니라, 오히려 미의 판단은 자연을 수용할 수 있는 우리의 일반적인 능력에 그 근거를 가지고 있다는 것이며 이는 자연이 우리의 판단을 위해 합목적적이라는 우리의 가정에 의해 촉진된다는 것이다. 미는 대상에 있는 것도 아니고, 주관에 있는 것도 아니다. 미는 오히려 자연이 판단될 수 있는 그러한 방식으로 자연을 취하는 우리의 주관적 능력에서 비롯된 것이다.

칸트는 이제 자연보다는 아름다운 예술에서 관념주의적 해석이 더욱 분명히 인식된다고 주장한다. 그의 주장은 만약 아름다운 예술이 실제적인 목적을 가지고 있다면, 그것은 단지 기계적인 것일 뿐이지 아름다운 것은 아니라는 것이다. 그래서 비록 예술은 목적에서 발생하지만, 만들어지는 현상은 이러한 목적을 나타내지 말아야만 한다. 아름다운 예술은 그 생산 조건을 변용한다. 이것이 칸트가 늘 말했어야만 했던

---

61   Hughes, 2007, pp. 284-290 참고할 것.

것이지만, 우리는 그가 때때로 예술이 동기를 부여하는 의도에서 벗어날 수 없다는 (불필요한) 추론을 하는 것을 보아 왔는데, 이것은 순수하게 미적 지위를 달성하지 못했다는 것을 의미할 터이다.

59항은 이성이념이 감관적인 차원에서 현시나 표현을 할 수 없다는 점을 보강하는 것으로 시작한다. 개념을 감성화하는 것은 "전형(hypotyposis)"이라고 불리며, "전형"은 도식적이거나 상징적이다. 지식이 생기는 것은 도식적이며, 직관이 개념에 의해 규정되지 않고 이념을 나타내는 것은 상징적인 것이다. 상징은 인식을 위한 (주관적) 형식적 조건을 따른다는 점에서 설명과 유사하다. 반성적 판단력은 마치 설명을 제공할 것처럼 행사되지만, 결론에 이르는 것이 아니라 감관적 지각에 대한 넓고 확장된 사고방식에만 발휘된다.

상징은, 비록 간접적이기는 하지만, 개념을 현시하는 것이기에 단순한 연관성이나 '특성'이 아니다. 칸트에게 상징은 유비적으로 작용한다. 상징은 기계적으로 규정가능한 자연의 사실에 대해 나타나는 특징을 다른 어떤 것—그것의 완전한 규정은 불가능하다—으로 옮긴다. 그는 입헌군주제가 살아 있는 신체로 간주되는 반면, 전제 군주제를 기계로 상징한다는 사례를 제시한다. 설명이 아니라 반성을 위한 상징을 우리에게 제공했기 때문에 현시는 간접적이다. 흥미롭게도 그는 형이상학의 중심 개념들, 예컨대, "근거", "의존성", "무엇에서 결론이 나오는 것", "실체" 중 많은 것들이 상징적 전형(symbolic hypotyposes)으로 간주된다고 말한다. 심지어 우리의 신에 대한 "인식"도 상징적이다.

칸트는 이제 미가 도덕의 상징이며, 우리가 다른 사람의 동의를 요구하는 것은 감관을 넘어갈 수밖에 없기 때문이라고 주장한다. 그 주장은 어쩌면 미적 소통가능성이 도덕에 기초하고 있다는 것을 제시하는 것일 수도 있지만, 그럼에도 칸트는 이미 「연역」에서 취미의 보편타당성을 요구하는 근거가 "인식일반"에서 찾아져야만 한다고 주장해 왔기에 잠재적으로 혼란스러울 수 있다. 확실히 칸트는 취미의 주관적 보편성이 또한 도덕적으로 초감성적인 것에 대한 관계를 요구한다는 것을 말하고는 있지만, 그는 그의 용어들을 충분히 구별하지 못한다. 미와 도덕의 연계가 유비적이라는 것을 떠올린다면, 우리는 '칸트가 미는 단지 도덕의 부수현상(epiphenomenon)일 뿐이라고 의도할 수는 없다'는 결론을 내려야만 한다. 그는 세계를 경험하는 이 두 가지 근본적인 방식들과 그것들이 근거하고 있는 능력들 사이에서, 일방적 관계를 제안하는 것이 아니라 협력을 강조했어야만 했다.

  취향이 초감성적인 것을 목표로 할 때, 칸트가 바로 앞의 절에서 논의해 온 것처럼, 이제는 도덕적인 선이 문제였던 것 같다. 그러나 이런 식으로 초감성적인 것의 영역을 제한한 칸트는 두 번째 주해에서 소개된 세 가지 설명으로 되돌아간다. 우리의 모든 상위의 인식능력들—지성, 판단력, 이성—은 결국 도덕에 의해 설정된 기준과 "조화"를 이룬다. 우리는 이것을 다음과 같은 방식으로 이해할 수 있다. 곧 우리의 모든 마음의 능력들은 우리를 엄격한 감관적 영역을 넘어서게 하고, 그렇게 함으로써 그것들은 초감성적인 것으로 간주되는 반성의 대안적인 차원을 열어준다. 도덕적 행위는 우리가 더 이상 외부의 감관적 원인에 의해 규정되지 않고, 대신에 순전히 이성적인 원칙인 "정언명령"에 근거하여 스스로 판단할 때 일어난다. 그기에 감관적인 결정에서 가장 멀리 떨어져 있는 정도와 초감성적인 것의 가장 명확한 표현은 도덕에서 발생한다.

  초감성적인 것의 영역에 대한 엄밀성에도 불구하고, 세 가지 구조 내에서 도덕성에 부여된 제일 큰 요소는 미가 이제 도덕성을 직접적으로 언급하고 있으며, 그리고 미를 인식일반의 주관적 조건에까지 거슬러 올라가 탐구했던 취미의 "연역"이 도덕에서 나오는 취미의 연역으로 대체된 것처럼 보일 수도 있다.[62] 초감성적인 것의 세 가지 구조에 초점을 맞추는 것이 그러한 해결을 피하는 데 있어 핵심이다. 여기서 그 깊이를 가늠하기 힘든 칸트의 입장을 이해하려는 나의 생각은 도덕적으로 선한 것에 대한 우리의 지향은 필연적으로 광범위하게 마음의 지향들의 결합에서 일어난다는 것인데, 이 모든 것은 초감성적인 것을 특별한 방식으로 표현한다.[63] 특히, 아름다운 것은 도덕성을 상징한다. 이것은 미가 도덕에 대해 유비적으로 관계한다는 것을 의미한다. 미는 직접적인 방식으로 설명할 수도 없고 도덕으로 거슬러 올라갈 수도 없으며, 그러기에 지금 이 단계에서는 어떠한 취미의 대안적인 영역도 제시되지 않는다. 그럼에도 불구하고, 취미의 족보는 복잡하다. 왜냐하면 그것은 인식의 일반적인 주관적 조건들로 거슬러 올라갈 수 있을 뿐만 아니라, 이념의 능력과 필연적인 관계에 있기 때문이다. 초감성적인 것은 정의상 우리의 감각으로 나타날 수 없는 그런 것이다. 이성이념의 차원에서 남아 있는 것에 대한 직접적인 현시가 부재할 때, 미는 도덕적으로 선한 것을 우리에게 넌지시 알려준다. 주관적 보편성에 대한 미의 요구는 도덕과의 관계에서 생겨나는 것이지만, 미와 도덕은, 비록 매우 구별된 방식이기는 하나, 서로 의존한다. 미는 우리가 인식한 것을 비규정적인 이념으로 조정함으로써 우리를 단지 감관적인 것에서 벗어나게 한다. 그렇게 함으로써 미는 도덕적으로 선한 것을 본받으며, 보편적인 승인을 받을 가치가 있다. 다른 한편으로, 도덕적으로 선한 것은 감관적인 영역 내에서 나타날 수 없는 이념으로 남아 있어야만 한다.

---

62   인식적으로 지향된 방향의 "확장"으로서의 미의 지위에 대한 설명은 Crawford, 1974, pp. 66-69, 145-159 참고할 것.

63   이에 대한 최초의 설명은 Hughes, 2007, pp. 299-302 참고할 것.

특정한 아름다운 현상은 마음의 활동을 넓히고 활기차게 하는 마음의 반응을 불러일으키며, 우리에게 외부의 상황에 의해 규정되는 것 이상의 사고 능력이 있다는 것을 알게 해준다. 상상력의 확장을 통해 우리는 자기규정의 능력, 곧 도덕적인 이성적 존재의 능력을 엿볼 수 있다. 그기에 미는, 우리가 이미 이성에 대한 능력을 가지고 있지만, 아름다운 대상에 대한 직접적인 만족에 의해 제공되는 우리의 마음의 능력에 대한 간접적인 통찰을 통해 자연세계 내에서 강화된 활동을 한다는 점에서 이성의 촉진자(facilitator)이다.[64] 그리고 미와 도덕의 관계는, 그것들이 의존하는 능력들 사이의 관계와 마찬가지로 상징적인 차원에서 상호적으로 다시 시행된다. 미적 판단은 궁극적으로 보이지 않는 것을 보는 방식을 열어 주는 반면, 이성은 감관적 차원을 넘어서서 기대되는 판단을 하게 한다. 이러한 관계의 양쪽 방향은 감관적인 영역 내에서 도덕적 원칙이 실현될 가능성에 대해 적절하다. 이는 칸트가 『미적 판단력 비판』을 저술하면서 설정한 목표이다. 그러나 미적 판단은 도덕이 진전될 수 있다는 전망을 열어주지만, 결코 "목적의 왕국"이나 순전히 도덕적인 국가에서 실현될 것이라는 확신을 열어주는 것은 아니라는 점을 강조할 필요가 있다. 도덕적으로 선한 것은 필연적으로 이성적 이념이며, 오직 근사치로서만 실현될 수 있다. 달리 말해, 도덕적으로 선한 것은 상징적으로만 현시될 수 있다는 것이다. 이것은 아름다운 것에 의해 연결된 도덕과 현실 사이의 거리이며, 그리고 상징적인 것으로서 희망으로만 작용할 수 있는 가교다. 이 유일한 아름다운 대상은 세계가, 적어도 이 경우, 그것에 대한 우리의 인식에 열려 있다는 것을 보여준다. 동시에, 우리는 자연과 인식능력 사이에서 이러한 "어울

---

64  이것은 실러(Schiller)가 그의 『인간의 미적 교육에 관하여』에서 전개한 주장이다.

림(fit)"이 갖는 더 큰 중요성을 인식할 수 있게 된다. 자연이 우리의 인식능력들 중의 하나, 곧 지성과 조화를 이룬다면, 적어도 원칙적으로 자연도 우리의 이성능력과 조화를 이룰 수 있을 것이다. 이것이 사실이라면, 적어도 우리는 자연이 지배하고 있는 일상적인 감관적 세계 내에서 우리의 도덕적 목적이 실현되기를 희망할 수 있다.

　미와 도덕을 너무 직접적으로 연결한 것같이 보였기 때문에, 이제 칸트는 그것들의 차별성을 강화한다. 우리가 감관적 지각에 대한 우리의 반성에서 미에 대한 직접적인 만족을 가진 반면, 도덕에 대한 만족은 개념이나 원리에서 비롯된 것이다. 취미는 도덕과 달리 관심에서 자유롭다. 비록 취미와 도덕 모두 조화로운 활동을 필요로 하지만, 취미의 경우, 상상력이 지성과 조화를 이루며, 그리고 도덕의 경우, 자유가 "보편적 이성법칙들에 따르는 자기 자신"과 조화를 이룰 것이다(AA 354). 도덕의 의지는 도덕의 최고준칙인 "정언명령"에 복종할 능력이 있기에 '자기규정' 하는 것이다. 마지막으로, 취미와 도덕은 모두에게 보편적으로 타당한 것으로 간주되지만, 취미는 비규정적인 데 반해, 도덕은 규정적인 구성적 원리를 가지고 있다. 칸트의 요점은 다음과 같다. "정언명령"은 도덕적으로 간주된 것에 대한 시험이며, 그리고 우리가 도덕적인 것을 선택한다면, 우리가 해야만 하는 것을 규정한다. 이와는 달리, 무엇이 아름다운 것으로 간주될 것인지를 규정하는 원리는 없으며, 그리고 오직 우리가 어떤 대상에 반응하는 방식을 주관적으로 평가하는 기준이 있을 뿐이다.

　취미와 도덕의 차이점은 미가 우리의 행위에 대한 교육자가 된다는 데 있다. 취미는 "감관의 자극에서 지속적인 도덕적 관심으로의 이행을 강제적인 비약 없이 가능하게 하는 것이다."(AA 354) 보편적 타당성을 요구하는 취미의 권리는 부분적으로 그것과 도덕 사이의 구조적 유사성, 곧 미에 의해 고무되는 가능한 실현에 대한 우리의 희망에서 생겨난다. 그러나 이것은 취미와 인식의 유사한 관계를 배제하지 않으며, 그리고 취미가 인식과 도덕 사이에 다리를 놓을 수 있다면, 그것은 단순히 그 관계의 한 측면에서 비롯된 것이라고 볼 수 없다. 도덕성에 대한 취미의 중요성은 인식과의 밀접한 연관성에서 생겨난다. 만약 취미가 그것의 구별성뿐만 아니라 그것의 유사성을 유지하지 못한다면, 취미는 자연과 자유 사이의 중재자가 될 수 없을 터이다.

　「변증론」의 부록으로 간주되고 『미적 판단력 비판』의 마지막 부분인 60항에서 칸트는 취미와 도덕의 관계를 뒤집어 도덕을 취미의 교육자로 삼는다. 특히 아름다운 예술은 다른 사람들에 대한 공감을 느끼고, 그들과 소통할 수 있는 인간의 능력의 확장을 요구한다. 『미적 판단력 비판』의 마지막 말에서 칸트는, 우리가 도덕 감정을 교화시키고 도덕과 조화를 이루도록 자연세계를 변화시켜야만, "진정한 취미가 규정된 불변의 형식을 받아들일 수 있다"고 말한다(AA 356). 만약 감관적 세계가 도덕법칙에 의해 지배된다면, 취미는 마침내 결정적인 기준을 달성하게 될 터이다. 이것은 『미적 판단력 비판』에 대한 다소 독단적인 결론처럼 보일지 모르지만, 그 가언적 어법은 결정적이다. 우리는 감관적 세계에서 도덕법칙이 실현되기에 앞서, 취미가 "규정된" 것도 아니고, "불변"인 것도 아니라는 결론을 내릴 수 있다. 우리는 흔히 취미의 기준이 비규정적이라는 말을 들었지만, 이제는 취미의 판단이 진전을 이루며 따라서 역사적이라고 결론지을 수도 있다. 분명히 여기서 칸트가 지금까지 제시해 온 취미의 분석에는 맞지 않는 완전성의 가능성으로 독자들을 유혹한 죄를 범한 것처럼 보일지 모르지만, 아마도 그는 미적 목표의 이상적 지위를 너무 잘 알고 있을 뿐이다. 『미적 판단력 비판』의 끝에서 두 번째 단락에서 칸트는 미래 세대가 자연과 점점 더 멀어질 것이라는 선견지명 있는 예측을 하지만, 그는 확실히 인간이 자연에서 벗어날 것이라고 생각하지 않는다. 왜냐하면, 그는 우리가—적어도, 전적으로—통제할 수 없는 자연세계에 위치한 유한한 존재라는 관점에 동조하고 있기 때문이다. 우리가 인간인 한, 우리는 자연적으로 규정되고, 도덕적으로 자기규정하는 것을 계속하게 될 것이다. 그러기에 감성이 도덕성과 완전히 조화를 이룰 가능성, 그리고 심지어 취미가 결정적인 형태를 취하게 될 것이라는 가능성은 전혀 없다. 칸트는 물론 우리가 도덕적으로 세계로 향해가는 우리의 능력을 향상시킬 수 있고, 이와 유사하게, 우리의 취미를 마음의 능력의 자유로운 활동으로서 발전시킬 수 있다고 생각하지만, 그는 취미와 도덕 중 어느 한쪽에 결론을 내릴 목적으로 말하고 있는 것이 아니다. 칸트에게 있어서, 그러한 목적을 달성하는 것은 도덕의 죽음과 미적 판단의 죽음이 될 터인데, 양쪽 다 우리가 기껏 일상생활에서 얻으려고 노력하는 이상에 달려 있다.

**연구를 위한 물음**

1. 「변증론」의 목적이 무엇이라고 생각하는가? 「변증론」이 『미적 판단력 비판』 전체에서 어떻게 기여하고 있다고 생각하는가?

2. 『판단력 비판』의 「변증론」에서 "우리의 판단력을 위한 자연의 합목적성"이 다시 등장하는 이유는 무엇인가?

3. 미적 판단을 초감성적인 것으로 거슬러 올라가 논의하는 것이 얼마나 위험하고 유용한가? 또는 위험하거나 유용한가?

4. 예컨대, 로드첸코(Rodchenko) 같은 몇몇 예술가들은 예술의 종말을 주장했다. 이러한 주장이 의미하는 바는 무엇인가? 그리고 당신은 이 주장을 납득할 수 있는가?

# 4 장
## 수용과 영향

이 장에서는 우선 칸트 미학 내에서 발견한 "이중적 조화"의 요소들을 한데 모아 논의한다. 잘 알려졌듯이, 칸트는 미적 판단이 능력들의 조화에 의해 특징지어진다고 주장한다. 나는 이러한 첫 번째 조화가 마음과 자연 사이의 두 번째 조화와 불가분하게 연관되어 있는 방식을 발견하고자 했다. 마음 안에서 그리고 마음과 세계 사이에서의 이러한 복합적 관계는 인식을 가능하게 하는 조건을 드러내면서도, 또한 우리가 이성적이고 자유로운 존재로서 어떻게 경험적 세계 내에서 도덕적 행위를 할 수 있는지를 보여준다. 내 결론의 두 번째 부분에서 나는 이중적 조화라는 개념이 우리에게 말해주는 바를 개관하고, 후대의 사상가들의 가능한 족보를 추적한다. 내가 여기서 모든 이들을 언급하는 척 하지도 않을 것이고, 또한 그것에 대한 포괄적인 설명을 하려고도 하지 않겠지만, 나는 다음과 같은 사상가들 ―실러(Schiller), 피히테(Fichte), 셸링(Schelling), 헤겔(Hegel) 그리고 독일 낭만주의자들, 쇼펜하우어(Schopenhauer)와 니체(Nietzsche), 후설(Husserl), 하이데거(Heidegger) 그리고 메를로퐁티(Merleau-Ponty), 아렌트(Arendt) 그리고 아도르노(Adorno), 마지막으로 리오타르(Lyotard)―의 저서에서 칸트가 어떻게 수용되는지를 개관하면서 그의 사상이 갖는 중요성을 보여주기를 희망한다. 결론에서, 나는 이중적 조화의 이념이 단지 철학자들의 해석에서뿐만 아니라 예술작품에서도 역할을 한다는 것을 제안한다. 이는 왜 『판단력 비판』이 학계 안팎에서 여전히 논의되고 있는지를 설명하는 데 도움을 준다.

## 1. 이중적 조화의 이념

칸트는 철학적 의제(agenda)에 미학을 두기는 했으나, 인식론적 그리고 도덕적 문제에 대해서는 미학적 해답을 제시하지 않았다. 오히려 그는 우리가 미와 숭고에 반응할 때, 비록 충분하지는 않지만 인식과 도덕적 맥락에도 필요한 판단력을 보여주어야 한다고 말한다.

미적 판단은 인식적 판단과 도덕적 판단을 가능하게 하는 마음과 세계 사이의 관계를 드러낸다. 이러한 역할을 하기 위해서는 미적 쾌가 반드시 경험적 대상에 반응하고, 상호주관적인 틀 내에서 생겨나야 한다. 그러나 미적 판단은 세계에 대한 우리의 경험적 지성의 차원이나 도덕적 작용의 차원에서는 작용하지 않는다. 미적 반응은 이론적이든 실제적이든 어떤 규정보다 먼저 마음과 세계의 만남을 드러낸다. 비록 칸트가 개념과 직관, 지식과 도덕, 마음과 세계 사이에 있는 '제삼의 관점(a third term)'으로서 미적 판단의 지위가 갖는 영향을 명시적으로 설명하지는 않았지만, 그는 후대의 사상가들에게 풍부한 자원을 열어주었다. 칸트의 통찰력 중 가장 중요한 측면 중 하나는 ― 이는 다른 면에서는 상당히 대조적으로 사유하는 많은 이들도 인정하는 것이다 ― 미적 판단이 보통 상실되거나 적어도 일상생활 속에 숨겨져 있는 세계의 측면에 접근할 수 있는 능력을 간직하고 있다는 것이다.

판단은 함께 결합하는 능력(종합)과 구별을 위한 능력이다. 우리가 판단을 내릴 때, 우리는 감관적 인상을 개념과 결합시킨다. 이것이 칸트가『순수이성비판』에서 탐구한 종합의 과정이다. 인식판단은 감관적인 것을 개념적인 것으로 총괄하지만, 바로 이런 이유 때문에 한 사물을 다른 것과 분리시키는 조건이다. 내가 어떤 감관입력을 특정한 개념으로 종합할 때, 나는 이 특별한 것을 다른 인상의 영역 안에 표시한다. 그리고 만약 우리가 서로 구별하여 대상들을 식별할 수 없다면, 그 대상들에 대한 지식은 불가능할 것이다. 미적 판단은 특정한 지식이 일어나지 않더라도 인식의 과정을 가시화한다. 아름다운 것에서 미적 쾌감을 취할 때, 나는 감관을 통해 인상을 받으며, 그리고 내가 보고 있거나 듣고 있는 것을 정의할 수 있는 개념을 찾아낸다. 그 현상을 최종적으로 설명하는 개념은 없지만, 그럼에도 불구하고 나는 그 현상에 대한 지식을 얻기 위해 필요한 과정에 관여했고, 그렇게 함으로써 아름다운 것의 특정성에, 그러나 엄밀히 말하면 관조적인 주목에, 초점을 두었다.

　그러나 우리는 판단력이, 미적 판단에서 행사될 때, 이성의 능력을 요구하는 이상적 (그래서 전적으로 실현가능한 것은 아닌) 해결의 경향이 있다는 것을 보았다. 그러기에 미적 판단은 종합의 지성능력뿐만 아니라 이념과 사고에서 경험을 넘어서는 이성능력을 본보기로 삼는다. 미적 판단은 감관적인 것 내에서 이상을 발견하며, 경험을 이성적인 것으로 환원시키는 것이라기보다는 둘 사이의 균형점을 찾거나 전환점을 찾는다. 여기에서, 판단력은 매개하는 능력이며, 제삼의 관점으로서 자격을 갖는다.

　지식과 도덕에 대한 미적 반응의 중요성은, 미가 그것들의 기초라는 것이 아니라, 어떤 판단에도 필요한 결합하고 구별하는 마음의 활동이 자연과 예술에 대한 우리의 감상에 역력히 드러난다는 데 있으며, 또한 가치를 표현하는 이념을 향해 경험적 세계의 순전한 사실을 넘어 나아갈 수 있는 우리의 능력에 있는 것이다. 이것은 미학을 삶의 지배적인

관심의 범위에서 중요하지만 그럼에도 중심 단계는 아닌 것으로 만든
다. 미학의 주변성은 미학을 지식과 도덕의 외부에도, 그렇다고 중심에
도 위치시키지 않고, 오히려 간접적이고 비규정적인 방식으로나마 지
식과 도덕이 인지될 수 있게 해주는 탈중심적인 관점에 위치시킨다. 우
리가 「본문 읽기」에서 보았듯이, 칸트의 견해는 판단력이 특정한 목적
이나 객관적인 것에서 분리된, 오직 미적 판단에서만 자율적인 형식으
로 행사된다는 것이다. 이 경우, 판단은 정반대되는 것 사이에서 미묘한
균형을 이루게 된다. 우리가 본 바와 같이, 반성적인 미적 판단은 어느
한쪽의 구별을 없애지 않고 감관입력과 개념을 결합한다. 동시에, 미적
판단은, 대상이 시간과 공간에서 서로 필연적으로 연결되어 있는 경험
적 세계에서 도덕적 이념이 실제적으로 실현되게 하지는 않지만, 가능
하게는 만든다. 판단력은 격차를 좁히지만 그것을 없애지는 않는다.

　판단력은 지식과 도덕에서 작용한다. 실제로 그것이 없다면 나머지
경험은 의미가 없을 것이다. 반성적 판단력으로 드러난 판단의 활동은
우리가 세상을 이해할 수 있다는 전제에서 출발하는 것이지만, 때로는
적어도 우리가 이 일을 해낼 수 있을지 의심스럽기는 하다. 그러나 우
리의 마음이 아무리 연약하더라도, 우리의 마음이 세계의 내용을 파악
하며, 심지어 세계에 개입할 수 있다는 어떤 기대를 갖지 않는다면, 우
리는 판단에 관여할 수 없을 것이다. 미적 판단들은 그러한 마음과 세
계의 만남이 일어나는 것처럼 보이는 유일한 사례들이다. 칸트가 미적
판단과 더불어 인식판단을 언급하는 것은 미적 대상이나 사건이 우리
의 마음의 활동과 조율 중에 있다는 주장에 근거한다. 내가 그것에 대
한 미적 주목을 지속할 수 있는 한, 이러한 유일한 경우에서는 마음과
세계의 조화가 있다. 하나의 대상과 내가 그것에 반응하는 판단하는 활
동 사이의 정조(attunement)는 적어도 원칙적으로 우리가 세상의 것들

을 알 수 있고, 심지어 도덕적으로 행위할 수 있는 가능성을 넌지시 알려준다. 이러한 미적 각성은 그와 같은 마음과 세계의 조화가 일반화될 수 있다는 희망을 언제나 표현할 수 있을 뿐이긴 하지만, 이마저도 우리가 세계에 접근할 수 있다는 것에 대한 회의주의자의 부인이야말로 추상적인 것이라는 것을 말해준다. 왜냐하면 적어도 이 한 가지 사례에서는 우리는 세계와 단절되어 있지 않기 때문이다.

비판적 삼부작의 완성은 아름다운 대상에서 즐거움을 얻는 것이 의미가 있다는 것뿐만 아니라, 우리가 그 대상에서 취하는 즐거움은 경험 일반이 의미가 있을 수 있다는 가능성을 위해 중요하다는 것을 확립하는 데 기여한다. 아름다운 자연대상은 판단을 위한 자연의 합목적성의 유일한 사례이다. 미적 판단은 마음의 능력들의 조화를 보여주며, 특징적으로 다른 조합에서 마음과 세계의 인식적인 "어울림"을 가능하게 한다는 점에서 말이다. 취미는 또한 우리의 도덕적 의도가 실제 효과를 가질 수 있다는 훨씬 더 깨지기 쉬운 가능성을 열어준다.

깨지기 쉽고 그 자체로 유일한 이중적 조화—우리의 마음의 능력들 사이 그리고 마음과 세계 사이의 이중적 조화—는 이 책에서 재구성된 칸트 미학의 근본적인 메시지다. 확실히, 나는 칸트의 글에서 특정한 방향, 그리고 항상 명료하지는 않은 방향을 이끌어냈다. 그렇게 함으로써 나는 다른 해석가들—심지어 때로는 칸트 자신—이 전면에 내세우지 않은 측면들을 강조했다. 비록 시간이 더 많았더라면 검토해 볼 가치가 있는 다른 문제들을 뒤에 남겨두었지만 말이다. 그러나 이는 길든 짧든 모든 독해의 운명이다.

내가 앞으로 소개할 사상가들이 칸트 미학을 어떻게 수용했는지를 설명하는 것에도 같은 제한이 있다. 나는 여기서 『미적 판단력 비판』의 영향에 대한 완전한 조사와 같은 것을 제공하려고 하지 않는 대신 방금 고찰했던 이중적 조화의 이념이 저마다의 고유하고 특별한 사유를 전개하는 다른 사상가들에 의해 재발견된 몇 가지 방식에 주목하고자 노력할 것이다. 나는 이 논의가 이후의 수용과 영향의 전개와 관련하여 칸트의 업적을 위치시키는 데 도움이 되기를 바라지만, 대부분의 결론과 마찬가지로 그것은 원칙적으로 더 많은 반성과 논의를 위한 출발점이다.

## 2. 이중적 조화, 그 이념의 운명

칸트 사상의 직접적인 연속은 실러의 『인간의 미적 교육에 관하여』(On the Aesthetic Education of Man)에서 찾아볼 수 있다. 실러는 여기서 도덕적 교육을 위한 예비로서 미적 판단을 확립하고, 결국 모든 시민의 의무와 권리가 단지 법에 의해 보호될 자유 공화주의 정치국가의 설립을 확립하고자 했다. 미적 판단은 다가올 더 구체적인 정치적 자유를 기대하며 마음을 자유롭게 한다. 실러는 따라서 칸트의 계몽의 기획과 특히 미적 판단이 정치적 자유에 도움이 되는 마음의 폭을 넓혀준다는 믿음을 공유한다.[1] 실러는 이중적 조화의 양면을 유지하는데, 그것은 미적 판단에서 부각된 능력들의 유희를 통해서만 감각세계에 대한 접근이 가능하기 때문이다. 실러는 미적 판단의 도덕적 잠재력을 칸트보다 더 명백하게 받아들이면서, 미가 감각적 세계를 정치적으로 정의로운 국가로 변화시키는 전환점으로서 역할을 하는 방식을 강조한다.

피히테 또한 자신의 연구를 칸트의 업적을 이어받음과 동시에 나아

---

1  「본문 읽기」에서 논의된 40항의 "보통의 인간 지성"에 대한 칸트의 설명을 참고할 것.

가 교정하는 것으로 간주했다. 이미 살펴보았듯이, 칸트는 미적 쾌감의 매개적인 역할을 통해 마음과 세계, 특히 지식과 도덕 사이의 간격을 메우는 것을 목표로 했다. 그러나 피히테는 이러한 해결의 불확실성에 만족할 수 없었다. 이런 이유로, 반성적 판단력에서 목표로 하는 마음과 세계의 조화는 "자아"의 완전한 확실성으로 대체될 운명이었다. 이것이 피히테의 이후 모든 철학적 저술의 출발점을 확립하는 『전체 지식학의 기초』(*Foundation of the Entire Science of Knowledge*, 1794-95)의 기획이다. 정신 활동의 유일한 근원은 모든 인간의 경험에 결정적인 근거를 제공한다. 칸트에게 있어서, 주관은 환원될 수 없는 경험의 원천이기는 하지만, 그것은 대상뿐만 아니라 외부적인 대상과 관련해서 오직 그럴 수 있다. 경험의 주관적이고 객관적인 조건의 상호연관성은 미적 판단을 특징짓는 이중적 조화로 부각된다. 피히테는 이원론적인 해결과 그것에 수반되는 심리철학을 거부한다. 그는 칸트가 세 가지 인식능력들의 협력에 전념한다고 보고, 이와는 달리 실천이성의 우위 아래에 그것들을 통일하려고 한다.[2] 그의 복잡한 입장을 몇 마디로 요약하면 왜곡이 생길 수 있으나, 굳이 말하자면, 그는 대상에게 기껏 문제의 소지가 있는 역할을 맡겨두고 있다. "자아"의 우위에서 대상을 확립하는 것은 실제로 성취된 것이라기보다는 오히려 "애써 얻고자 하는 것"인 반면, 경험의 토대에서 대상의 부재는 주관과 대상의 관계에 대한 설명이 뒤따라야만 의미가 있다.[3] 후대의 관념주의 사상가들은 확실히 그렇게 생각하며, 그리고 대립 관계로서의 주관과 대상의 관계를 다루는 것에서 벗어나면서, 대상을 위한 토대가 되는 장소를 재확립하고자 한다.

---

2    1795년부터 라인홀트에게 보낸 피히테의 편지를 보라. Neuhoser, 1990, p. 62에서 인용함.

3    Neuhoser, 1990, pp. 48-53.

비록 나는 칸트의 미적 판단에 대한 설명이 그 관계에 관한 것이지 마음과 세계의 반대에 관한 것이 아니라고 주장했지만, 그들은 이것이 칸트의 이원론의 운명이라고 믿었다.

셸링은 헤겔, 시인 횔덜린(Hölderlin)과 함께 튀빙겐의 신학교 학생 시절 칸트의 저술을 열정적으로 연구했다. 그들은, 피히테 같은 칸트의 수많은 후속 독자와 마찬가지로, 칸트의 기획이 주관과 객관 사이의 극복할 수 없는 균열로 인해 훼손되었다고 보았다. 횔덜린은 피히테의 입장에 중대한 난점이 있다는 것을 재빨리 알아차렸다. 그 난점은 다음과 같다. "절대적인 자아"의 외부에 어떠한 대상도 없다면, "자아"는 그 자신을 의식할 수도 없다. 왜냐하면 "나"는 주체성의 활동일 뿐이고, 그러한 활동은 의식을 위한 대상으로서 직관될 수 없기 때문이다.[4] 아쉽게도, 여기서 독일 관념론의 미래에 큰 영향을 미쳤던 횔덜린의 통찰을 더 이상 탐구할 수는 없다. 셸링은 자신의 저서 『선험적 관념론의 체계』(System of Transcendental Idealism, 1800)에서 예술이 주관과 실재의 불확정적인 관계를 표현할 수 있다고 분명하게 주장한다. 우리가 살펴보았듯이, 칸트는 자연미가 이런 역할을 할 수 있다고 더욱더 확신하고 있다. 그렇지만 이 중요한 구분을 무시한다 하더라도 셸링의 입장의 이런 면은 우리가 생각하는 것만큼 칸트의 이중적 조화에 가깝지 않을지도 모른다. 셸링에게 있어서, "실재"는 대상의 세계가 아니라 오히려 초감성적인 것이며, 그리고 그 모든 경험의 절대적 원천이다. 호르스트만(Rolf-Peter Horstmann)은 셸링의 『체계』에서 절대자는 자아가 그 자신을 초감성적인 것으로 여기는 관계에서 해석된다고 주장한다.[5]

---

4    1795년 「헤겔에게 보내는 편지」, Hölderlin, 1988, p. 125, Bowie, 2003, pp. 82-88.
5    Horstmann, 2000, pp. 133-135.

이것은 내가 「취미의 변증론」에서 칸트에게 귀속시켜 온 견해 — 곧, 초 감성적인 것이 우리의 도덕적 행위뿐만 아니라 마음에 외부적으로 존 재하는 대상과의 관계의 가능성의 근거라는 것 — 와 다르다. 셸링의 『체계』끝 부분에서, 절대자는 마침내 미적 경험에서 접근할 수 있는 것이 된다. 내가 방금 지적한 구별에도 불구하고, 경험의 중심에서 통 일의 가능성을 드러내는 것과 동시에 칸트가 자신의 철학적 체계를 완 성하는 것으로서의 미학에 맡긴 역할로 비유할 수 있다. 그러나 "정신 자신의 선객관적 정체성"에 접근하기 위한 이 능력은 지성적 직관에 대한 새로운 능력에서 비롯된다. 칸트에게 있어서, 지성적 직관은 모든 경험을 위해 필요한 능력들의 협력으로부터 나온 것이 아니라 용어상 의 모순이었다.[6]

『세계의 시대들』(Ages of the World, 1813)과 같은 후기 저술에서, 횔덜린의 통찰에 의해 고무된 셸링은 대체로 피히테 철학의 관점에서 벗어나, 절대자를 자아에서뿐만 아니라 자연에서도 찾으려고 했다. 이 자연은 기계적으로나 인과적으로 규제된 질서가 아니라, 살아 있고 목 적론적인 것으로 파악된다. 앤드류 보위(Andrew Bowie)는 초기 셸링 이 이미 절대자에 대한 이러한 두 가지 이해 사이에서 고군분투하고 있 었으며, 그리고 피히테의 대안은 스피노자의 자연에 대한 결정론적인 설명이라고 주장한다.[7] 칸트는 미적 포착이 먼저 경험적 대상에 대한 지식을 가능하게 하고, 그러기에 인과결정론에 앞서 있는 마음과 세계 사이의 관계에 대한 접근 방식이라고 보았다. 마음과 관련된 것은 더 이상 경험적 대상의 표면적 차원이 아니기 때문에, 『판단력 비판』에서 그는 또한 첫 번째 비판서인 『순수이성비판』에서 잘 알려진 것보다 더

6  Horstmann, 2000, pp. 133-135.
7  Bowie, 1993, pp. 17-25.

깊이 있고 대안적인 자연에 대한 생각을 도입했다. 칸트와 셸링 모두 주관과 대상의 교호적 중요성을 주장한다. 비록 후기 셸링이 이를 밝히는데 있어 미학이 특권을 가진 것으로 보지는 않지만 말이다. 우리는 자연이 마치 우리의 판단을 위해 고안된 것 같다는 칸트의 생각이 절대적인 생산 주체로서의 자연에 대한 셸링의 사상의 전조라고 결론내리고 싶은 유혹을 느낄지도 모른다. 그렇지만 칸트는 이러한 사고방식이, 엄밀히 말하면, 곧 발견적인(heuristic) 것이라고 주장한 반면, 셸링은 그것을 자연의 절대적 존재론적 존재를 해석하는 진정한 방법이라고 여겼다.

후기 셸링의 (특히, 헤겔에 대한) 주장 중에 지금의 논의에서 큰 관심을 끄는 것은 다음이다. 곧, '사고'와 '우리가 그것에 관해 사고하는 무엇' ("존재") 사이의 관계("정체성")는 사고 안에서 충분히 파악될 수 없다는 것이다.[8] 셸링은 사고와 존재의 관계를 항상 존재했던 절대적 근거로 거슬러 올라가 탐구한다. 이것은 체계성이 근원적 원천이 아닌 이상적이고 이룰 수 없는 목적을 지향하는 칸트의 해법과는 매우 다르다.[9] 이러한 두 철학적 전략의 시간상의 차이에도 불구하고, 두 철학자는 규정이나 지식에 대한 사고의 능력이 제한되어 있으며, 그리고 이성적인 (또한 철학적인) 용어로 완전하고 명시적인 진술이 가능하지 않다는 전제에서만 일관성 있게 표현된다는 통찰을 공유한다. 칸트와 셸링 모두에게 전제란 데카르트 이후의 철학적 사고를 지배하는 명백한 반대자들 사이에 놓여 있는 필연적인 제삼의 관점이다.

셸링과 마찬가지로, 헤겔은 칸트철학의 이원론이 추상적 성격을 갖고 있다고 보면서 이를 극복하는 것을 목표로 삼았다. 헤겔은 자신의

---

8   Bowie, 1993, pp. 127-177.
9   Bowie, 1993, p. 140.

철학에서 특별한 점은 이전의 관념론에 내재된 불확정성을 극복하는데 있다고 주장했다. 칸트는 "이상"만을 목표로 한 반면, 헤겔은 역사 속에서 실현된 규정된 "이념"에 전념했다.[10] 그리고 피히테가 대상과 대상 사이의 관계의 주관적인 측면을 규정하려고 했다면, 헤겔은 일방적인 방식으로 그렇게 했다. 한편 셸링이 주관과 대상의 변증법적 동일성 또는 "무차별점(point of indifference)"을 찾고자 한 것은 규정될 수 없는, 곧 알 수 없는 전제에서 비롯되었다. 이러한 각 "해결"은 주관과 객관 모두에 대한 완전한 규정성, 곧 지식을 달성하지 못함에 따라 헤겔의 관점에서 보면 실패이다. 헤겔은 자신이 칸트와 피히테의 이전의 주관적 관념론을 넘어선다고 생각한다. 이는 그가 셸링과 마찬가지로 세계의 경계에서가 아니라 세계 안에서 이른바 "절대자"를 위치시킴으로써 생겨난다고 보기 때문에 가능했다.[11] 그리하여, 절대자는 알 수 있는 것이 된다.

절대자는 알 수 있게 되거나 "구체적(concrete)"이 되었지만, 헤겔은 이념이 오직 과정을 통해서만 현실화된다고 주장하며, 사실에 대한 어떠한 직접적인 의존도 거부한다. "변증법"은 외부 대상의 즉각적인 의식에서 출발하며, 그런 다음 주관의 자의식에 의존하는 것으로 나타나고, 마지막으로 주관과 객관이 완전히 매개된 관계로 통합된다. (이것은 『정신현상학』의 구조를 개관한 것이다.) 규정성은 경험적 사실이 아니며 그것을 가능하게 하는 의식의 과정에 근거한 변증법의 최종적인 측면에서만 일어날 수 있다. 헤겔의 입장에 대한 가능한 해석은 일단 자의식이 완전히 도달된 후에도 이 과정을 지속적으로 반복해야 한다

---

10  『역사철학강의』(*Lectures on the Philosophy of World History*, 1830/1975) 2차 강의 초안, 「서론」, pp. 47-68 참고할 것.
11  『정신현상학』(*Phenomenology of Spirit*, 1807/1979), 「서론」, p. 46.

는 것이다.[12] 그렇지만, 변증법의 진행하는 운동에도 불구하고 헤겔의
체계는 주관과 객관의 완전한 규정에 이르는 것을 목표로 한다. 이에
반해 셸링의 경우 체계는 비규정적으로 남아 있는 것을 전제할 것이다.
제삼의 관점은 규정적일 수 없고, 이론적 측면으로는 절대 해결될 수
없다. 『선험적 관념론의 체계』에서 셸링은 예술이 주관과 객관의 비규
정적인 결합의 가능한 표현이라고 여겼지만, 그의 후기 철학에서 "신"
은 주관과 객관이 모두 저항하고 있음에도 불구하고 가능한 규정을 내
리는 역할을 한다. 보위가 주장했듯이, 우리가 셸링의 신학적인 입장에
기인한 여러 가지 이유로 인해 납득되지 않을 수도 있지만, 체계 내에
서 완전한 규정에 이를 수 없다는 것에 대한 그의 철학적 통찰은 오늘
날에도 여전히 현재성을 갖는다.[13] 한편으로 헤겔 그리고 다른 한편으
로 (여기서 내가 읽은 대로의) 칸트와 셸링은 비규정성을 극복하면서,
그리고 총체적이거나 체계적인 규정적 지식을 얻을 수 있는 가능성에
관계하고 있다. 헤겔의 절대적 관념론의 정점은 그의 『논리학』(*Science
of Logic*, 1812)에 있다. 칸트, 헤겔, 셸링은 주관과 객관의 상호 관계성
을 철학적으로 사유하는 방법을 발견하고자 했다. 그러나 헤겔의 경우
이 관계성은 규정되어야만 하는 반면, 칸트와 셸링의 경우 주관성과 객
관성 또는 양자의 상호 관계성을 충분히 규정하려는 시도는 불가피하
게 실패한다.

　이상은 비규정적인 것이며, 그리고 칸트의 반성적 판단력의 불확실
하고 필연적으로 불완전하게 실현된 목표이다. 이에 반해, 헤겔철학의
이념은 구체적이어서 경험과 역사 속에서 완전히 실현되고 있다. 칸트
의 체계의 최종 요소는 언제까지나 반성에 마음을 열어주는 것으로, 그

---

12　Hegel, 1830/1975, p. 149.
13　Bowie, 1993, pp. 159-168.

전형은 미적 판단의 과정이다. 헤겔은 칸트의 의도를 매우 잘 이해했지만 이를 거부했다. 미적 현상이 경험을 넘어 놓여 있는 이상을 제시하는 칸트의 열린 체계와는 대조적으로 헤겔은 우리가 모든 현상 안에서 이념을 발견한다고 주장한다. 감각적인 것이 개념적으로 되어야 한다는 것이 아니라, 오히려 그가 칸트적인 종합의 도덕불요론 또는 분열적 특징으로 간주했던 것은 감각과 개념 사이의 진정한 관계나 변증법적 관계에서 극복되어야만 한다. 나는 칸트의 『판단력 비판』에 대한 나의 해석에서 칸트의 기획이 어떻게 마음 안의 관계 그리고 종합을 가능하게 하는 마음과 세계 사이의 관계를 밝히려는 것인지를 보여주고자 노력했다. 이런 점에서 볼 때, 헤겔은 칸트 자체를 충분히 보지 못했다.

그러나 심지어 칸트적인 이원론이 더 이상 단순히 도덕불요론(不要論)으로 간주되지 않을 때에도, 헤겔과 칸트가 사고와 감각의 관계를 재구성하는 방식에는 차이가 있다. 헤겔은 사고가 변증법적으로 진행되는 한, 사고는 그 나름대로 포착할 수 있는 목표를 향해 간다고 믿는다. 칸트식의 반성적 판단력에 대한 설명은, 감관입력과 사고 사이의 관계가 어느 한쪽에서든 해결될 수 없다고 주장한다. 그것이 지성의 개념을 통해 작용하는지 아니면 이성의 이념을 통해 작용하는지를 사고하는 것은 항상 감각의 현상으로 되돌아와야 하며, 그 반대의 경우도 마찬가지이다. 헤겔은 "지양[Aufhebung]"을 통해 감각에서 생기는 지각을 더 넓은 사고의 궤도에 통합시키는 것을 목표로 한다. 그의 의도는 이성에 대한 감각을 감소시키는 것이 아니라 오히려 이성에 대한 더 넓은 이해 안에 감각을 포함시키는 것이기는 하지만, 그의 해결은 경험에 대한 두 가지 구별된 입력들 사이의 진정한 관계를 위한 여지를 남겨두지 않는다. 그럼에도 불구하고 헤겔은 『판단력 비판』에서 그리고 또한 논쟁의 여지없이 셸링과 횔덜린의 생각에서 매우 중요한 매개의 기획을 포기하지 않았다. 그렇지만 그는 이러한 과정에서 변증법을 통한 해결에 특권적인 지위를 부여했다. 이런 점에서 볼 때 헤겔은 마음과 세계 사이의 관계에 있어서 그 관계적 지위에 우선적으로 주목하는 것은 아니다.

마음[정신]의 능력에 대한 헤겔의 위계적 설명으로 인해 칸트와 헤겔 사이에는 연관되는 구분이 있다. 헤겔에게 있어 최고의 능력은 이성이다. 이성은 이전에 사변적 이성 그리고 도덕적 이성이 했던 역할을 결합한 것으로 보여진다. 이성은 변증법, 곧 구별과 비교가 진행 중인 과정을 통해 작용하며, 이러한 점에서 반성적 판단력에 필적할 만한 것이다. 그럼에도 불구하고 칸트의 체계에 대한 결론과는 달리, 변증법적 이성은 마침내 개념의 차원으로서만 또는 이념의 차원으로서만 작용한다. 감각입력과 개념의 진정한 연관성은 상상력과 협력하여 매개하는 판단력에 의해 가능한 두 가지 능력, 곧 감성과 지성의 결합을 필요로 한다. 이것이 동시에 구현된 이성적 존재에 대해 어떻게 경험이 생길 수 있는지에 대한 칸트의 복잡한 이야기이다.

헤겔은 미적 판단이 개념과 직관 사이의 균형을 이루는 작용에 의해 특징지어진다는 칸트의 주장에 동의하고 있다. 그러기에 미학이 헤겔 체계의 정점이라는 사실이 그리 놀라운 일은 아니다. 헤겔에게 있어서 미학은 감각적 지각에 반응하여 사고가 동원되는 것을 표상하기에 매우 중요한 것이지만, 그에 의하면 여전히 감각적 영역에 제한되어 있기에 가장 높은 수준의 반성으로 간주될 수 있기 때문이다.[14] 철학 그리고 그보다 정도는 덜하지만, 종교는 감각을 넘어 이념을 성취할 수 있는 능력을 통해 미학을 넘어설 수 있다. 미학은 이성의 과정에 필요한 단

---

14  이것은 『미학강의 서론』과 『미학강의』(Hegel, 1823/1998)의 기초가 되는 1818-28년의 강의뿐만 아니라 『정신현상학』에서의 그의 입장이다.

계로서, 심지어 가장 중요한 단계들 중 하나이다. 미학이 심지어 그 이념에 대한 철학의 사고 내에서 논쟁의 여지 없이 여전히 작은 영역을 차지하면서 작용하고 있지만 말이다. 이로 인해 헤겔과 칸트의 입장이 정면으로 반대되는 것인지를 단적으로 말하기란 어렵다. 판단력의 균형 작용은 변증법적인 진행으로 변형되었으며, 그리고 두 가지 모두 복잡한 차이와 통합의 과정으로 특징지어지지만, 칸트에게 있어 항상 기대되기는 하지만 결코 실현되지 않는 감각과 반성의 결합은 헤겔에게서 정신의 삶의 중심을 이룬다. 정신은 이성이 되었으며, 세계는 마침내 무엇보다 정신이 되었다. 헤겔에게 있어서 정신은 내적 후퇴가 아니며, 즉각적인 자기지식의 안주(安住)를 우리에게 제공하지도 않지만, 그 세계 내에서 효과적이고, 실제로 지배적이다. 칸트적 의미에서의 마음[정신]은 자신을 발견하려고 하면, 세상에서 자신을 잃는 위험을 감수해야 한다.

　우리가 「본문 읽기」에서 보았듯이, 『순수이성비판』과 『실천이성비판』에서 칸트는 인식과 도덕의 가능성에 대한 보편적인 조건에 관심을 가졌던 반면, 그는 『판단력 비판』에서 마침내 특수성에서 보편적인 것을 발견할 수 있는 가능성에 눈을 돌렸다. 독일 낭만주의 사상가들, 특히 프리드리히 슐레겔(Friedrich Schlegel)과 노발리스(Novalis)는 칸트의 통찰을 다른 차원의 미적 반응에서 중요하게 여겼지만, 동시에 특수성과 철학적 체계의 관계에 대한 칸트의 설명에 대해 대안을 제시하였다. 이 초기 낭만주의자들에게 체계성은 총체성과 혼동되어서는 안 되고, 단편적으로 표현된, 연관이 있긴 하지만, 특별한 철학으로 변형되어야 하는 것이다. 그들은 셸링의 『선험적 관념론의 체계』와 마찬가지로 예술을 인간 조건의 이율배반의 가능한 해결로서 보았다. 칸트와 달리, 미학은 더 이상 두 구별된 극의 균형점이 아닌 바, 제삼의 관점이 그 지평 내에서 지식과 도덕을 통합시켰기 때문이다. 독일 낭만주의는 예술이 다른 어떤 것보다 더 중요하다는 식의 피상적인 의미에서가 아니라 예술작품에서 진리와 선에 가장 명확하게 접근할 수 있다는 대안적 의미에서 경험을 미학으로 만들었다. 미적 창조성은 이제 헤겔의 이성적 관념론, 그리고 실로 플라톤 이후 전개된 철학의 주요 전통과는 대조적으로, 인간의 가장 높은 잠재력이다. 프리드리히 슐레겔은 "혼돈의 보편성(chaotic universality)"으로서 생겨나는 전체(a whole)를 옹호하면서 피히테의 "자아" 철학의 근본주의를 배격했다.[15] 그러나 슐레겔은 단순히 피히테를 거부하는 대신에 그는 「비판적 단편」(Critical Fragments, 1797)의 단편 37에서 "아이러니(irony)"가 자기창조, 자기제한 그리고 자기파괴라고 말하며 피히테 철학의 기획을 변형시켰다.[16] 그 결과, 슐레겔의 철학은 피히테 철학의 기획의 실현과 응보(neme-sis)를 동시에 이루었다.

"아이러니" 또는 "위트[Witz]"라는 새로운 능력은 낭만주의자들에게 매우 중요하다.[17] 위트는, 아주 서로 다른 통찰을 연결시키는 제삼의 관점으로 작용하기 때문에, 칸트의 상상력과 유사한 역할을 한다. 그리고 이것이 맞다면, 위트는 능력들의 유희의 계승자이다. 독일 낭만주의자들은 또한 마음이 세계를 지배하기보다는 세계를 향해 노력한다는 칸트의 견해를 공유했다. 그들은 광물이나 결정화 같은 자연현상을 감상하면서 이를 표현했다.[18] 그러나 이런 유사함에도 불구하고, 이중적 조화의 두 면은 체계의 제한이라기보다는 미학을 무대 중심에 놓음으

---

15　[역주] 슐레겔은 전체(a whole)를 총체성(totality)이 아니라 일종의 "혼돈의 보편성"으로 본다.

16　Schlegel, 1797/1991, pp. 4-5; Speight, 2008, Section 3.

17　Bauemler, 1923/1967, Part I, A. Aesthetik, pp. 141-166 참고할 것.

18　Ziolkowski, 1990, 제2장, 「광산: 영혼의 이미지」, pp. 18-63 참고할 것.

로써 변형된다.

젊은 니체의 멘토인 쇼펜하우어는 칸트뿐만 아니라 셸링에게도 많은 빚을 졌다. 그는 프로이트(Freud)와 같은 후대의 사상가들에게 독일 관념론의 몇 가지 주요 사상을 전달했다는 점에서 더욱 중요하다.[19] 쇼펜하우어에게 있어서 미적 관조는 의지의 분투와 그것이 야기하는 고통에 대한 대안이다.[20] 우리가 논의했던 식으로 말하자면, 미적으로 거리를 두는 것, 곧 미적 분리는 세계의 규정성과 의지의 규정성을 넘어 비규정적인 제삼의 관점을 제공한다. 그러나 칸트에게는 미적 반응이 세계의 대상들에 지속적으로 관여하면서 그것들에 대한 반성인 반면, 쇼펜하우어에게는, 비록 무관심적인 것일지라도, 예술과 자연의 감상이 일종의 물러섬(withdrawal)으로 간주된다.

쇼펜하우어를 경유한 계보의 결과로, 우리는 니체에서 초기 독일철학의 흔적을 발견할 수 있다. 내가 칸트에게서 지적했던 이중적 조화와 같은 것이 니체의 저술에 있을까? 예컨대, 니체가 『즐거운 학문』(*The Gay Science*, 1882, 재판 1887)의 아포리즘(Aphorism) 354와 374에서 관점주의를 고집하고 있는 것을 볼 때, 우리는 그가 어떻게 우리의 판단력을 위한 자연의 합목적성에 대해 의미가 있게 말할 수 있는지 알기는 어려울 것이라고 생각할지도 모른다. 확실히 우리가 그것을 의식하지 않으면 아무것도 아닌 마음과 세계 사이의 진정한 관계 지점은 있을 수 없었다. 그럼에도 불구하고, 세계에 대한 우리의 해석은 단지 우리가 "그 자체"로 결코 알지 못한다는 것에 대한 관점일 뿐이라는 니체의 견해는 칸트의 코페르니쿠스적 전환과 우리의 경험이 현상과 현상하는

---

19  Bowie, 2003, pp. 267-268 ; 1993, pp. 96-97.

20  『의지와 표상으로서의 세계』(*The World as Will and Representation*, 1818-19/1969), 특히 Volume 1, Section 33 참고할 것.

것에 제한되어 있다는 주장에 힘입은 바가 크다. 칸트의 자연의 합목적성의 원리는 인간의 지각에서 완전히 분리된 것으로 간주되는 자연 내의(in nature) 어떤 것과 관련이 있는 것이 아니라, 내가 주장했듯이, 그것은 우리의 마음이 세계의 대상에 마주하는 관계와 연관된 것이다. 그리고 칸트는 우리가 사물의 경험으로부터 분리된 것에 대한 지식 또는 "사물 자체"에 대한 지식을 가질 수 있다는 것을 부인하지만, 그는 우리가 실재성을 마음 너머에 존재하는 것으로 생각할 수 있어야 한다고 주장한다. 칸트가 『판단력 비판』에서 생각을 바꾸어 인간의 사고에 의해 손대지 않은, 정말로 자연 그대로의 세계가 존재한다고 주장했던 것은 아니지만, 오히려 그는 항상 우리가 생각하는 어떤 것 내에서, 우리의 감관에 의해 접근되고, 우리가 생각하는 것에 관한 우리의 마음 너머의 어떤 것과의 관계가 있다고 생각했다. 반성은 그럼에도 불구하고 반드시 찾아져야만 하는 어떤 것을 완전히 파악하는 것이 불가능하기 때문에 끝이 없는 일이다. 이제 니체의 관점주의는 흔히 해석되는 바와 같이 경솔함에 대한 여지는 남겨두지 않지만, 니체가 사유의 파토스(pathos of thinking), 곧 우리는 우리 자신의 사고의 지휘관이 아니라는 것에 대한 통찰을 갖고 있었음을 보여주는 몇몇 근거는 있다. 나는 여기서 이 주장을 정당화할 수는 없다. 그러나 그러한 구절들이 대개 규정성을 위한 증거로 읽혀지기는 하지만, 이런 식으로 우리의 자유의 결핍에 대한 그의 주장을 일부 이해할 수는 있다.[21] 이것이 맞다면, 니체는 '사고'와 '사고가 의도하는 것' 사이의 미묘한 균형감각을 갖고

---

21   예컨대, 『즐거운 학문』의 물리학자 창조자에 관한 아포리즘 335 참고할 것. 니체는 무엇이 가능한지 알기 위해서는 우선 무엇이 필요한지 알아야 한다고 말한다. Hughes, 2002, pp. 129-132 참고할 것. 니체가 말하는 균형은 기억과 망각 사이에서 요구된다. 또한 그 균형은 니체가 실재에 질서를 강요하는 정신에 전념하지 않음을 보여주는 것과 관련이 있을 것이다. Hughes, 1998 참고할 것.

있었다. 여기서 '사고가 의도하는 것'은 칸트의 중요한 개념인 우리의 판단력을 위한 자연의 합목적성이다. 그리고 『비극의 탄생』(*The Birth of Tragedy*, 1872)에서, 비단 여기뿐만이 아니라 다른 곳에서도, 니체가 의미의 충만함의 탄생 — 또는 오히려 그것의 재탄생 — 을 예술에서 찾을 수 있다고 주장하고 있는 것도 분명한 사실이다. 나는 주관적 관념론의 새롭고 비이성적인 합리적 설명보다 니체에게 더 많은 것이 있다고 생각한다. 나의 생각이 옳다 하더라도, 예술에 의해 행해지는 역할과 마음과 세계의 관계에 대한 그의 감각은, 희망적이고 아름다운 것이기 보다는 더 골치 아프고 숭고하다. 니체가 마음과 세계의 관계에 대한 물음을 떠맡고, 게다가 그와 같은 관계가 구별된 마음의 능력들의 결합에서 비롯되었다고 보는지의 여부를 규명하기 위해서는 광범위한 추가 작업이 필요할 것이다.

현상학의 선구자인 후설의 핵심 질문은 다음과 같다. 어떻게 마음이 주어진 어떤 것에 접근하는가?[22] 후설은 마음과 세계의 관계를 이해하는 경로로 자연미나 예술미를 탐구하는 데 중점을 두지 않았지만, 여러 차례에 걸쳐 자신의 기획을 "철학적 미학"의 하나로 간주한다고 말했다.[23] 그러나 여기서 "미학"은 공간과 시간에 대한 우리의 경험의 조건, 곧 칸트의 『순수이성비판』의 "선험적 감성론"의 영역을 말하는 것이지, 『판단력 비판』의 주제인 대상에 대한 쾌의 감상을 지칭하는 것이 아니다. 후설은 이 현상학적 과제를 우리가 가진 사물에 대해 갖는 근원적

---

22 예를 들어, 『현상학의 이념』(*The Idea of Phenomenology*, 1907/1990), 『순수현상학과 현상학적 철학의 이념』(*Ideas Pertaining to a Pure Phenomenology and to a Phenomenological Philosophy*) 1권(1913/1998), 2권(1928/1989), 『데카르트적 성찰』(*Cartesian Mediations*, 1929/1991) 참고할 것.
23 『수동적 종합과 능동적 종합에 관한 분석(1920년대 강의들)』(*Analyses Concerning Passive and Active Synthesis*, 2001), Part II 참고할 것.

의식으로 되돌아가는 것으로 여겼다. 근원적 의식은 마음이 어떤 개념적 규정 이전에 그리고 그것에 주어진 것을 처음으로 취하는 것이다.

후설에게 직관은 마음이 아닌 다른 것에 접근할 수 있는 능력이다. 이것은 칸트적인 이중적 조화에 특징적인 능력들의 다원적 유희가 아니라 한 능력의 근원을 말하는 것이지만, 마음의 유희와 "에포케(epoche)"의 현상학적 이념 사이의 유사점을 생각해 볼 수 있다. 에포케[24]는 실증적인 경험의 내용에서 정신적으로 물러서는 방법이다.[25] 우리는 적어도, 후설의 세계에 대한 마음의 접근을 밝혀내는 기획이, 경험적 대상 그 자체는 그것들에 대한 우리의 지각을 설명할 수 없다는 칸트의 통찰을 공유하고 있다는 것, 그리고 철학자의 과제는 일상생활에서 가장 명백한 것보다 심오한 관계를 밝혀내는 것임을 확신할 수 있다. 그러나 이후의 현상학자들, 대표적으로 하이데거(Heidegger)와 메를로퐁티(Merleau-Ponty)는 비록 후설에게 학문적으로 빚진 바가 매우 크다는 것을 알고 있지만, 오히려 피히테에 응답했던 후기 관념론자들처럼 반응했다. 그들은 마음과 세계의 관계에 대한 후설의 설명이 주관에 치우쳐 있어 균형이 맞지 않는다고 생각했다.

후설의 제자 하이데거는 후기 저작에서 현상학적 방법으로 『판단력 비판』에서 확립된 의미에서의 "미학"을 논의한다. 예술은 진리에 접근하는 방식, 즉 하이데거의 용어로 "진리의 존재함"이다.[26] 예술작품들은 모든 존재의 근원에 있는 은폐와 탈은폐 사이의 투쟁을 드러낸다. 이런 식으로 예술의 역할을 바라보면서, 하이데거는 칸트적인 주제를

---

24   [역주] 그리스어 에포케는 "괄호치기"를 의미하며, "판단중지"라고 번역할 수도 있다.

25   Hughes, 2006c 참고할 것.

26   「예술작품의 근원」(The Origin of the Artwork, 1936/1971), pp. 39–57.

계속하고 있다. 우리가 니체적인 주제, 곧 미적 반응은 다른 어떤 방식으로도 파악하기 어려운 실존적 진리를 결정화한다는 것을 보았던 것처럼 말이다. 현상을 파악하기 위한 후설의 기획은 예술작품을 감상하는 간접적인 경로를 통해 실현될 수 있게 된다. 칸트의『순수이성비판』에 대한 초기 저술인『칸트와 형이상학의 문제』(*Kant and the Problem of Metaphysics*, 1929)에서, 하이데거는 세계에서 현상에 접근하려면 지성과 감성을 넘어서는 제삼의 관점, 곧 상상력이 요구된다고 주장한다. 상상력은 칸트적 이원론의 대립된 두 측면의 숨겨진 뿌리이며, 이제 세계에로의 접근을 용이하게 하기 위해 동원되고 있다. 그러기에 하이데거는 상상력을 탁월한 존재론적 능력이라고 부른다.[27] 하이데거가 보기에는, 칸트가 상상력보다 지성을 우위에 둔 것은 그의 인식적으로 편향된 기획의 실패의 큰 원인이 되며, 의식이 어떻게 대상에 접근할 수 있는지를 보여주지 못하는 비판철학의 실패로 이어진다. 그러나 우리는 하이데거가 마음과 세계 사이의 관계의 가능성 그리고 예술작품이 이 기획을 촉진시킨다는 통찰을 확립하려는 목적을 칸트와 공유하고 있다는 결론을 내릴 수 있다. 그들은 또한 후설의 문제에 대한 해결이 마음과 세계 중 어느 하나를 지배하는 데 있지 않고 다원적인 마음의 작용을 동원하는 데 놓여 있다는 통찰을 공유하고 있다.

　메를로퐁티의 현상학적 저술들은 후기 후설뿐만 아니라 후기 하이데거의 영향을 크게 받았다. 우리는 그의 현상학의 전임자들이 학문과 일상경험 양쪽 모두에 특징적인 객관화하는 태도에 앞서 마음과 세계의 관계를 밝히려고 노력했는지를 살펴보았다. 메를로퐁티는 이론적 원리를 먼저 확립하려고 시도하기보다는 사례를 통해 연구하는 현상학적

---

27　예컨대,『칸트와 형이상학의 문제』(*Kant and the Problem of Metaphysics*, 1929/ 1962), p. 93 참고할 것.

방법과 이러한 목표를 공유한다. 메를로퐁티의 후기 연구들, 특히 『보이는 것과 보이지 않는 것』(*The Visible and The Invisible*, 1964)에서 그는 관계의 내적 구조를 탐구하는 데 특별한 진전을 보여준다.

　메를로퐁티의 초기 중요한 저작인 『지각의 현상학』(*Phenomenology of Perception*, 1945)에서 그는 다수의 신경학적 사례, 지각적 사례 그리고 보다 적게는, 마음이 어떻게 세계를 인지하는지에 대한 예술적 사례를 사용했다. 그의 중요한 후기 저작 『보이는 것과 보이지 않는 것』은 한 핵심적 사례의 함축성―곧, 내 한 손이 다른 한 손을 어떻게 쥐는가는 모든 인간 경험의 중심에 있는 상호적 관계를 의미하는 이미지이다―을 탐구한다. 관계의 한 측면과 다른 측면 사이의 전환점에 대한 이러한 탐구는 관계를 더 깊이 이해하기 위해 시도된 것이다. 그가 죽기 직전에 저술되어 사후에 출판된 『눈과 마음』(*Eye and Mind*, 1964)은 이 시기의 다른 저술들과 마찬가지로 거의 전적으로 예술작품을 매개로 해서 지각의 현상학적 문제를 탐구한다. 예술작품은 이전에 후설에 의해 제기된 문제들이 순수하게 현상학적 용어로 마침내 풀리거나 적어도 그것의 진정한 형식으로 인식될 수 있는 반성의 기회를 열어준다. 특히 그의 후기 저술에서 메를로퐁티는, 후기 하이데거 그리고 칸트의 세 번째이자 마지막 비판서인 『판단력 비판』과 함께, 미적 경험은 우리가 바깥의 사물과, 그러면서도 마음과 관련된 것을 만나는 방식을 볼 수 있게 해준다는 견해를 공유했다.

　1956-57년에 처음 발표되었고, 1968년에 『자연』(*La Nature*)이라는 제목으로 불어로만 출판된 일련의 강의에서 메를로퐁티는 자연의 주제를 다룬다. 자연이란 무엇인가? 자연은 그것은 대한 우리의 인식과는 완전히 무관한 "사물 자체"인가? 아니면 인간의 마음에 의해 꿈꾸어진 순전한 현상인가? 분명히 그는 자연이 인간의 신체에서 상호적으로 연

루되어 있는[Ineinander] 것, 또는 나의 용어로 말하자면, "관계적"인 것으로 가장 잘 이해된다고 주장한다.[28] 확실히 이것은 우리의 판단을 위한 자연의 합목적성, 곧 세계와 마음의 관계에 대한 칸트의 생각에 아주 가까이 있다. 『지각의 현상학』에서 그의 후기 저술에 이르기까지 메를로퐁티는 주관과 객관이라는 대립의 너머에 있으면서, 대상에 대한 우리의 인식의 근거를 밝히는 데 주력했다. 다시 말하거니와, 이는 반성적 판단력을 통해 접근할 수 있게 된 마음과 세계의 조화와도 밀접한 관련이 있는 것 같다. 그럼에도 메를로퐁티는 칸트가 지나치게 "지성주의자"의 면모를 갖고 있고, 경험의 지각적 핵심에 충분히 적절하게 대응하지 못했다고 여겼기 때문에, 그가 이러한 유사성을 인정했을 가능성은 거의 없어 보인다.

또한 마음과 세계 사이의 두 번째 조화가 진행되게끔 하는, 마음 내의 조화에 대한 칸트의 생각에 따른 당연한 결과가 있는가? 이는 더욱 입증하기 어려울 터이다. 메를로퐁티의 마음의 철학이 다소 충분히 연구되지 않은 면이 있지만, 나는 그의 사유를 이끌어낼 잠재력이 있다고 생각한다. 그는 분명하게, 철학이 그렇게 자주 빠지는 이율배반뿐만 아니라 일상생활의 양극성을 넘어서야만 현상학적 통찰이 획득될 수 있다는 것을 주장한다. 『보이는 것과 보이지 않는 것』에서 탐구된, 세계와 관계하는 방식은 마음의 유동성을 요구하며, 어떤 "능력" 또는 마음의 정향성만으로는 불가능한 것이다. 우리의 마음은 다양한 기능을 할 수 있어야 한다. 만약 우리가 한 손과 다른 손의 관계를 탐구하려면, 자극이 관계의 한 면에서 관계의 다른 면으로 움직여서 완전히 규정될 수 없는 현상처럼 보일 터이다. 우리는, 칸트의 용어로 말하자면, 우리의

---

28  Merleau-Ponty, 1968/2000, pp. 209-215.

감관으로 포착하면서 무엇이 숨겨져 있을지 상상하며, 그리고 보이는 것과 보이지 않는 것에 대해 반성할 필요가 있다. 메를로퐁티에게 있어, 보이는 것과 보이지 않는 것은 항상 서로 얽혀 있고, 이는 그러한 상호성에 대한 우리의 인식이 한 관점과 다른 관점 사이에서 움직일 수 있는 능력, 곧 『판단력 비판』의 미적 판단과 유사한 능력들의 자유를 필요로 한다는 것을 시사한다. 그렇지만, 이것은 『보이는 것과 보이지 않는 것』에서 발견되는 어떤 명시적인 마음의 철학을 넘어선다.

현상학적 전통에서 학문적 훈련을 했지만, 그것에서 벗어났던 한 명의 철학자인 한나 아렌트(Hannah Arendt)는 정치적인 것을 사유하는 데 있어 특별한 방식을 전개했다. 게다가 그녀는 『판단력 비판』에서 자신의 기획을 위한 영감을 발견했다. 명백히, 칸트 미학이 정치철학을 논의하고 있지는 않지만, 아렌트는 『정신의 삶』(*The Life of the Mind*, 1978)에서 자유로운 관조적 마음에 대한 자신의 설명을 바탕으로 정치적인 삶의 모델을 전개했다. 그러나 아렌트가 하고 있는 미학과 정치 사이의 연결고리는 우리가 이미 실러의 논의에서 살펴본 것처럼 새로운 것은 아니다. 실상 1796년에 씌어진, 짧고 수수께끼 같으나 매우 흥미로운 글인 이른바 「독일 관념론의 가장 오래된 체계 프로그램」 (The Oldest System Programme of German Idealism)의 저자 또는 저자들은 정치적 계몽과 미적 르네상스의 체계적인 연결을 주장했다.[29] 아렌트는 우리가 칸트 이후 전개된 철학의 전통에서 진보적인 정치에 대한 미학의 중요성을 파악할 수 있게끔 해준다. 아렌트에게 있어서 정치는 삶의 한 측면이 아니다. 삶은 인간의 가장 높은 잠재력에서 살아 있는 것이며, 그리고 미적 반응은 우리로 하여금 정치에서 표현되는 개

---

29  이 글은 거의 확실하게 셸링, 횔덜린, 혹은 헤겔에 의해 쓰였다. 이 짧은 글의 번역은 Bowie, 2003, pp. 334-335 참고할 것.

인적이고 공동체적인 삶의 가능성을 탐구할 수 있게 한다. 미학이 인간 존재의 가장 깊은 뿌리에 대한 통찰을 열어준다는 믿음의 측면에서 볼 때, 아렌트의 사유는 칸트뿐만 아니라 니체, 하이데거, 메를로퐁티의 사유에도 상응한다. 그런데 아렌트는 지각의 근원을 밝히는데도, 우리가 세계를 포착하기 위해 필요한 마음의 능력에도 초점을 두고 있지 않다. 아렌트에 따르면, 마음과 세계의 관계에 대한 가장 절박한 문제는 정치적인 것으로 생겨난다. 이러한 강조는 우리가 어떻게 경험적 세계에 도덕적으로 개입할 수 있는지를 미적 쾌로 알 수 있다는 칸트의 견해와 그리 멀리 떨어져 있지 않다. 아렌트는 헤겔과 마찬가지로 "도덕"이라는 개인주의적 함축보다 더욱더 공동체주의적인 "윤리"를 선호하지만, 그녀의 기획 목표는 우리가 일상생활에서 어떻게 스스로를 책임감 있는 행위자로 다시 주장할 수 있는지를 보여주는 것이다. 우리가 살펴보았듯이, 칸트의 견해에 따르면, 이것은—비록 잠정적인 것이라 할지라도—미의 판단에 의해 열리는 가능성이다. 이중적 조화와 연관된 윤리적 약속은 또한 우리가 이제 곧 논의하려는 사상가들에게도 중요하다.

프랑크푸르트 학파의 철학자들은 정치적 삶이 인간 존재에 대한 철학적 성찰의 중심에 있거나 있어야 한다는 아렌트의 입장과 결을 같이한다. 이러한 사상가들의 1세대는 마르크스뿐만 아니라 프로이트나 니체에게서 광범위한 영향을 받았다. 그들은 미학이나 문화철학의 전개를 통해 퇴행적이고 상품소비적인 사회에 대한 공격을 감행했다. 아렌트가 보여주었듯이 칸트 미학이 간접적인 정치적 메시지를 담고 있는 반면 아도르노(Adorno), 호르크하이머(Horkheimer) 그리고 벤야민(Benjamin)의 의도는 미학을 매개로 하여 정치에 대한 복잡하더라도 직접적인 일련의 반성을 전개하는 것이었다. 하버마스(Habermas)와 같은 영향력 있는 사상가들을 포함한 프랑크푸르트 학파의 후세대들은 미학에 대한 논의를 상당히 적게 했기에 지금 여기에서 다루지는 않을 것이다. 아도르노와 벤야민 둘 다, 꽤 다른 방식으로, 인간의 중심 기획으로서의 예술에 몰두하였는데, 그들은 이전의 니체처럼 예술작품이 일상생활에서 상실된 지식과 가치의 결정체로서 작용한다고 믿었기 때문이다. 초기 프랑크푸르트 학파의 사상가들은 인간의 가치를 전적으로 돈에 근거한 양적 척도로 대체한 자본주의의 흐름에 저항하면서, 최소한 부분적으로나마, 상실된 통찰이 회복될 수 있으리라는 생각으로 전력을 다해 자신들의 논의를 펼쳤다. 그들은 마르크스적 의미에서의 완전한 혁명을 더 이상 희망하지 않았지만, 예술작품을 잠재적인 저항과 더 나은 사회를 위한 희망의 증류물로 간주했다.[30] 확실히, 그들은 우리의 판단을 위한 자연의 합목적성이라는 특정한 개념에 딱히 관심을 두고 있지는 않지만, 비인간적인 세계를 통제하는 데 집착하는 현대 사회로 인해 우리가 자연과의 접촉을 잃어버린 방식에 관심을 두었다. 동시에 그들은 우리의 자유를 위해 문화적 세계의 가능한 합목적성에 헌신했다. 이 점에서, 그들은 비록 매우 다른 시기이고 구별된 방식이긴 하지만, 『미적 판단력 비판』에 대한 칸트의 전반적인 기획, 곧 경험적 세계에 대한 이성적 개입 가능성을 확립하기 위한 기획을 공유하고 있다.

나는 이제 아도르노가 어떻게 칸트의 이중적 조화의 이념, 곧 마음과 세계 사이의 이중적 조화의 한 측면을 발전시킨 사상가로 여겨질 수 있는지에 초점을 맞출 것이다. 그의 『미적 이론』(*Aesthetic Theory*, 1970)은 예술작품, 특히 이른바 "고급예술"을 소외가 규범이 되어버린 실제 세계에 대한 유토피아적 대안을 열 수 있는 것으로 제시한다. 아도르노

---

30    이것은 아도르노와 호르크하이머가 공저한 『계몽의 변증법』(*Dialectics of Enlightenment*, 1947/1997a)의 중심 주제에 대한 아주 간결한 설명이다.

는 쇼펜하우어가 그랬던 것처럼 예술을 일상의 고통에서 벗어나는 수
단으로 보지 않는다. 오히려 어떤 예술작품은 단순한 상품 이상의 가치
가 있는 듯 보이며, 그 가치는 다른 유용한 상품들과 교환될 수 있는 가
능성에서만 일어난다. 이것은 예술작품이 시장의 지배적인 규범에 대
한 대안을 열어 갈 수 있게 한다. 그러나 아도르노는 그러한 "고급예
술"이 시장의 규범에서 벗어난다고 생각하지 않는다. 그는 예술시장을
너무 잘 알고 있었다. 오히려, 예술작품에 의해 제공되는 대안적 전망
은 전적으로 현상의 수준에서 작용한다. 예술작품은 단지 완전히 쓸모
없어 보이기 때문에 교환가치를 벗어나는 것처럼 보인다.[31] 이제, 이 모
든 것이 실재라기보다는 명백한 것이기 때문에, 예술작품은 그 자체 목
적으로서, 곧 예술을 위한 예술로서의 자격을 갖지 못한다. 오히려, 예
컨대, 베토벤이나 쇤베르크의 음악에서는 다른 상품과 교환할 수 있는
유용한 상품의 관점을 넘어서서 인간의 삶의 가치에 대한 통찰이 시작
될 수 있다. 예술작품이 시장의 가치에서 벗어나려는 듯한 방식은, 칸
트식으로 말하자면, 목적을 위한 수단으로서가 아니라, 인간의 삶을 그
자체로 가치 있는 것으로 인식하기 위한 암호가 되고, 또는 마르크스식
의 사유방식으로 보자면, 우리가 현재의 소외된 상태를 어떻게 극복할
수 있는지를 보기 위한 암호가 된다. 예술작품 역시 시장의 소외된 세
계의 일부분이기 때문에, 비록 왜곡된 형식으로나마, 어떻게 삶이 그것
과는 다른 어떤 것이 될 수 있는지를 우리로 하여금 엿볼 수 있게 해준
다. 오직 부정적인 면에서, 곧 현재의 상황에 대한 비판으로서 생각되
는 유토피아적 대안은 우리가 현재의 소외된 상태에서 벗어날 수 있는
대안일 것이다. 아도르노의 이러한 관점의 배경은 네 단계의 소외를 진

---

31  Jarvis, 1998, pp. 90-123.

단하는 마르크스의 1844년 『수고』(*Manuscripts*)에서 찾아볼 수 있다. 우리는 첫째, 자연과 자연에서 우리가 생산한 생산물과 관련해서 소외 되고, 둘째, 우리는 자신의 생산성이나 노동에서 소외되며, 셋째, 우리 는 우리 내의 인간성에서 소외되며, 넷째, 그 결과 우리는 다른 인간으 로부터 소외된다.[32]

마르크스에 의해 최초로 확립된 소외의 네 가지 측면 중 처음과 마지 막의 소외에 대한 아도르노의 수용과 전파와 관련하여, 나는 칸트가 우 리의 판단을 위해 자연의 합목적성을 상정하고 있는 것과 같은 선상에 서, 제한적이지만 조명해 보는 것도 가능하다고 믿는다. 칸트의 생각은 오롯이 반성적 판단력을 통해서만 경험적 세계의 질서와 주관 사이의 관계를 확립할 수 있다는 것이었다. 나는 이 절의 서두에서 이러한 생 각의 더 깊은 진리는 세계에 대한 인식적 참여와 도덕적 참여 모두 가 장 직접적으로 미적 판단에서 표현되는 세계에 대한 선행적 관여를 필 요로 한다는 것이라고 언급했다. 아도르노는 예술작품이 자연 그리고 타자와의 소외되지 않은 관계에 대한 잠정적인 전망을 열어준다고 보 고 있다. 한편 칸트는 미적 판단이 대상 그리고 타자와의 도덕적 관계 에 대한 우리의 인식적 참여를 예시한다고 주장한다. 그리고 아도르노 는 미적 반응에서 주관과 세계 사이에서, 그리고 주로 "고급예술"에서 주관과 주관 사이에서 덜 소외된 관계로 나아갈 수 있는 가능성을 발견 했지만, 벤야민은 영화와 같은 대중적인 예술 형식이 우리 바깥, 우리 내부 그리고 타자 내에서 자연을 더 이상 양적으로 계산하지 않는 사 회의 건설에 기여할 수 있는 잠재력을 갖고 있다고 믿었다. 예술은 현 상의 차원에서 실재 세계에 대한 대안의 이미지를 창조하고, 그렇게

---

32  Marx, 1884/2007, 『1844년의 경제학 철학 수고』(*Economic and Philosophic Manuscripts of 1844*), First Manuscript, "Estranged Labour".

함으로써 대안적 실재의 창조를 가능하게 한다. 아주 세부적으로 볼
때, 아도르노와 칸트의 접근방식은 사뭇 다르지만, 아도르노와 다른
초기 프랑크푸르트 학파 사상가들은 인간 진보의 가능성에 있어서 미
적 반응에 대한 우리의 능력이 결정적으로 중요하다는 견해를 공유하
고 있다.

　『판단력 비판』에서 칸트 기획의 역할을 보다 최근에 그리고 꽤 명시
적으로 취한 철학자는 장 프랑수아 리오타르(Jean-François Lyotard)
이다. 그의 초기 저작인『포스트모던의 조건』(*The Post-Modern Con-
dition*, 1979)에서, 리오타르는 다른 관점의 다원성을 결합하는 것이
중요하다고 주장하였는데, 이는 학문의 역할을 수정하려는 것으로 볼
수 있다. 리오타르가 보기에, 이른바 포스트모더니티를 맞이한 현대의
특징은 규정과 통제를 통해 추동된다. 이러한 경향에 맞서, 리오타르는
널리 퍼져 있는 지배적 질서의 산출이 중단될 수 있는 가능한 붕괴의
계기를 확인해보고자 한다. 모든 것이 총체화되는 체계에 반대하는
"포스트모더니티(postmodernity)"―더 적절하게는 포스트모던(post-
modern)―는 리오타르가 나중에 "쟁론(differend)"이라고 부르는 것
을 논의하는 데 전념한다. "쟁론"은 미리 정해진 패턴이 정착되지 않은
매우 미미한 전환점에서 이루어진다.[33] 한때 마르크스주의자였던 리오
타르는 대규모의 혁명은 어떤 확신으로도 기대할 수 없는 반면, 희망할
수 있는 것은 일상의 사소한 혁명이나 붕괴라고 생각하게 되었다.

　그의 최근 저술 중 일부 그리고 특히,『비인간』(*The Inhuman*, 1988)
에서 리오타르는 현대생활을 지배하는 생산적 또는 "수행적(performa-

---

33　[역주] 여기서 "쟁론"으로 번역한 "differend"은 리오타르의 신조어이다. "differ-
end"은 규정적인 해결이 불가능하고, 항상 다름에서 비롯되는 분쟁, 갈등 등을 의미
한다.

tive)"인 사고방식에 대한 대안을 제시하면서 직접적으로 예술작품, 특히 추상적인 현대미술의 역할에 주목한다. 리오타르의 이러한 논의의 전개에서, 칸트의 "이중적 조화"와의 비교는 매우 흥미로운 일이 된다. 비록 리오타르의 깊은 통찰은 아름다운 것의 조화가 아니라 숭고함과 관련된 부조화와 관련된 것이기에 그 비교는 매우 복잡할지라도 말이다. 미적 경험은, 세계에 대한 우리의 판단에 적합한 방식을 보여줌으로써가 아니라 그 관계를 혼란시키고 우리의 사고능력을 넘어섬으로써 세계에서 우리의 위치와 세계에 대한 우리의 접근을 드러낸다. 우리가 추상 표현주의자인 바넷 뉴먼(Barnett Newman)의 회화와 같은 작품에 반응할 때, 우리는 규범적인 것과는 전혀 다른 관계를, 특히 그것의 시간성에 대해 떠올리게 된다. 우리는 더 이상 양적으로 혹은 특정한 목표를 달성하려고 우리가 인식하는 것에 접근하지 않는다. 우리는 선―예컨대, 뉴먼 회화의 수직선, 곧 "지퍼(zip)"―을 본다. 그려진 색의 선["지퍼"]은 그 자체 너머에 어떠한 의미도 갖고 있지 않다. 리오타르는 우리의 규범적인 지각의 붕괴가 정치적, 문화적 측면에서 직접적인 보상을 갖고 있음을 말하고자 하는 것이 아니다. 이러한 붕괴, 곧 이러한 쟁론에는 어떠한 의제(agenda)도 없다. 대안은 단지 다른 방식으로 인지할 수 있는 가능성, 곧 인지할 수 없거나 심지어 사고할 수 없는 어떤 것을 암시하는 가능성에 함축되어 있다. 이것이 리오타르가 숭고로 이해하고자 하는 것이다. 숭고는 현대 세계의 규범적인 질서의 붕괴라는 특정한 계기로서만 오직 희망을 준다. 조화라는 유일한 계기에서 이루어지는 칸트식의 희망은 부조화의 특정한 계기에서 일어나는 훨씬 더 깨지기 쉬운 희망으로 대체되었다.

## 3. 이중적 조화의 이념이 단지 우리의 해석에서가 아니라
## 예술작품에서 드러나는가?

나는 다양한 철학적 사상가들이 칸트의 이중적 조화의 이념, 또는 그의 용어로 우리의 판단을 위한 자연의 합목적성을 어떻게 진전시켰는지를 논의하였다. 이러한 이념이 철학적 미학뿐만 아니라 예술가들에게도 중요하다고 생각할 만한 이유가 있을까? 여기서 우리의 관심을 이론에서 예술의 실천으로 바꾸는 것은 사뭇 이상하게 보일지 모르지만, 내가 말해왔던 이야기의 다른 면을 떠올려보는 것도 중요하다고 믿는다. 나는 지금까지 논의해 온 사상가들이 예술작품에서 그리고 아름다운 자연에 대한 우리의 반응에서 마음과 세계 사이의 관계에 대한 생각을 어떻게 이론적으로 표현해왔는지를 보여주었다. 나의 의도는 철학적 사고를 취하는 예술가들의 목록을 제공하는 데 있는 것이 아니라, 오히려 철학적 형식에서 얻은 통찰이 예술작품에서 또한 어떻게 특별하게 미적으로 표현될 수 있는지를 간략하게 제시하는 데 있다.

　우리가 자연세계에서 아름다움을 감상하는 과정에서 우리 자신에 대해 많은 것을 발견할 수도 있지만, 예술적 창조는 명시적이든 아니든, 언제나 세상에서 우리의 위치를 해석하는 방식이었다. 자기설명의 의제가 모든 예술작품에 동기를 부여한다고 주장하는 것은 순진하고, 더 나쁘게는 환원적일 터이지만, 더 큰 자기이해는 예술에 대한 반응의 결과—의도되었든 아니든—중 하나라는 것을 주장하는 것은 그럴듯해 보인다. 때로는, 그러한 결과에 따른 자기 이해는 매우 특정한 것일 수 있다. 특히, 작품들이 특정한 역사적 상황에 의해 강한 동기를 부여받고, 방향이 잡힌다면 말이다. 그러나 많은 예술 작품과 대부분의 현대 미술작품은 특정한 사건들을 기록하는 것을 목표로 하지 않는다. 그렇다고 해서 예술작품이 더 이상 이 세상에서 우리의 위치에 대해 우리에게 말해주는 바가 없다고 단정할 수 없다. 예술작품은 단지 특정한 사건들을 기록함으로써 그렇게 하지 않거나, 적어도 그렇게만은 하지 않을 뿐이다.

예술작품이 어떻게 작용하는지에 대해 일반화하는 것도 마찬가지로 현명하지 못한 일일 터이다. 왜냐하면 예술작품들은 다양한 방식으로 작용하기 때문이다. 그렇지만 우리는 예술작품이 우리로 하여금 다르게 보게 하고, 그렇게 함으로써 우리가 흔히 당연하게 여기는 어떤 것을 인지하는 바로 그 과정을 알아차릴 수 있게 된다고 말할 수 있다. 세계와 관련된 일반적인 과정은 우리가 지금 집중적으로 논의하고 있는 특정한 예술적 사례에서 명백해진다. 칸트는, 우리에 의해 궁극적으로 통제되지는 않지만, 우리에게 접근 가능한 세계를 여는 데 있어서 미적 경험의 중요성을 정확하게 규명했다고 나는 생각한다. 그럼에도, 그는 또한 예술작품이 우리가 자연에 대해 있는 관계를 드러낼 수 없다고 결론지었는데, 그는 이것을 주로 마음의 바깥에 있는 사물의 영역으로 간주했다. 그러나 예술작품은 대개 인간의 마음과 그 너머의 세계 사이의 조우를 즉각적으로 보여주지는 않지만, 자연현상을 직접적으로 조우하는 것보다 훨씬 더 암시적일 수 있는 의미의 층들을 통해 간접적으로 조우할 수 있게 한다. 세잔(Cézanne)의 그림 〈안시 호수〉(Lac d' Annecy)는 프랑스 알프스를 방문할 때 내가 직접 그 호수를 보는 방법을 더 잘 알게 해줄 수 있다. 이 그림은 호수의 반대편에 있는 건물들, 전경의 풀이 우거진 둑에 있는 나무들, 그리고 심지어 호수를 향해 그려진 그 너머의 산들을 보는 방식들을 열어준다. 세잔은 하늘에 대한 어떠한 지시도 생략한 채 밀폐된 공간의 의미를 강조하면서, 물속에서 그리고 땅 위에서 반성의 유희를 전개함으로써 이러한 방식으로 보는 것을 가능하게 한

다. 그 결과는 밀실공포증이고, 진흙 빛의 색을 사용해서 더욱 강화된
다. 호수를 찾아가 직접 눈으로 그 광경을 바라볼 때, 나는 그 그림이
내게 일깨워준 자연의 특질과 그 문화적 환경을 재발견한다. 흔히 여유
로운 레저 행선지로 여겨지던 이 호수는 이제 양쪽의 산 사이의 좁은
공간에 갇혀 있으면서도 동시에 그 환경을 지배하고 있는 것처럼 보인
다. 마치 자연이 세잔의 그림이 된 것 같다. (45항의 예술처럼 보이는
자연에 대한 칸트의 언급을 참조하라). 그림이 예술가―예술가는 작
품제작의 과정에서도 어쩔 수 없이 의도를 갖고 있다―에 의해 제작된
다는 사실이 관람자가 자연에 대한 인식을 확장하기 위해 예술작품에
의지할 수는 없다는 것을 의미하지는 않는다. 더구나, 자연의 순수한
예들을 마주하고 심지어 이해하는 것이 점점 더 어려운 세상에서, 우리
는 세계가 순전히 자연적인 것이 아니라 문화적으로 이미 규정되어 있
다는 것을 인식해야만 한다. 예술작품은 혼성체인 세계, 심지어 자연의
아름다움이 여전히 이상적인 것으로 작용하는 세계에 대한 우리의 반
성에 도움을 주는 능력을 갖고 있다. 만약 이것이 옳다면, 우리의 판단
을 위한 문화적으로 매개된 자연의 합목적성은 우리를 위한 문제인 바,
예술작품은 우리가 그 문제를 반성하는 데 도움을 준다.

## 4. 왜 『판단력 비판』을 읽는가?

『판단력 비판』의 지속적 적절함은 자연과 예술작품의 미적 감상을 가
능하게 하는 관조적 반성에 대한 통찰에서 비롯된다. 그럼에도 불구하
고, 우리가 살펴보았듯이 그러한 반성은 삶의 다른 측면과의 분리를 필
요로 하는 것이 아니라, 오히려 세계에 대한 우리의 복잡한 관여를 드

러낸다. 미적 감상은 어떤 것을 통제하거나 심지어 알지 못한 채, 그 어떤 것과 관련된 우리의 능력을 보여준다. 그렇다고 해서 우리가 그것에 냉담한 것은 아니다. 우리가 관여하고는 있지만, 욕구적이지도 않고 도덕적 행위자로서 활동하지도 않는다. 비록 우리가 다른 경우에서는 그렇게 해야 하겠지만 말이다. 더 이상의 의제(agenda) 없이, 어떤 것에 주목하고, 심지어 만족하다고 느끼는 능력은 우리가 어쩔 수 없이 관여하고 있는 물질적 세계 너머에 대한 전망을 갖고 있다는 것을 드러낸다. 칸트는 『판단력 비판』을 시작하면서 인간만이 미적 쾌를 느낀다고 말한다. 미적 감정을 인간에게만 해당하는 것으로 제한하는 것이 옳든 그렇지 않든 간에, 칸트는 인간이 어떤 존재일지라도, 의제 없이 만족하거나 만족하지 않는 능력은 우리의 정체성의 의미에 있어서, 또한 적어도 우리가 될 수 있기를 바라는 것에 있어서 매우 중요하다고 말한다. 분명 이 점에 있어서 칸트는 옳다.

# 5<br>장

## 더 읽어볼 만한 책들

### 1. 독일어 텍스트

"칸트는 가장 빈번하게 출간되는 독일 철학자다." 이것은 노르베르트 힌스케(Norbert Hinske)와 빌헬름 바이셰델(Wilhelm Weischedel)이 6권짜리 독일어 칸트 전집에 대한 색인의 머리말에서 한 말이다.[1] 그러나 칸트 생애에 출판된 원판이 훨씬 후에 출판된 다른 판본들과 함께 칸트 학자들에게도 여전히 관심의 대상이 되고 있음에도, 오늘날 칸트 연구의 시금석은 학술원판(Akademie-Ausgabe)이라는 것은 의심의 여지가 없다. 학술원판의 면수 표시는 현재 칸트에 관한 모든 학문적 논의에서 사용된다. 『판단력 비판』은 학술원판 5권에 포함되어 있다. 학술원판의 약칭은 (이 책에서 사용한) AA 또는 Ak로 표시된다.

『순수이성비판』의 경우, 1781년과 1787년의 원전 초판과 재판을 관례에 따라 각각 A와 B로 표시하여 사용했다. 『순수이성비판』은 학술원판 3권과 4권에 포함되어 있는데, 쪽의 가장자리에 원전의 쪽 번호가 함께 표기되어 있다.

칸트 저술의 독일어 판본을 구하고자 하는 사람들에게는 빌헬름 바이셰델이 편집한 전집(*Werke in sechs Bänden*, Darmstadt)이 최선의

---

1  *Kant-Sitenkonkordanz*는 1970년에 Wissenschaftliche Buchgesellschaft Darmstadt 판으로 출판되었다.

선택이고, 신뢰할 만하며, 또한 상대적으로 비싸지 않다. (바이셰델판은 학술원판과는 달리 현대 글씨체로 인쇄되었다). 『판단력 비판』은 1983년 판을 재출간한 1998년 판의 5권에 수록되어 있다. 대안으로는, 레클람(Reclam)에서 출판된 단행본이 있다.

## 2. 영어 번역본

1987년까지는 제임스 크리드 메러디스(James Creed Meredith)에 의해 1911년에 처음 출판된 번역이 『판단력 비판』의 첫 번째 부분(미학)과 두 번째 부분(목적론)을 모두 영어로 옮긴 유일한 번역본이었다. 메러디스의 번역본을 최근 니콜라스 워커(Nicholas Walker)가 수정 및 편집하여 옥스퍼드대학교 출판부(2007)에서 출판하였다. 워커는 또한 '제1서론'의 새로운 번역본을 제공한다. 특히 이 새로운 판에서, 메러디스의 번역이 이 분야의 전문가가 아닌 독자들 그리고 문체적으로 접근이 용이한 번역본을 찾는 독자들에게 지속적인 관심의 대상이 되고 있다.

1987년에 베르너 플루하르의 『판단력 비판』 번역본이 나왔다(Indianapolis : Hackett). 이 번역본은 충실한 소개와 자료 및 비평장치를 완비했다. 플루하르 번역의 중요한 강점은 『판단력 비판』의 체계적인 위치를 소개하고, 독일어 원전에서 종종 길고 복잡하며 때로는 불명확할 수도 있는 구절을 예리하게 다루는 데 있다. 플루하르는 명확히 하려는 의도에서 대괄호로 된 추가 단어들을 종종 끼워 넣는다. 일부 독자들, 특히 독일어 텍스트를 연구하는 사람들은 본문의 문자를 넘어가는 추가 설명을 거슬려했다. 그럼에도 불구하고, 이것은 훌륭한 번역이다.

케임브리지대학교 출판부가 출간하고 있는 칸트 전집 중에서 폴 가이어와 에릭 매튜스(Eric Matthews)가 공동으로 번역하고 가이어와 앨런 우드(Alan Wood)가 편집한 새로운 비평본이 2000년에 발간되었다. 칸트의 저술 전체에 대한 일관되고 학술적인 편집 계획에 의해 제작된 『판단력 비판』 번역본의 매력은 의심할 여지가 없다. 게다가 이 번역본은 편집자의 추가 사항 없이 본문에 충실한 것이며, 폴 가이어의 명료하고 흥미로운 서론이 실려 있다.

플루하르의 번역 그리고 가이어와 매튜스의 번역은 칸트의 재판 그리고 학술원판 5권에 기초하고 있다.

## 3. 참고문헌

Adorno, T. and Horkheimer, M.[1947] (1997a), *Dialectic of Enlightenment*, trans. J. Cumming, London : Verso Books ; [*Dialektik der Aufklärung : philosophische fragmente in Gesammelte Schriften*, herausgegeben von R. Tiedemann unter Mitwerkung von G. Adorno, S. Buck-Morss und K. Schultz, Frankfurt am Main : Suhrkamp Taschenbuch, 1997, Band 3].

Adorno, T. [1970] (1997b), *Aesthetic Theory*, trans. R. Hullot-Kentor, London : The Athlone Press ; [*Ästhetische Theorie* in *Gesammelte Schriften*, Frankfurt am Main : Surhkamp, 1997, Band 7].

Arendt, H. [1971] (1978), *The Life of the Mind*, Orlando, Florida : Harcourt Brace and Company.

Allison, H. (1990), *Kant's Theory of Freedom*, Cambridge : Cambridge University Press.

_____, (2001), *Kant's Theory of Taste*, Cambridge: Cambridge University Press.

Ameriks, K. (1992), 'Rudolf A. Makkreel, *Imagination and Interpretation in Kant*', *Man and World* 25, 227-34.

Bauemler, A. [1923] (1967), *Das Irrationalitätsproblem in der Ästhetik und Logik des 18. Jahrhunderts bis zur Kritik der Urteilskraft*, Tübingen, Niemeyer and Wissenschafliche Buchgesellschaft, Darmstadt.

Bowie, A. (1993), *Schelling and Modern European Philosophy: An Introduction*, London and New York: Routledge.

_____, (2003) (2nd edition), *Aesthetics and Subjectivity: From Kant to Nietzsche*, Manchester: Manchester University Press.

Brandt, R. (1998), 'Zur Logik des ästhetischen Urteils', *Kant's Ästhetik, Kant's Aesthetics, L'esthétique de Kant*, Herman Parret, ed. Berlin and New York: Walter de Gruyter, pp. 229-45.

Crawford, D.W. (1974), *Kant's Aesthetic Theory*, Madison, Wisconsin: The University of Wisconsin Press.

Derrida, J. [1978] (1987), 'The Parergon', in *The Truth in Painting*, trans. G. Bennington and I. McLeod, Chicago: The University of Chicago Press, pp. 15-147; [*La Vérité En Peinture* (Paris: Flammarion)].

Fichte, J.G. [1794-95] (1982), *Foundation of the Entire Science of Knowledge* (1794-95) in *The Science of Knowledge* ed. and trans. P. Heath and J. Lachs, Cambridge: Cambridge University Press; [*Grundlage der gesamten Wissenschaftslehre* (1794-95), *Fichtes Werke*, hrsg. von Immanuel Hermann Fichte, Berlin: W. de Gruyter, 1971, Band 1].

Fricke, C. (1990), *Kants Theorie des reinen Geschmacksurteils*, Berlin and New York: Walter de Gruyter.

Gotshalk, D.W. (1967), 'Form and Expression in Kant's Aesthetics', *The British Journal of Aesthetics* 7(3), 250-60.

Grayck, A. (1986), 'Sublimity, Ugliness, and Formlessness in Kant's Aesthetic Theory', *Journal of Aesthetics and Art Criticism* 45, 49-56.

Guyer, P. (1977), 'Formalism and the Theory of Expression in Kant's Aesthetics', *Kant-Studien* 68, 46-70.

_____, (1979), *Kant and the Claims of Taste*, Cambridge, MA and London, England: Harvard University Press.

Hegel, G.W.F. [1830] (1975), *Lectures on the Philosophy of World History: Introduction*, trans. H.B. Nisbet, Cambridge: Cambridge University Press; [*Vorlesungen über die Philosophie der Weltgeschichte*, herausgegeben von Johannes Hoffmeister, Georg Lasson Berlin: Akademie-Verlag, 1970].

_____, [1807] (1979), *Phenomenology of Spirit*, trans. A.V. Miller, Oxford: Clarendon Press; [*Phänomenologie des Geistes*, Frankfurt am Main: Suhrkamp, 1981].

_____, (1993), *Introductory Lectures on Aesthetics*, trans. B. Bosanquet, London: Penguin.

_____, [1818-28] (1998a), *Aesthetics: Lectures on Fine Art*, trans. T.M. Knox, Oxford: Clarendon Press; [*Vorlesungen über die Ästhetik* Auf der Grundlage der Werke von 1832-1845, Redaktion E. Moldenhauer und K.M. Michel, Suhrkamp Verlag, Frankfurt am Main, 1970].

_____, [1812] (1998b), *Science of Logic*, trans. A.V. Miller, New York: Prometheus Books; [*Wissenschaft der Logik*, hrsg. von Friedrich Hogemann und Walter Jaeschke, Hamburg: Meiner, Band 1, 1978; Band 2, 1981].

Heidegger, M. [1929] (1962), *Kant and the Problem of Metaphysics*, trans. J.S. Churchill, Bloomington, Indiana: Indiana University Press; [*Kant und das Problem der Metaphysik*, hrsg. von Friedrich-Wilhelm von Herrmann, Frankfurt am Main: Klostermann, 1991].

_____, [1936] (1971), 'The Origin of the Work of Art', in *Poetry, Language, Thought*, trans. A. Hofstadter, New York: Harper & Row 1971. An abridged version is available in (1978), D.F. Krell, (ed.), *Martin Heidegger Basic Writings*, London: Routledge and Kegan Paul; ['Der Ursprung des Kunstwerkes' (1935/6) in *Holzwege*, Frankfurt am Main: Vittorio Klostermann, 1950].

Hölderlin, F. [1795] (1988), 'Letter to Hegel' in *Essays and Letters on Theory*, trans. and ed. T. Pfau, Albany: State University of New York Press; [*Werke und Briefe*, herausgegeben von F. Beissner und J. Schmidt, Frankfurt am Main: Insel Verlag, 1969, Bd. II].

Horstmann, R.-P. (2000), 'The early philosophy of Fichte and Schelling', in *The Cambridge Companion to German Idealism*, ed. K. Ameriks, Cambridge: Cambridge University Press, pp. 117–40.

Hudson, H. (1991), 'The Significance of an Analytic of the Ugly in Kant's Deduction of Pure Judgments of Taste' *Kant's Aesthetics*, ed. R. Meerbote, Atascadero, CA: Ridgeview Publishing Company, pp. 87–103.

Hughes, F. (1998), 'Forgetful All Too Forgetful: Nietzsche and the Question of Measure', *Journal of British Society for Phenomenology*, 29(3), October 1998, 252–67.

_____, (2002), 'Nietzsche's Janus Perceptions and the Construction of Values', *The Journal of the British Society for Phenomenology*, Summer

33(2), May 2002, 116–37.

_____, (2006a), 'Taste as Productive Mimesis', *Journal for the British Society of Phenomenology*, 37(3), October, 308–26.

_____, (2006b), 'On Aesthetic Judgement and our Relation to Nature: Kant's Concept of Purposiveness'. *Inguiry*, 49(6) December 2006, 547–72.

_____, (2006c), 'Kant's Phenomenological Reduction?', *Études phénoménologiques*, tome XXII, n° 43–44, 163–92.

_____, (2007), *Kant's Aesthetic Epistemology: Form and World*, Edinbureh: Edinburgh University Press.

Husserl, E. [1928] (1989), *Ideas Pertaining to a Pure Phenomenology and to a Phenomenological Philosophy*: Second Book, trans. R. Rojcewicz and A. Schuwer, Dordrecht: Kluwer; [*Ideen zu einer reinen Phänomenologie und phänomenologischen Philosophie* (Band 2), herausgegeben M. Biemel, Den Haag: M. Nijhoff, 1952, *Husserliana* Bd. IV].

_____, [1907] (1990), *The Idea of Phenomenology*, trans. W.P. Alston and G. Nakhnikian, Dordrecht: Kluwer; [*Die Idee der Phänomenologie*: fünf Vorlesungen, herausgegeben und eingeleitet von Walter Biemel, 2. Aufl., Den Haag: M. Nijhoff, 1973, *Husserliana* Bd. II].

_____, [1929] (1991), *Cartesian Meditations*, trans. D. Cairns, Dordrecht: Kluwer; [*Cartesianische Meditationen und Pariser Vorträge*, herausgegeben und eingeleitet von S. Strasser, 2. Aufl., Den Haag, M. Nijhoff, 1973, *Husserliana* Bd. I].

_____, [1913] (1998), *Ideas Pertaining to a Pure Phenomenology and to a Phenomenological Philosophy*: First Book, trans. F. Kersten, Dordrecht: Kluwer; [*Ideen zu einer reinen Phänomenologie und phänomenologischen*

*Philosophie*, (Band 1) herausgebeben W. Biemel, Den Haag: M. Nijhoff, 1950, *Husserliana* Bd. III].

_____, [1920- ] (2001), *Analyses Concerning Passive and Active Synthesis*, trans. A.J. Steinbock, Dordrecht: Kluwer; [*Analysen zur passiven Synthesis:* aus Vorlesungs – und Forschungsmanuskripten 1918-26, hrsg. von M. Fleischer, Den Haag: M. Nijhoff, 1966, *Husserliana* Bd. XI].

James, W. [1890] (1981), *The Principles of Psychology*, Cambridge MA: Harvard University Press.

Jarvis, S. (1998), *Adorno: A Critical Introduction*, Cambridge: Polity Press.

Kant, I. [1793] (1960), *Religion within the Limits of Reason Alone*, trans. T.M. Greene and H.H. Hudson, New York: Harper and Row; [*Die Religion innerhalb der Grenzen der blossen Vernunft*, herausgegeben von Rudolf Malter, Stuttgart: Reclam [1974], *Akademie-Ausgabe* Bd. VI).

_____, [1797] (1964), 'The Doctrine of Virtue' : Part II of The Metaphysic of Morals, trans. M.J. Gregor, New York: Harper and Row; [*Metaphysik der Sitten*, neu herausgegeben von Bernd Ludwig, Hamburg: F. Meiner, 1986-; *AA* Bd. VI].

_____, [1795] (1991), 'Perpetual Peace' , in *Kant: Political Writings*, ed. H.S. Reiss, trans. H.B. Nisbet, Cambridge: Cambridge University Press; [*Zum ewigen Frieden*. Ein philosophischer entwurf, hrsg. von Theodor Valentiner, Stuttgart: Reclam, 1971, *AA* Bd. VIII].

_____, [1781-87] (2007), *Critique of Pure Reason*, trans. N. Kemp Smith, Basingstoke: Palgrave Macmillan; [*Kritik der reinen Vernunft*, Hamburg: Felix Meiner, 1956; *AA* Bände III and IV].

Llewelyn, J. (2000), *The HypoCritical Imagination. Between Kant and Levinas*,

London: Routledge.

Lyotard, J.-F. [1979] (1984), *The Postmodern Condition: A Report on Knowledge*, trans. G. Bennington and B. Massumi, Manchester: Manchester University Press; [*La condition postmoderne: rapport sur le savoir*, Paris: Editions de Minuit, 1979].

_____, [1988] (1991), *The Inhuman*, trans. G. Bennington and R. Bowlby, Cambridge: Polity Press; [*L'inhumain: Causeries sur le temps*, Paris: Gallilée].

Makkreel, R. (1990), *Imagination and Interpretation in Kant*, Chicago: University of Chicago Press.

_____, (1992), 'Response to Guenter Zoeller', *Philosophy Today*, 36, Fall 1992, 276-80.

Marx, K. [1844] (2007), *Economic and Philosophic Manuscripts of 1844*, trans. M. Milligan, New York: Dover Publications; ['Ökonomisch-philosophische Manuskripte' in *Karl Marx Friedrich Engels Gesamtausgabe*, herausgegeben von der Internationalen Marx-Engels Stiftung Amsterdam, Erste Abteilung, Band 2, Berlin: Dietz, 1982 (Erste Wiedergabe pp. 187-318 & Zweite Wiedergabe pp. 323-464)].

Meerbote, R. (1982), 'Reflection on Beauty', in T. Cohen and P. Guyer (eds), *Essays in Kant's Aesthetics*, Chicago: The University of Chicago Press, pp. 55-86.

Merleau-Ponty, M. [1964] (1968), *The Visible and the Invisible*, ed. C. Lefort, trans. A Lingis, Evanston, IL: Northwestern University Press; [*Le visible et l'invisible*: suivi de notes de travail; texte établi par Claude Lefort, accompagné d'un avertissement et d'une postface, Paris: Gallimard, 1964].

_____, [1964] (1993), 'Eye and Mind', in ed. G.A. Johnson, *The Merleau-Ponty Aesthetics Reader*, Evanston, IL: Northwestern University Press, pp. 121-49; [*L' œil et l' esprit*, Paris: Gallimard 1964].

_____, [1968] (2003), *Nature: Course Notes from the Collège de France*, trans. R. Vallier, Evanston, IL: Northwestern University Press; [*La Nature: Notes. Cours du Collège de France*, Paris: Éditions de Seuil, 1995].

_____, [1945] (2002), *Phenomenology of Perception*, trans. C. Smith, London: Routledge; [*Phénoménologie de la perception*, Paris: Gallimard, 1976, reprinted 1983].

Neuhoser, F. (1990), *Fichte's Theory of Subjectivity*, Cambridge: Cambridge University Press.

Nietzsche, F. [1882-87] (1974), *The Gay Science*, trans. W. Kaufmann, New York: Vintage; [*Werke: kritische Gesamtausgabe*, herausgegeben von Giorgio Colli und Mazzino Montinari, Berlin: de Gruyter, 1967-, Band III].

_____, [1872] (1988), *The Birth of Tragedy and The Case of Wagner*, trans. W. Kaufmann, New York: Vintage; [*Werke* Band I].

Proust, M. [1924] (2000), *In Search of Lost Time*, trans. C.K. Scott Moncrieff and T. Kilmartin. Revised by D.J. Enright, London: Vintage; [*A la recherche du temps perdu*; édition publiée sous la direction de Jean-Yves Tadié, Paris: Gallimard, 1988, Volume III]

Schelling, F.W.J. [1801-04] (1978), *The Philosophy of Art*, ed. and trans. D.W. Stott, Minneapolis, MN: University of Minnesota Press; [*Philosophie der Kunst*, Darmstadt: Wissenschaftliche Buchgesellschaft, 1980].

_____, [1800] (1978), *System of Transcendental Idealism*, trans. P. Heath, Charlottesville: University of Press of Virginia; [*System des Transzen-*

*dentalen Idealismus (1800), Historische-kritische Ausgabe. Reihe I: Werke.* Band 9, 1-2, herausgegeben von H. Korten und P. Ziche, Stuttgart: Frommann-Holzboog, 1975-2005].

_____, [1813] (1997), 'Ages of the World' in *The Abyss of Freedom / Ages of the World*, trans. J. Norman with an essay by Slavoj Žižek, Ann Arbor: The University of Michigan Press; ['Weltalter-Fragmente', *Schellingiana* Band XIII, 1-2, Stuttgart: Frommann-Holzboog, 2002].

Schiller, F. [1795] (1967), *On the Aesthetic Education of Man*, ed. E.M. Wilkinson and L.A. Willoughby, Oxford: Clarendon Press; [*Über die ästhetische Erziehung des Menschen in Werke in Drei Banden*, unter Mitwerkung von G. Fricke, herausgegeben von H. G. Göpfert. 5. Auflage, Darmstadt: Wissenschaftliche Buchgesellschaft, 1984, Band II].

Schlegel, F. [1797] (1991), *Philosophical Fragments*, trans. P. Firchow, Minneapolis: University of Minnesota Press; ['Kritische Fragmente' („Lyceum") [1797] in *Kritische Schriften und Fragmente Studienausgabe*, herausgegeben von E. Behler und H. Eichner; Paderborn: Ferdinand Schöningh, 1988, Band 1.]

Schopenhauer, A. [1818-19](1969), *The World as Will and Representation* (in two volumes), trans. E.F.J. Payne, New York: Dover Publications; [*Die Welt als Wille und Vorstellung*, Stuttgart: Reclam, 1987].

Shier, D. (1998), 'Why Kant Finds Nothing Ugly', *The British Journal of Aesthetics*, 38(4), 412-18.

Speight, A. (2008), 'Friedrich Schlegel', *The Stanford Encyclopedia of Philosophy* (Fall 2008 Edition), Edward N. Zalta (ed.), http://plato.stanford.edu/archives/fall2008/entries/Schlegel.

Ziolkowski, T. (1990), *German Romanticism and Its Institutions*, Princeton: Princeton University Press.

## 4. 「본문 읽기」에서 더 읽어볼 만한 자료들

### 4.1 비판철학의 체계 내에서 미적 판단의 위치

Allison, 2001, pp. 13-64.

Baz, A. (2005), 'Kant's Principle of Purposiveness and the Missing Point of (Aesthetic) Judgements', *Kantian Review*, 10, 1-32.

Gibbons, S. (1994), *Kant's Theory of Imagination*, Oxford: Clarendon Press, pp. 79-123.

Guyer, 1979, pp. 33-67.

Hughes, F. (1998), 'The Technic of Nature: What is Involved in Judging?', in H. Parret (ed.), *Kants Asthetik/Kant's Aesthetics/L'esthétique de Kant*, Berlin/New York: de Gruyter, pp. 176-91.

_____, 2006b.

_____, 2007, pp. 248-76.

Kitcher, P. (1986), 'Projecting the Order of Nature', in R.E. Butts (ed.), *Kant's Philosophy of Physical Science*, Dordrecht: D. Reidel, pp. 201-35.

Pippin, R. (1996), 'The Significance of Taste: Kant, Aesthetic and Reflective Judgement', *Journal of the History of Philosophy*, 34(4). October: 549-69.

### 4.2 미적 판단의 네 가지 '계기'

Allison, 2001, pp. 67-159.

Ameriks, K. (1983), 'Kant and the Objectivity of Taste', *The British Journal of Aesthetics*, 23(1), Winter: 3-17.

_____, 1992.

Brandt, 1998.

Burnham, D. (2000), *An Introduction to Kant's Critique of Judgement*, Edinburgh: Edinburgh University Press, pp. 40-74.

Crawford, 1974, pp. 29-57 on Moments 1 and 2; pp. 96-124 on the formalism of taste.

Derrida, 1978/1987, *passim*, pp. 15-147.

Gotshalk, 1967.

Grayck, 1986.

Guyer, 1979, pp. 68-255.

_____, 1977.

Hudson, 1991.

Kemal, S. (1997), *Kant's Aesthetic Theory: An Introduction*, London: Macmillan, pp. 23-68.

Meerbote, 1992.

Merleau-Ponty, 1964/1993.

Savile, A. (1987), *Aesthetic Reconstructions: The Seminal Writings of Lessing, Kant and Schiller*, Oxford: Blackwell.

Shier, 1998.

## 4.3 숭고의 판단과 감관의 좌초

Allison, 2001, pp. 302-44.

Burnham, 2000, pp. 88-105.

Crowther, P. (1989), *The Kantian Sublime*, Oxford: Clarendon Press, especially pp. 78-135.

Gibbons, 1994, pp. 124-51.

Kant, 1990.

Lyotard, J.-F. [1991] (1994), *Lessons on the Analytic of the Sublime*, trans. E. Rottenberg, Stanford: Stanford University Press; [*Leçons sur l'analytique du sublime* Paris: Galilée, 1991], especially Sections 4-5.

Makkreel, 1990, pp. 67-87.

## 4.4 미적 판단의 연역

Allison, 2001, pp. 160-92.

Ameriks, K. (1982), 'How to Save Kant's Deduction of Taste', *Journal of Value Inquiry*, 16, 295-302.

Burnham, 2000, pp. 74-86.

Crawford, 1974, pp. 58-74, 75-91, 92-6, 125-33, 145-59.

Guyer, 1979, pp. 256-330.

Hughes, 2007, pp. 151-60, 169-206.

Kemal, 1992, pp. 73-115.

Makkreel, 1990, pp. 48-51.

_____, 1992.

## 4.5 천재, 미적 이념 그리고 예술

Allison, 2001, pp. 271-301.

Burnham, 2000, pp. 106-18.

Guyer, 1977.

Hughes, 2006a.

Kemal, S. (1986), *Kant and Fine Art*, Oxford: Clarendon Press, pp. 35-67.

Podro, M. (1972), *The Manifold in Perception*, Oxford: Clarendon Press, pp.
7-35.

## 4.6 다양한 예술들 사이의 관계

Crawford, 1974, pp. 171-6.

## 4.7 미적 판단의 변증론: 미와 초감성적인 것

Allison, 2001, pp. 236-67.

Burnham, 2000, pp. 118-23.

Crawford, 1974, pp.133-41.

Guyer, 1979, pp. 331-50, 351-94.

Hughes, 2007, pp. 299-302.

# 찾아보기